Entdecken und Verstehen

Geschichtsbuch für den Technischen Sekundarunterricht in Luxemburg

2

Im Auftrag des
Ministère de l'Éducation nationale
et de la Formation professionnelle
Luxembourg

Bearbeitet von
Marie-Paule Eyschen
Simone Kayser
Guido Lessing
Marc Schoentgen
Simone Thill
Rita Watgen

Cornelsen

Redaktion: Dr. Barbara Hammerschmitt, Dr. Uwe Andrae
Übersetzung: Nathalie Medernach
Bildassistenz: Christina Sandig
Umschlaggestaltung: Klein & Halm Grafikdesign, Berlin
Layoutkonzept: Mike Mielitz
Technische Umsetzung: L101 Mediengestaltung, Berlin

www.cornelsen.de

Die Links zu externen Webseiten Dritter, die in diesem Lehrwerk angegeben sind,
wurden vor Drucklegung sorgfältig auf ihre Aktualität geprüft. Der Verlag übernimmt keine Gewähr
für die Aktualität und den Inhalt dieser Seiten oder solcher,
die mit ihnen verlinkt sind.

1. Auflage, 2. Druck 2010

Alle Drucke dieser Auflage sind inhaltlich unverändert
und können im Unterricht nebeneinander verwendet werden.

© 2008 Cornelsen Verlag, Berlin

Das Werk und seine Teile sind urheberrechtlich geschützt.
Jede Nutzung in anderen als den gesetzlich zugelassenen Fällen bedarf
der vorherigen schriftlichen Einwilligung des Verlages.
Hinweis zu den §§ 46, 52a UrhG: Weder das Werk noch seine Teile dürfen ohne eine
solche Einwilligung eingescannt und in ein Netzwerk eingestellt oder sonst öffentlich
zugänglich gemacht werden.
Dies gilt auch für Intranets von Schulen und sonstigen Bildungseinrichtungen.

Druck: CS-Druck CornelsenStürtz, Berlin

ISBN 978-3-06-064642-5

 Inhalt gedruckt auf säurefreiem Papier aus nachhaltiger Forstwirtschaft.

Liebe Schülerinnen und Schüler,

vor euch liegt das Buch Entdecken und Verstehen, mit dem ihr im Fach Geschichte arbeiten werdet. Die Verfasserinnen und Verfasser des Buches haben für euch Texte, Bilder, Karten, Schaubilder und Tabellen zusammengestellt. Sie alle geben Auskunft darüber, was Menschen vor langer Zeit bewegt hat und womit sie sich noch heute beschäftigen.

Auftaktseiten
Jedes Kapitel beginnt mit einer Doppelseite. Bilder und kurze Texte geben euch eine erste Vorstellung von den Themen und Fragen, um die es in den nächsten Geschichtsstunden gehen wird.

Orientierung in Zeit und Raum
Nach der Auftaktseite erfolgt eine Orientierung in Zeit und Raum. Hier findet ihr erste Informationen über das zu behandelnde Thema. Eine Karte und eine Zeitleiste informieren euch darüber, an welchem Ort und in welcher Zeit wir uns auf unserer Reise in die Vergangenheit befinden.

Themenseiten
Nach der Orientierung in Zeit und Raum folgen in jedem Kapitel die Themenseiten. Auf jeder Doppelseite berichten die Autorinnen und Autoren in Erklärungstexten über die geschichtlichen Ereignisse. Die Überschrift nennt das Thema, um das es geht.

Auf den Themenseiten findet ihr auch:
Materialien

> **M 1**
> Manchmal lassen die Autorinnen und Autoren Menschen aus vergangenen Zeiten zu Wort kommen.
> Die Berichte der damals lebenden Menschen ebenso wie historische Abbildungen, Gemälde und Fotos nennen wir Quellen. Ihnen könnt ihr wichtige Informationen entnehmen.

Zu Wort kommen auch Geschichtsforscher, die uns als Spezialisten der jeweiligen Themen weitere Erklärungen liefern.
Diese Materialien sind mit einem „M" gekennzeichnet.

Begriffserklärungen

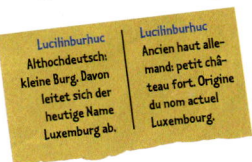

Auf gelben Notizzetteln findet ihr die Definitionen der Schlüsselbegriffe auf Deutsch und auf Französisch. Weitere Übersetzungen von wichtigen Begriffen findet ihr im Autorentext ().

Aufgaben
1. In den Arbeitsaufgaben werdet ihr dazu angeleitet, den Erklärungstexten und Materialien Informationen zu entnehmen und einen Sachverhalt mit ihrer Hilfe zu besprechen.

> Weiterführende Aufgaben sind durch ein graues Kästchen gekennzeichnet.

Arbeitstechniken
Auf diesen Seiten findet ihr Techniken oder Anleitungen, die euch dabei helfen, Arbeitsweisen von Geschichtsforschern selbst zu erlernen. Darüber hinaus findet ihr Vorschläge für eigene Nachforschungen. Die Methoden, die ihr hier kennenlernt, helfen euch im Umgang mit dem Fach Geschichte, aber auch mit anderen Fächern.

Zusammenfassungen
Die umfangreichen Kapitel werden durch eine Zusammenfassung abgeschlossen. Auf Deutsch oder Französisch könnt ihr hier noch einmal das Wichtigste nachlesen.

Standard-Check
Mithilfe dieser Seiten könnt ihr euer neu erworbenes Wissen überprüfen.

Anhang
Hier findet ihr außer zweisprachigen Worterklärungen (Lexikon) das Register (Stichwortverzeichnis). Mit dem Register könnt ihr schnell herausfinden, wo zum Beispiel etwas über die Indianer in Amerika berichtet wird.
Schließlich werden die Arbeitstechniken nochmals auf Französisch erklärt und einige neue Methoden vorgestellt.

Die Autoren

Inhaltsverzeichnis

Entdecken und Verstehen
Erinnert ihr euch? 10

VON BAUERN, RITTERN UND GEISTLICHEN
Leben im Mittelalter 12

Leben im Mittelalter
Orientierung in Zeit und Raum 14

Wer bestimmt das Denken?
Die mittelalterliche Ständegesellschaft 16

Das Leben der Bauern
Abhängig vom Grundherrn 18
Alle mussten mitarbeiten 20
Fortschritte in der Landwirtschaft 22

Das Leben des Adels
Die Burg als Wehrbau 24
Die Burg als Wohnbau 26
Ritter – Krieger zu Pferd 28
Das Lehnswesen 30

Arbeitstechnik: Bilder lesen 32

Leben für den Glauben
Von Kirchen und Klöstern 34

Begegnung mit dem Islam
Glaube, Kultur, Wissenschaft 36

Kämpfen für den Glauben
Dschihad und Kreuzzüge 38

Heilige Stadt für drei Religionen
Jerusalem 40

Das Mittelalter ...
... und sein Erbe 42

Zusammenfassung 43

Standard-Check
Das solltet ihr wissen 44

WOHNEN UND ARBEITEN IN DER STADT
Die Stadt im Mittelalter 46

Die Stadt im Mittelalter
Orientierung in Zeit und Raum 48
Städte entstehen und wachsen 50
Mauern, Markt und Rathaus 52

Die Bewohner der Stadt
Frei – aber nicht gleich 54
Handwerker und Zünfte 56
Die Juden – Alltag und Kultur 58
Die Juden – eine Minderheit wird verfolgt ... 60

Alltagsleben
Auf dem Markt und in der Ferne 62
Leben und Wohnen in der Stadt 64

Arbeitstechnik: Bauwerke erkunden 66

Dunkles Mittelalter?
Leben mit dem Tod 68

Arbeitstechnik: In Projekten lernen 70

Städte früher ...
... und heute 72

Zusammenfassung 73

Standard-Check
Das solltet ihr wissen 74

Table des matières

Découvrir et comprendre
Vous souvenez-vous? 10

PAYSANS, CHEVALIERS, ÉCCLÉSIASTIQUES
Vivre au Moyen Âge 12

Vivre au Moyen Âge
S'orienter dans le temps et l'espace 14

Qui détermine la façon de penser?
La société d'ordres 16

Le quotidien des paysans
Dépendre d'un seigneur 18
Tous au travail! 20
Les progrès en agriculture 22

La vie des nobles
Le château fort – un lieu de défense 24
Le château fort – un lieu d'habitation 26
Les chevaliers – des guerriers à cheval 28
La féodalité 30

Méthode de travail: Lire des images 32

Une vie au service de Dieu
Églises et monastères 34

Rencontre avec l'Islam
Foi, culture, science 36

Combattre pour la foi
Le jihad et les croisades 38

Une ville trois fois sainte
Jérusalem 40

Le Moyen Âge ...
... et son héritage 42

Résumé 43

Bilan
Vérifiez vos connaissances 44

UN LIEU DE VIE ET DE TRAVAIL
La ville médiévale 46

La ville médiévale
S'orienter dans le temps et l'espace 48
L'évolution des villes 50
Murs, marché et municipalité 52

Les habitants de la ville
Être libres sans être égaux 54
Les artisans organisés en corporations 56
Les juifs – leur vie et leur culture 58
Les juifs – une minorité persécutée 60

La vie quotidienne
Marché et commerce 62
Habiter en ville 64

Méthode de travail: Étudier un monument historique 66

Le Moyen Âge: une époque obscure?
Vivre avec la mort 68

Méthode de travail: Apprendre par des projets 70

Les villes hier ...
... et aujourd'hui 72

Résumé 73

Bilan
Vérifiez vos connaissances 74

Inhaltsverzeichnis

AUFBRUCH IN EINE NEUE ZEIT
Neue Zeiten – neue Welten 76

Neue Zeiten – neue Welten
Orientierung in Zeit und Raum 78

Ein neues Denken bricht an
Wo liegt der Mittelpunkt der Welt? 80
Ein Universalgenie der Renaissance 82
Die Erfindung des Buchdrucks 84
Reformation 86
Ist die alte Welt bereit? 88

Aufbruch ins Unbekannte
Schifffahrtsinstrumente 90

Von Portugal und Spanien in die Welt
Neue Wege nach Osten 92
Den Osten im Westen suchen 94

Arbeitstechnik: Quellen vergleichen 96

Die Spanier staunen über eine andere Welt
Indianische Hochkulturen 98
Der Staat der Azteken 100
Schrift und Gesetze 101
Die Religion der Azteken 102
Kunst und Kunsthandwerk 103

Die neuen Herren
Die Konquistadoren 104
Die Folgen der Kolonisation 106

Arbeitstechnik: Historische Karten lesen und vergleichen 108

Die neuen Herren ...
... und ihre Kolonien 110
Mexiko heute 112

Zusammenfassung 113

Standard-Check
Das solltet ihr wissen 114

EIN KONTINENT WIRD BESIEDELT
„Neue freie Welt Amerika" 116

Neue freie Welt Amerika
Orientierung in Zeit und Raum 118

Die Indianer Nordamerikas
Einwanderer und Indianer 120
Ein Kind erzählt 122

Arbeitstechnik: Spielfilme untersuchen 124

Die Unabhängigkeitsbewegung
Neuengland 126
„Dieses Land ist frei!" 128

Freiheit und Gleichheit für alle?
Menschenrechte für Indianer? 130
Freiheit für Sklaven? 132

Auswanderung nach Amerika
„Auf nach Amerika!" 134
Leben in der Neuen Welt 136

Arbeitstechnik: Diagramme lesen und erstellen 138

Amerika
USA heute 140

Zusammenfassung 141

Standard-Check
Das solltet ihr wissen 142

Table des matières

À L'AUBE D'UNE ÉPOQUE NOUVELLE
Temps modernes – nouveaux mondes 76

Temps modernes – nouveaux mondes
Orientation dans le temps et l'espace 78

Ose penser!
Où se trouve le centre de l'univers? 80
Un génie universel de la Renaissance 82
L'invention de l'imprimerie 84
La Réforme 86
L'ancien monde est-il prêt? 88

Cap sur l'inconnu
Instruments de navigation 90

Portugais et Espagnols explorent le monde
De nouvelles routes vers l'Orient 92
Chercher l'est à l'ouest 94

| Méthode de travail: | Comparer des sources 96

Les Espagnols étonnés par un autre monde
Les grandes civilisations amérindiennes 98
L'État des Aztèques 100
Écriture et lois 101
La religion des Aztèques 102
Art et artisanat d'art 103

Les nouveaux maîtres
Les conquistadores 104
Les conséquences de la colonisation 106

| Méthode de travail: | Lire et comparer des cartes anciennes 108

Les nouveaux maîtres …
… et leurs colonies 110
Le Mexique aujourd'hui 112

Résumé 113

Bilan
Vérifiez vos connaissances 114

LA COLONISATION D'UN CONTINENT
„L'Amérique: Nouveau Monde, terre de liberté" 116

L'Amérique: Nouveau Monde, terre de liberté
Orientation dans le temps et l'espace 118

Les Indiens d'Amérique du Nord
Immigrants et Indiens 120
Un enfant raconte … 122

| Méthode de travail: | Analyser des films 124

Le mouvement d'indépendance
La Nouvelle-Angleterre 126
„Ce pays est libre!" 128

Liberté et égalité pour tous?
Droits de l'homme pour les Indiens? 130
Liberté pour les esclaves? 132

Émigration en Amérique
„En route pour l'Amérique!" 134
Vivre dans le Nouveau Monde 136

| Méthode de travail: | Lire et dessiner des graphiques 138

L'Amérique
Les États-Unis d'aujourd'hui 140

Résumé 141

Bilan
Vérifiez vos connaissances 142

Inhaltsverzeichnis

ALLE MACHT DEM KÖNIG
Das Zeitalter des Absolutismus 144

Das Zeitalter des Absolutismus
Orientierung in Zeit und Raum 146

[Arbeitstechnik:] Bilder lesen 148

Das Zeitalter des Absolutismus
Leben bei Hofe 150

Frankreich zur Zeit des Absolutismus
„Der Staat bin ich!" 152
Wie wird der Staat reich? 154

Europa im Zeitalter des Absolutismus
Der König führt Krieg 156
Nichts als Hunger und Elend 158
Leben im Barock 160

Zusammenfassung 161

Standard-Check
Das solltet ihr wissen 162

ALLE MACHT DEM VOLK
Die Französische Revolution und ihre Folgen 164

Die Französische Revolution und ihre Folgen
Orientierung in Zeit und Raum 166

Die Französische Revolution
Der Absolutismus gerät in die Kritik 168
Die Revolution beginnt 170
Der Sturm bricht los 172

[Arbeitstechnik:] Karikaturen deuten 174

Die Französische Revolution
Freiheit, Gleichheit, Brüderlichkeit 176
Es lebe die Republik! 178
Freiheit durch Terror? 180

Das Zeitalter Napoleons
Vom Soldat zum Kaiser 182
Herrscher Europas 184
Neuordnung Europas 186

Die Französische Revolution
Das Erbe der Revolution 188

Zusammenfassung 189

Standard-Check
Das solltet ihr wissen 190

ANHANG
Arbeitstechniken 192
Lexikon 213

Table des matières

UN ROI TOUT-PUISSANT
L'époque de l'absolutisme 144

L'époque de l'absolutisme
Orientation dans le temps et l'espace 146

Méthode de travail : Lire des images 148

L'époque de l'absolutisme
La vie à la cour 150

La monarchie absolue en France
„L'État c'est moi!" 152
Comment enrichir l'État? 154

L'Europe à l'époque de l'absolutisme
Le roi fait la guerre 156
Faim et misère 158
Le baroque 160

Résumé 161

Bilan
Vérifiez vos connaissances 162

LE PEUPLE AU POUVOIR
La Révolution française et ses conséquences 164

La Révolution française et ses conséquences
Orientation dans le temps et l'espace 166

La Révolution française
L'absolutisme est critiqué 168
Le début de la Révolution 170
La tempête commence 172

Méthode de travail : Analyser des caricatures 174

La Révolution française
Liberté, égalité, fraternité 176
Vive la République! 178
La liberté par la terreur? 180

L'époque napoléonienne
Un soldat devenu empereur 182
Napoléon domine l'Europe 184
La réorganisation de l'Europe 186

La Révolution française
L'héritage de la Révolution 188

Résumé 189

Bilan
Vérifiez vos connaissances 190

ANNEXE
Méthodes de travail 192
Lexique 213

Entdecken und Verstehen ◆ Découvrir et comprendre

Erinnert ihr euch? ◆ Vous souvenez-vous?

Lebens- und Wirtschaftsformen ändern sich

Geschichte – das ist auch immer eine Geschichte von Entdeckungen und Erfindungen, die das Leben und Zusammenleben der Menschen stark beeinflusst haben. Die Entdeckung, dass man Tiere und Pflanzen züchten kann, dass man nicht mehr allein auf Jagen und Sammeln angewiesen ist, führte zu einer völlig neuen Lebensweise. Die Menschen wurden sesshaft. Aus Jägern und Sammlern wurden Hirten und Bauern.

Am Nil entstand eine der ersten Hochkulturen. Später breitete sich die griechische Kultur rund um das Mittelmeer aus. Die Römer eroberten ein Weltreich, dessen Ende im 5. Jahrhundert nach Christus den Anfang einer neuen Epoche markierte: das Mittelalter.

Wie die Menschen im Mittelalter lebten und arbeiteten, wie sich das Leben am Ende des Mittelalters und in der Neuzeit bis zum Beginn des 19. Jahrhunderts veränderte, welche Entdeckungen von den Menschen gemacht wurden und wie das Denken vieler Menschen beeinflusst wurde, das erfahrt ihr in Band 2 von „Entdecken und Verstehen".

Steinzeit

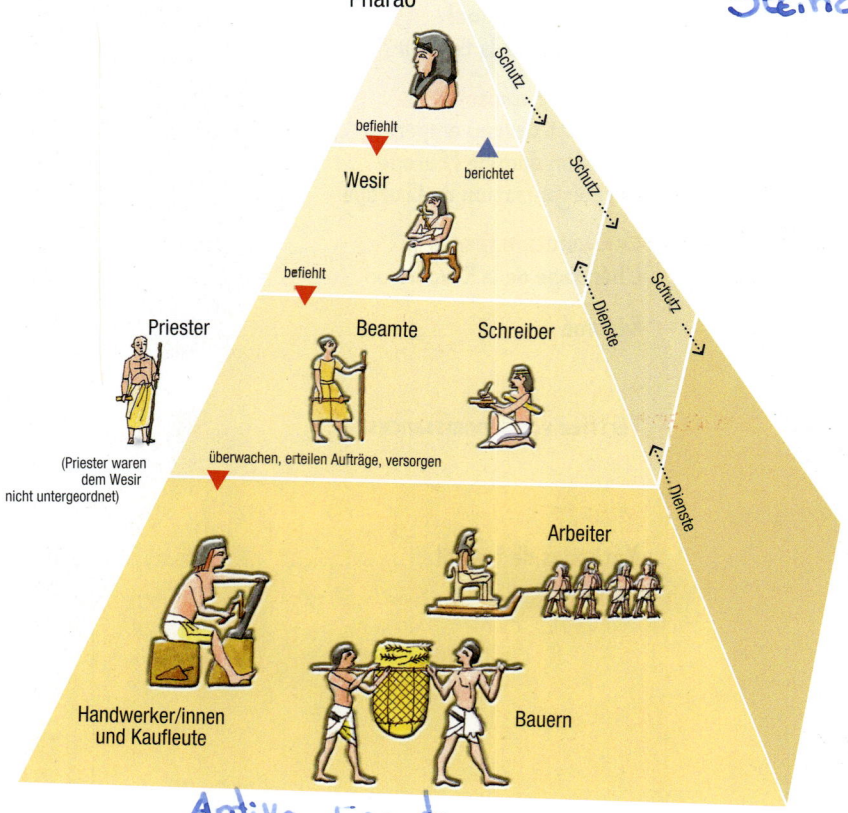

Antike Egypte

Alter Egypten

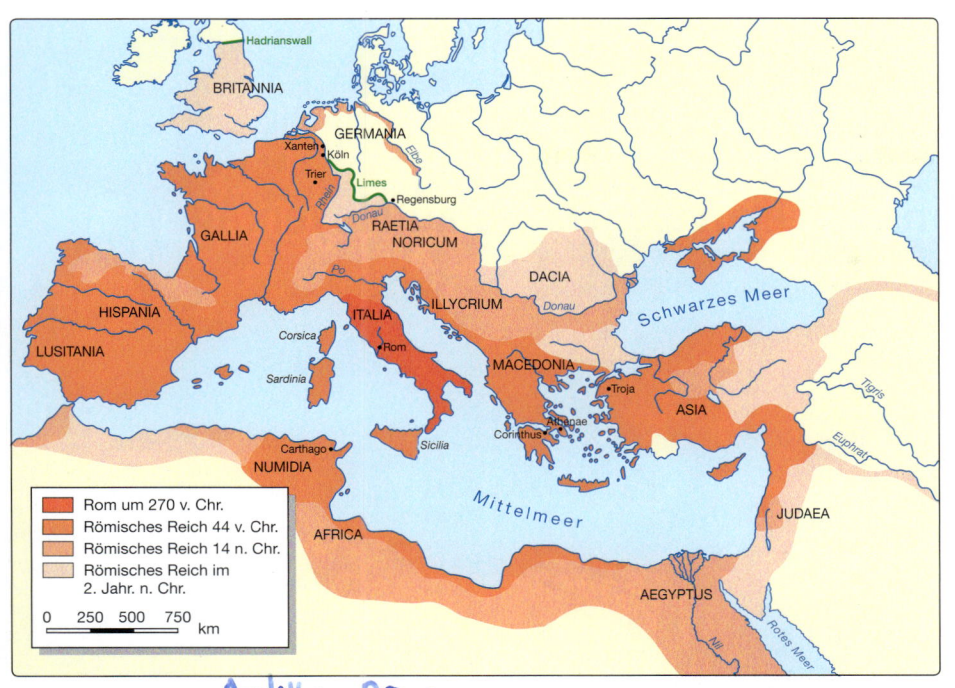

Antike Rom

Spätantike / Mittelalter

Mittelalter

Physik	Organ
Astronomie	démocratie
Geografie	Drama
histoire	Theorie
biologie	Demagoge
Architekten	politique
Thermometer	Astrologie
Apotheke	Philosophie
Musik	Anatomie
Stadion	Gymnasium

Spä

1. Ordnet die Abbildungen auf dieser Doppelseite der jeweils passenden historischen Epoche zu.
2. Gebt jeder Abbildung eine passende Überschrift.
3. Diskutiert darüber, welche wichtigen Veränderungen jede der Epochen mit sich brachte.
4. In welcher Epoche hättet ihr leben wollen? Begründet eure Antwort.

Antike Grieche

Antike Rom

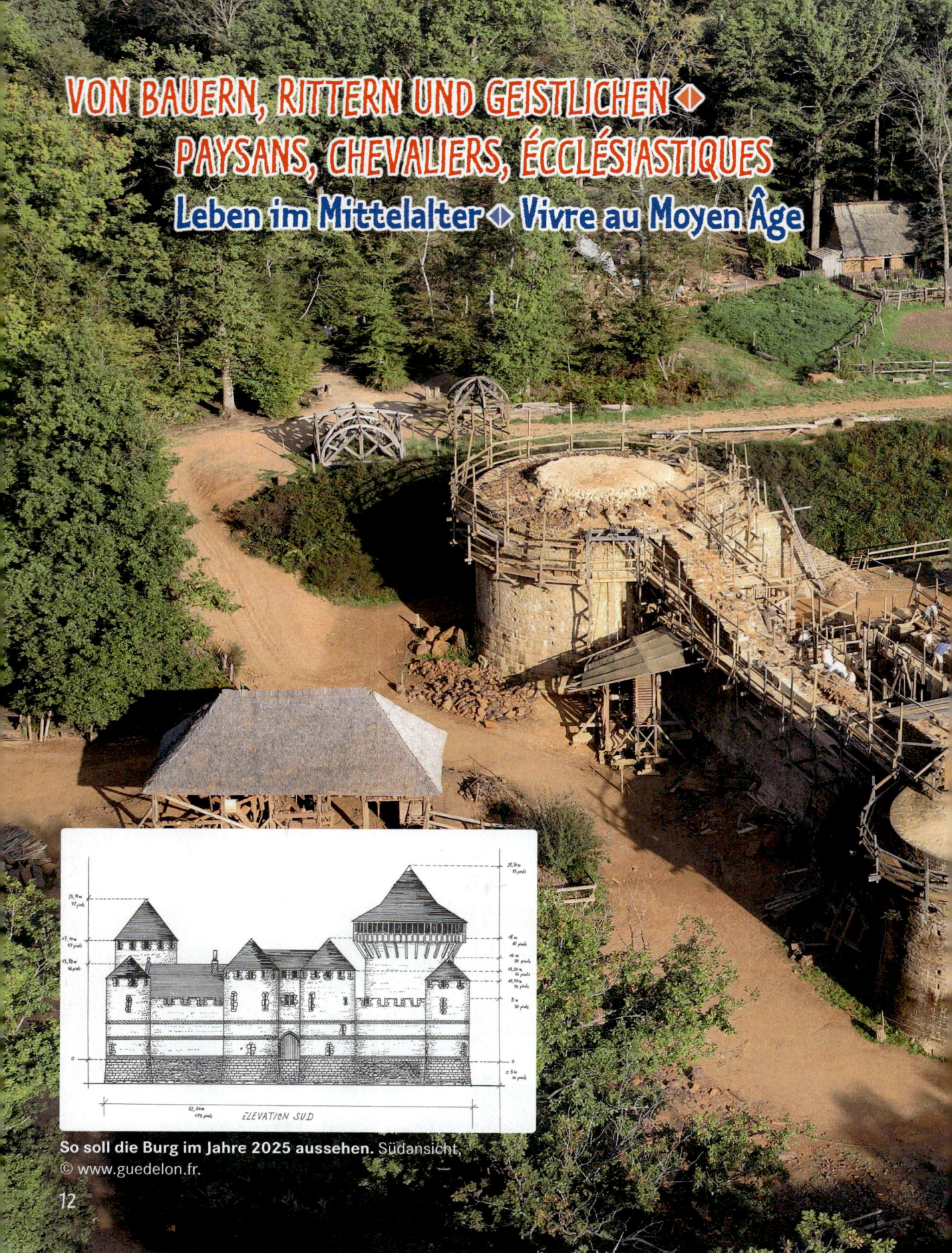

VON BAUERN, RITTERN UND GEISTLICHEN ◆
PAYSANS, CHEVALIERS, ÉCCLÉSIASTIQUES
Leben im Mittelalter ◆ Vivre au Moyen Âge

So soll die Burg im Jahre 2025 aussehen. Südansicht,
© www.guedelon.fr.

In einem Wäldchen mitten in Frankreich befindet sich die vielleicht ungewöhnlichste Baustelle der Welt. Hier errichten drei Dutzend Handwerker eine Burg nach Bauplänen aus dem 13. Jahrhundert. Mit dem gleichen Material und Werkzeug wie vor 800 Jahren.
Nach zehn Jahren nimmt der Bau langsam Gestalt an. Im Jahre 2025 soll die Burg fertiggestellt sein.

1. Vergleicht die Bautechnik des Mittelalters mit modernen Baumethoden!
2. Welche Aufgabe hättet ihr auf der Baustelle übernehmen wollen?
3. Welche Burgen könnt ihr nennen?

Leben im Mittelalter ◆ Vivre au Moyen Âge

Orientierung in Zeit und Raum ◆ S'orienter dans le temps et l'espace

M1 Europa um 1250.

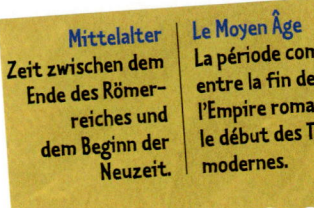

Mittelalter	Le Moyen Âge
Zeit zwischen dem Ende des Römerreiches und dem Beginn der Neuzeit.	La période comprise entre la fin de l'Empire romain et le début des Temps modernes.

M2 Luxemburg im Mittelalter.

Vor 1000 Jahren hätten die Menschen sich sehr gewundert, wenn man ihnen gesagt hätte, dass sie im „Mittelalter" leben. Die Gelehrten berechneten damals die Zeit nach den Regierungsjahren der Könige und Kaiser; für die Bauern hingegen waren Jahreszeiten wichtiger als die Jahrgänge.

Vor 500 Jahren dagegen hätte man gewusst, was mit der Zeit des „Mittelalters" gemeint ist. Die Zeit der Griechen und Römer galt damals als der Höhepunkt der menschlichen Kultur, auf sie wollte man wieder zurückgreifen. Die „barbarischen" Jahrhunderte dazwischen, die „finstere Zeit der Mitte", wollte man überspringen und vergessen. Aus dieser Periode erinnerte man sich nur an Kriege und Seuchen, die Leistungen der mittelalterlichen Welt hingegen erkannte man nicht an.

So entstand die bis heute übliche Einteilung unserer Geschichte in Altertum, Mittelalter und Neuzeit. Dass diese nicht immer der Wirklichkeit entspricht, zeigt das Leben der Bauern, das sich vom 13. bis zum 19. Jahrhundert in unseren Gegenden kaum veränderte.

M3 Zeittafel Mittelalter.

500

Vor 500: Germanen erobern Rom

600

622: Beginn der muslimischen Zeitrechnung

700

Um 750: Einführung der Dreifelderwirtschaft

800

Ab 800: Bauern werden abhängig

900

963: Sigfrid erwirbt Luxemburg

1000

Ab 1000: Beginn der Städtegründungen

1095: Erster Kreuzzug

1100

Seit 1100: Rittertum entwickelt sich

1200

Um 1200: Höhepunkt höfischer Kultur

1300

Ab 1300: Niedergang des Rittertums (Raubritter)

Um 1350: Pest entvölkert Europa

1400

1492: Entdeckung Amerikas; Beginn der Neuzeit

1500

Wer bestimmt das Denken? ◆ Qui détermine la façon de penser?

Die mittelalterliche Ständegesellschaft ◆ La société d'ordres

M1 Ordo – die Weltordnung des Mittelalters.

M2 Das Fegefeuer. Darstellung aus dem 13. Jahrhundert.

Die Idee von der göttlichen Ordnung der Dinge

Für die Menschen des Mittelalters stand fest: Alle Antworten auf die Fragen des Lebens können der Bibel entnommen werden. Geburt und Tod, Freud und Leid, Glück oder Unglück – alles war für sie in Gottes Schöpfungsplan wohl geordnet. Wichtig war vor allem, für ein Leben im Jenseits vorzusorgen.

In der Vorstellung der Menschen wird die Seele nach dem Tod gerichtet. Ewige Seligkeit im Himmel, Qualen im Fegefeuer oder ewiges Leid in der Hölle würde dann die „Quittung" für den Lebenswandel auf der Erde sein.

1. Wie stellten sich die Menschen das Leben nach dem Tod vor?
2. Welche Rolle spielte der Glaube im Leben der Menschen des Mittelalters? Vergleicht mit heute.

Staat und Kirche, Kaiser und Papst

Die religiöse Ausrichtung führte dazu, dass zwei Institutionen das Leben bestimmten: die Kirche mit dem Papst an der Spitze und der Adel mit dem Kaiser oder König als Oberhaupt. Es gab Zeiten, da arbeiteten beide harmonisch zusammen, manchmal kam es im Streit um die Vorherrschaft zu scharfen Konflikten.

3. Deutet M3: Welche Herrschaftszeichen halten Kaiser und Papst in den Händen? Was sagen sie aus? Was soll ausgedrückt werden?

M3 Papst und Kaiser. Buchmalerei aus dem Sachsenspiegel, einer Sammlung von Rechtsgrundsätzen, Anfang 13. Jahrhundert.

Stand
Gesellschaftliche Gruppe. Im Mittelalter entschied vor allem die Herkunft, zu welchem Stand man gehörte. Jeder Stand hatte andere Rechte und Pflichten. Die drei Stände sind: Klerus, Adel und Bauern.

L'ordre
Une partie de la société. Au Moyen Âge c'était surtout l'origine d'une personne qui déterminait son appartenance à tel ou tel ordre. Chaque ordre avait ses droits et ses devoirs. Les trois ordres sont: le clergé, la noblesse et le tiers état (paysans).

Die drei Stände

Im Mittelalter teilte man die Bevölkerung nach einfachen Gegensätzen ein wie Freie und Unfreie, Arme und Reiche, Geistliche und Laien, Männer und Frauen, Herren und Untertanen, Stadt- und Landbewohner.

Die Kirche behauptete, Gott habe die Bevölkerung in drei Gruppen eingeteilt und jeder Gruppe eine bestimmte Rolle zugeteilt. In dieser gottgewollten Ordnung „stand" jeder auf seinem Platz, der ihm durch seine Geburt oder durch seine Tätigkeit zugeteilt war. Man spricht deshalb von den drei „Ständen".

Fast 95% der mittelalterlichen Bevölkerung waren in der Landwirtschaft tätig. Die restlichen 5% gehörten dem Adel und Klerus an.

4. Erklärt, welche Pflichten jede Gruppe gegenüber den zwei anderen hatte (M4 und M5).
5. Stellt fest, wer in der Vorstellung der Menschen des Mittelalters diese Ordnung gewollt hat.
6. Diskutiert darüber, ob diese Ordnung gerecht oder ungerecht war. Vergleicht mit der heutigen Gesellschaft.
7. Erkundigt euch darüber, ob es heute noch Gesellschaftsordnungen gibt.

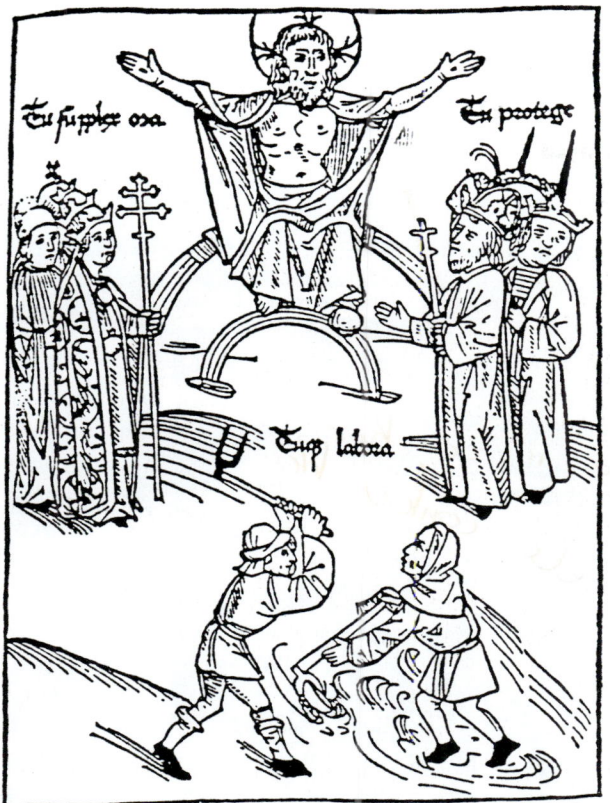

M4 „Christus spricht zu den drei Ständen."
Links oben: Tu supplex ora (= Du sollst demütig beten),
rechts oben: Tu protege (= Du sollst beschützen),
unten Mitte: Tu labora (= Du sollst arbeiten).
Holzschnitt, 1492.

Ich habe Gott geschworen, alle zu beschützen und für den wahren Glauben zu kämpfen. Die Bauern müssen mehr Steuern zahlen, denn meine Truppen kosten immer mehr Geld.

Ich arbeite den ganzen Tag auf dem Feld. Nach der Ernte, wenn ich alle Abgaben und Steuern an Kirche und Adel gezahlt habe, bleibt mir kaum noch etwas zum Leben. Ich bete jeden Tag, dass wir nicht verhungern.

Unsere Aufgabe ist es, für alle Menschen zu beten. Wir sorgen für ihr Seelenheil. Die Bauern, die für uns sorgen, werden später, so Gott will, für ihre Mühen belohnt werden.

M5 Ein Adliger, ein Bauer und ein Geistlicher berichten.

Das Leben der Bauern ◆ Le quotidien des paysans
Abhängig vom Grundherrn ◆ Dépendre d'un seigneur

M 1 Das Dorf Grüntal. Rekonstruktionszeichnung.

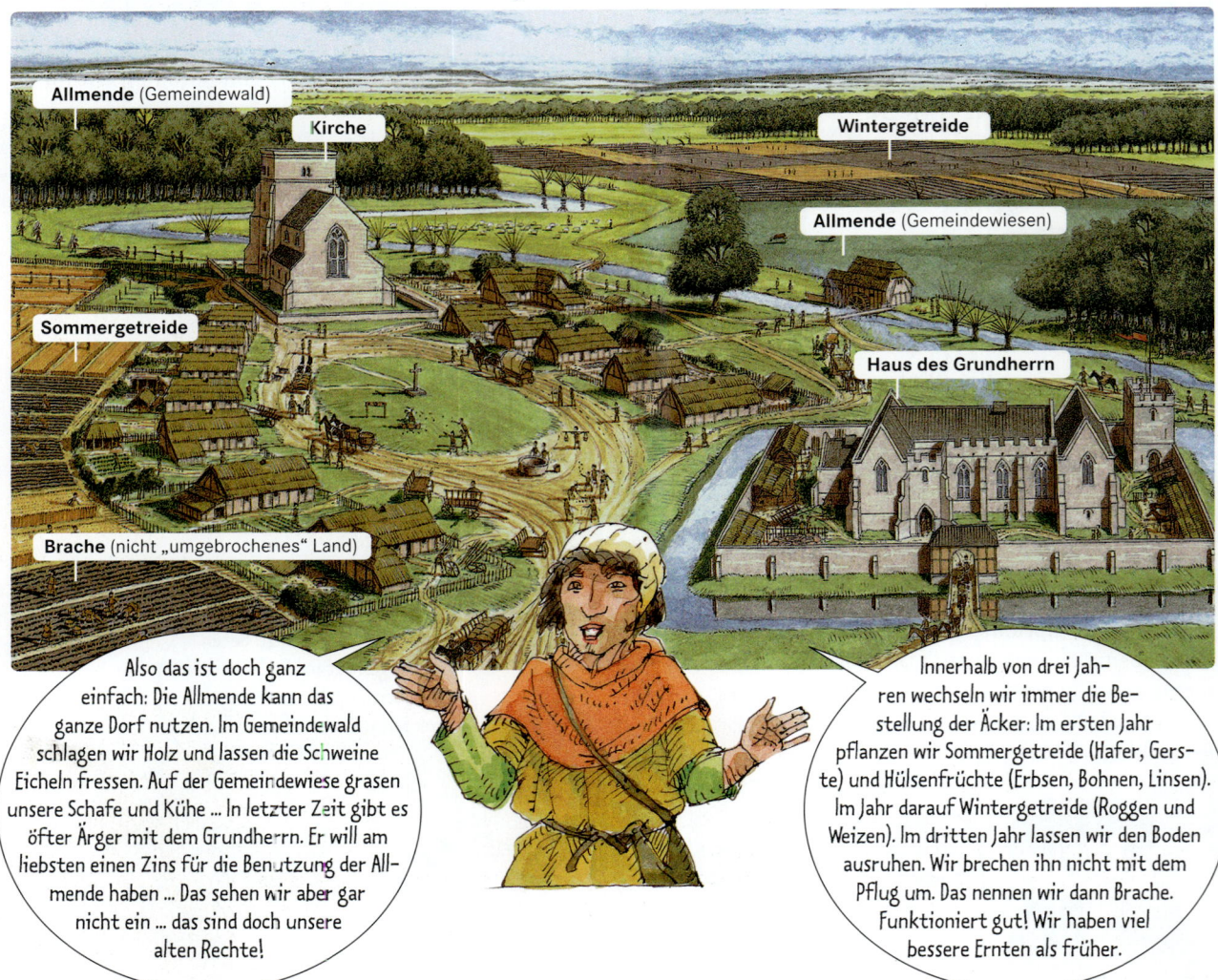

Leben im Dorf

Im frühen Mittelalter gab es nur wenige Städte. Die meisten Menschen lebten in kleinen Dörfern auf dem Land. Sie bearbeiteten Felder und Gärten, ließen ihre Tiere auf den Gemeindewiesen und im Wald fressen. Alle freien Bauern mussten aber Kriegsdienste leisten. Dadurch waren sie oft abwesend und konnten ihren Grund und Boden nicht mehr bebauen. Wenn die Schwierigkeiten dadurch zu groß wurden, waren sie gezwungen, ihr Land einem Grundherren (◆ le seigneur) zu übertragen. Dieser bot ihnen Schutz und ersparte ihnen den Kriegsdienst. Dafür verlangte er allerdings Abgaben und verschiedene Arbeiten (Frondienste). In normalen Jahren lebten die Bauern von dem, was Feld, Garten und Stall abwarfen. In Jahren, in denen die Ernte schlecht ausfiel, konnten Abgaben (◆ les redevances) und Frondienste (◆ les corvées) nur mit viel Mühe geleistet werden.

1. Beschreibt das Bild M 1 und erklärt die Anlage des Dorfes.
2. Erläutert die Begriffe „Allmende" und „Brache".
3. Überlegt, an welcher Stelle am besten angelegt werden: a) Mühle, b) Friedhof, c) Versammlungsplatz, d) Brunnen, e) befestigter Hof des Grundherren.

4. Erklärt, wieso viele Bauernfamilien unfrei (hörig) wurden.
5. Unterstreicht die euch unbekannten Begriffe in M3 und schlagt sie in einem Wörterbuch nach.
6. Erstellt eine Tabelle, in die ihr alle Leistungen eintragt, die Widrad für das Kloster erbringen muss. Unterscheidet dabei zwischen jährlichen Abgaben, Frondiensten und anderen Leistungen.

M2 Bauer Guntram beklagt sich.

Zwar bin ich ein freier Bauer, aber ich muss auch viele Lasten dafür tragen: Fast jedes Frühjahr muss ich Kriegsdienst leisten. Geld bekomme ich keines, meine Ausrüstung muss ich auch selber besorgen. Und wenn ich weg bin – wer macht meine Arbeit auf dem Hof? Wir sind schon völlig verarmt. Wenn ich dieses Jahr zu Haus bleibe, muss ich eine wahnsinnig hohe Geldbuße bezahlen ... Ich weiß wirklich nicht mehr ein und aus.

Mach es wie ich: Ich konnte auch nicht mehr! Alles habe ich dem Grafen übertragen und bin mit meiner Familie sein „Höriger" geworden. Mein Eigentum ist zwar weg, aber ich muss auch nicht mehr in den Krieg ziehen.

M3 In der Urkunde des Abtes heißt es:

Widrad gibt an das Kloster jedes Jahr:
1 Eber, 1 Pfund Garn, 3 Hühner, 18 Eier.
Er fährt 5 Wagenladungen von seinem Mist auf unsere Äcker, bringt 5 Bündel Baumrinde für die Beleuchtung und fährt 12 Wagenladungen Holz zum Kloster. Dieses Holz dient im Winter zum Heizen. Ferner liefert Widrad dem Kloster jährlich 50 Latten und 50 Schindeln für Dachreparaturen.
Sein Brot backt Widrad in unserem Backhaus und das Bier braut er in unserem Brauhaus. Hierfür zahlt er an das Kloster eine Gebühr.
Eine Woche in jedem Jahr verrichtet er den Hirtendienst bei unserer Schweineherde im Wald. Er bestellt 3 Morgen Land, das ganze Jahr hindurch, jede Woche 3 Tage. Das bedeutet: Er muss bei der Einzäunung unserer Äcker und Weiden helfen, zur rechten Zeit pflügen, säen und ernten und die Ernte in die Scheune bringen.
Bis zum Dezember, wenn das Getreide gedroschen wird, muss er es zusammen mit anderen Hörigen bewachen, damit es nicht von Brandstiftern angezündet wird. Wachdienst muss ebenfalls geleistet werden, wenn der Herr Abt kommt, um ihn vor nächtlicher Gefahr zu beschützen.
Wenn Widrad 15 Nächte den Wachdienst verrichtet, das Heu geerntet und auf unseren Äckern gepflügt hat, erhält er in einem guten Erntejahr Brot, Bier und Fleisch; in anderen Jahren erhält er nichts. Die Frau Widrads muss leinene Tücher aus reinem Flachs anfertigen, 8 Ellen lang und 2 Ellen breit. Sie fertigt daraus Hosen für die Mönche an ...

G. Franz: Quellen zur Geschichte des deutschen Bauernstandes im Mittelalter, W. B., Darmstadt 1967, S. 82 ff.

Grundherrschaft	La seigneurie
Der Grundherr herrscht über sein Land (Grund) und die Menschen, die darauf wohnen. Die Bauern erhalten Land vom Grundherrn, müssen aber Abgaben und Frondienste leisten.	Pouvoir, droits du seigneur sur les terres et les hommes qui y habitent. Le seigneur met des terres à la disposition des paysans. En échange, ils lui doivent des redevances et des corvées.

Was ihr noch tun könnt:
Bereitet ein Rollenspiel vor: Ein höriger Bauer kann seine Abgaben nicht an das Kloster abliefern. Spielt das Streitgespräch zwischen dem Bauern und dem Abt nach.

Das Leben der Bauern ◆ Le quotidien des paysans
Alle mussten mitarbeiten ◆ Tous au travail!

M1 Alltag einer Bauernfamilie – eine Erzählung

Wir stellen uns vor, es ist ein Wochentag Mitte März, um das Jahr 1100 ... Wigbert, unser Bauer, ist nicht groß. Sein Rücken ist gekrümmt von der Arbeit. Viele Katastrophen hat er erlebt: schwere Unwetter, die das Getreide auf den Feldern vernichtet haben, Überfälle von bewaffneten Haufen, die das Vieh raubten und die Häuser anzündeten, und Seuchen, die Menschen und Tiere vernichteten.

Wigbert schlurft durch den Raum, dessen Fußboden gestampfter Lehm ist. Seine Notdurft verrichtet er auf dem Misthaufen. Dann holt Wigbert den Ochsen aus dem Stall und greift sich den Pflug, ein einfaches Ding aus Eichenholz. Während er mit dem Pflug am nahe gelegenen Acker die Erde aufbricht, tritt Hiltrud aus dem Haus. Sie ist hochschwanger. In ein paar Wochen wird sie ihr siebentes Kind gebären; wenn alles gut geht, wird es am Leben bleiben und nicht tot zur Welt kommen oder bereits in den ersten Wochen sterben wie drei ihrer Kinder zuvor. Hiltrud macht sich im Garten zu schaffen. Sie lockert die Erde mit einer Hacke. Sie steckt Samen für Kohl und Rüben und tritt den Boden anschließend fest. ...

Später bereitet sie die Mahlzeit vor. Die Familie setzt sich um den Tisch, eine große Platte aus rohem Holz. Jeder hat vor sich einen Holznapf, in den Hiltrud aus dem Kochkessel Brot füllt. Das Brot ist Brei. Er besteht aus Mehl, mit Milch aufgekocht und mit Honig gesüßt, die übliche Mahlzeit. ... Während er kaut, sieht er, wie Hiltrud sich krümmt. Er hofft, dass sie jetzt keine Fehlgeburt hat, es wäre eine Katastrophe, es wäre ein böser Ausfall an Arbeitskraft, gerade jetzt, da auf dem Hof jede Hand gebraucht wird. ...

Rolf Schneider: Vor 1000 Jahren, Augsburg 1999, S. 19–23. Bearb. v. Verf.

<u>1.</u> Lest die Erzählung (M1) und schildert eure Eindrücke.
<u>2.</u> Welche Katastrophen erschweren das Leben der Bauernfamilie?
<u>3.</u> Beschreibt, was ihr über die Arbeit und die Aufgabenverteilung in einer mittelalterlichen Bauernfamilie erfahrt.

Schwere Arbeit – hartes Brot

Am wichtigsten für die Ernährung der Menschen war der Getreideanbau. Er stand im Mittelpunkt der bäuerlichen Arbeit. Rinder – später auch Pferde – dienten als Zugtiere und lieferten den Dünger (Stallmist) für das Feld. Schweine wurden für die Versorgung mit Fleisch gehalten. Die Ernteerträge hingen sehr stark vom Wetter ab. Ein strenger Winter, Hagelschlag, ein verregneter Sommer oder eine Dürre konnten zu einer Missernte führen. Dann wurde die Nahrung knapp. Oft starben Menschen den Hungertod. Um das Überleben zu sichern, mussten alle in der Bauernfamilie mitarbeiten – auch die Kinder.

M2 Innenraum eines Bauernhauses. Rekonstruktionszeichnung.

M3 Bäuerliche Arbeiten in den zwölf Monaten des Jahres. Buchmalerei aus einer französischen Handschrift, 1460.

Arbeit von klein auf

Lesen und schreiben konnten die Kinder nicht – aber dafür lernten sie, was für das Überleben der Bauernfamilie wichtig war: Schon mit fünf oder sechs Jahren mussten sie kleinere Arbeiten erledigen, zum Beispiel Kühe und Schweine hüten, Holz und Beeren sammeln. Wenn sie älter waren, mussten sie auf dem Acker helfen.

Mit ungefähr zehn Jahren konnten sie schon gut mit den Haustieren und den Ackergeräten umgehen. Wenn die Eltern nicht mehr so viel arbeiten konnten, traten die Kinder immer mehr an ihre Stelle.

4. Betrachtet Bild M3: Berichtet über die bäuerlichen Tätigkeiten im Ablauf eines Jahres.
5. Schreibt auf, was Kinder damals lernten.
6. Stellt fest, warum Kinder als Arbeitskraft für die Eltern so wichtig waren. Vergleicht mit heute.

> **Was ihr noch tun könnt:**
> – Erkundigt euch, welche anderen Berufe und Tätigkeiten auch von den Jahreszeiten beeinflusst werden.
> – Informiert euch darüber, wo Kinderarbeit heute vorkommt.

Das Leben der Bauern ◆ Le quotidien des paysans
Fortschritte in der Landwirtschaft ◆ Les progrès en agriculture

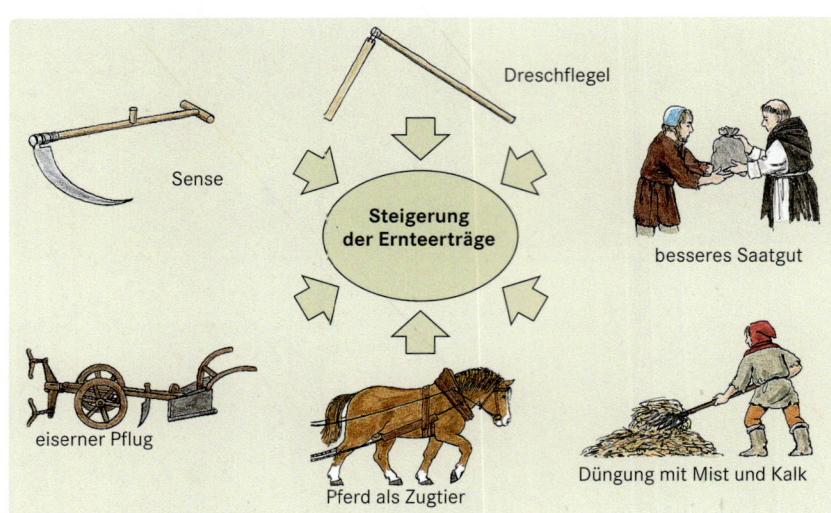

M1 Fortschritte in der Landwirtschaft.

M3 **Wassermühle.** Illustration.

Neue Arbeitsgeräte und Techniken

M2 Eine solche Unterhaltung hätten die Bauern Johann und Max damals führen können:
Johann: Was habe ich mich heute wieder abgerackert. Mit dem Holzpflug ist es manchmal ganz unmöglich, den harten Boden aufzureißen. Ich musste mein Pferd mit der Rute antreiben.
Max: Warum besorgst du dir nicht das neue Kummetgeschirr? Damit geht es viel leichter. Man legt diesen Lederkragen dem Pferd einfach um den Hals, sodass beim Ziehen die Last gleichmäßig auf Brust und Schultern verteilt wird.
Johann: Und das gibt es tatsächlich?
Max: Ich habe es selbst ausprobiert! Meiner Meinung nach werden viele unserer mühsamen Arbeiten sowieso bald viel einfacher werden. Erst neulich sah ich ein neumodisches Gerät, das „Sense" heißt. Damit kann man wesentlich schneller schneiden als mit der Sichel.
Johann: Dann sollte man aber auch etwas für das Dreschen erfinden. Das anstrengende Schlagen mit den Stöcken mag ich am wenigsten von meinen Tätigkeiten.

1. Lest den Text M2, seht euch das Schaubild M1 an und findet heraus:
   – Durch welche Neuerungen können die Ernteerträge gesteigert werden? Wie werden die gezeichneten Geräte eingesetzt? Was bewirken die Verbesserungen bei Düngung und Saatgut?
   – Haltet in einer Liste fest, worin die Verbesserung gegenüber früher liegt.

Neuerung	früher	Verbesserung
...	...	...
...	...	...

   – Überlegt, mit welchen Mitteln die im Schaubild M1 angesprochenen Aufgaben heute erledigt werden.
2. Lest den nachfolgenden Erklärungstext und seht euch das Bild M3 an. Beurteilt, wem die Verbesserung der Mühlentechnik Vorteile bringt.

Neuerungen können Vor- und Nachteile bringen

Schon die Römer kannten Wassermühlen. Im Hochmittelalter kam die Erfindung der Windmühle hinzu. Doch der Müller war im Mittelalter nicht Eigentümer der Mühle. Sie gehörte dem Grundherrn. Die abhängigen Bauern mussten ihr Korn in der Mühle des Grundherrn mahlen lassen. Ein Teil wurde als Abgabe an den Grundherrn einbehalten, ein weiterer Teil verblieb beim Müller. Die Mühlen wurden so zu einer wertvollen Einnahmequelle der Grundherren. Sie wachten streng darüber, dass kein Bauer anderswo sein Korn mahlen ließ. Das nannte man „Mahlzwang".

Die Dreifelderwirtschaft

Jahrhunderte lang bearbeiteten die Bauern ihre Äcker immer auf die gleiche Art: Sie teilten ihr Land in zwei gleich große Teile. Die eine Hälfte wurde von ihnen bebaut, die andere ließen sie brachliegen, damit der Boden sich erholen konnte. Die Ernteerträge der Zweifelderwirtschaft waren häufig sehr gering und reichten kaum zur Ernährung der steigenden Bevölkerung aus. Die Erfindung der Dreifelderwirtschaft hingegen ermöglichte es, die Ernteerträge zu steigern. Sie brachte den Bauern große Vorteile:

Die Getreideerträge fielen höher aus. Die Arbeit des Pflügens, Säens und Erntens konnten gleichmäßiger über das ganze Jahr verteilt werden. Die Bauern waren gegen Naturkatastrophen abgesichert, da durch einen Hagelschlag nicht mehr die Ernte des ganzen Jahres vernichtet werden konnte.

Ein Teil des Ackers wurde ein Jahr lang nicht bebaut, überwucherte mit Unkraut und wurde als Viehweide genutzt. Die Tiere düngten mit ihrem Kot die Erde; im folgenden Jahr waren die notwendigen Nährstoffe für den Getreideanbau wieder vorhanden.

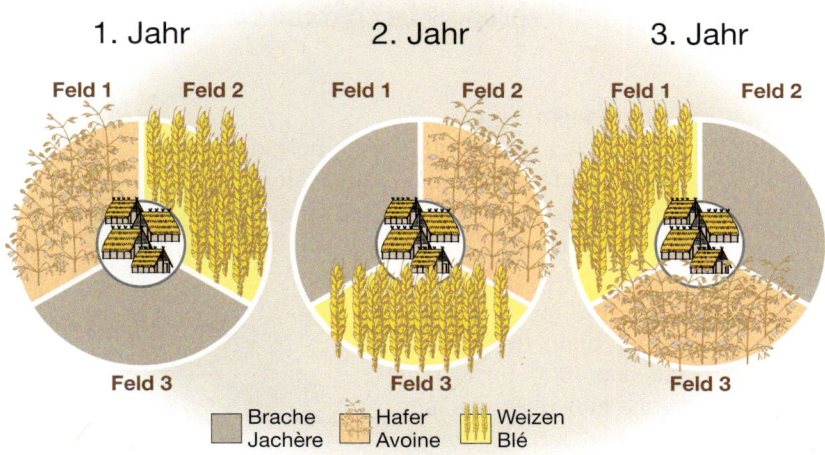

M4 Dreifelderwirtschaft (◆ l'assolement triennal).

Die Bevölkerung wächst

Im 8. Jahrhundert war der Ernteertrag höchstens doppelt so hoch wie die Aussaat. Durch die Neuerungen in der Landwirtschaft und eine Klimaverbesserung konnten die Erträge im 13. Jahrhundert beträchtlich gesteigert werden. Dies begünstigte eine rasche Bevölkerungsentwicklung; in manchen Gebieten wurde das Land knapp. Wälder mussten gerodet werden und der Ackerbau wurde auch auf weniger fruchtbare Flächen ausgedehnt. Viele Bauern wanderten nach Osten aus oder bevölkerten die zahlreichen Städte, die in dieser Zeit gegründet wurden.

3. Beschreibt mithilfe von M4 und des Erklärungstextes die Unterschiede zwischen der Zweifelderwirtschaft und der Dreifelderwirtschaft.
4. Erklärt die Vorteile der Dreifelderwirtschaft.
5. Wie hoch war die Bevölkerungszahl im 13. Jahrhundert? Im 15. Jahrhundert?
6. Erklärt, wie es zu diesen Schwankungen kam.

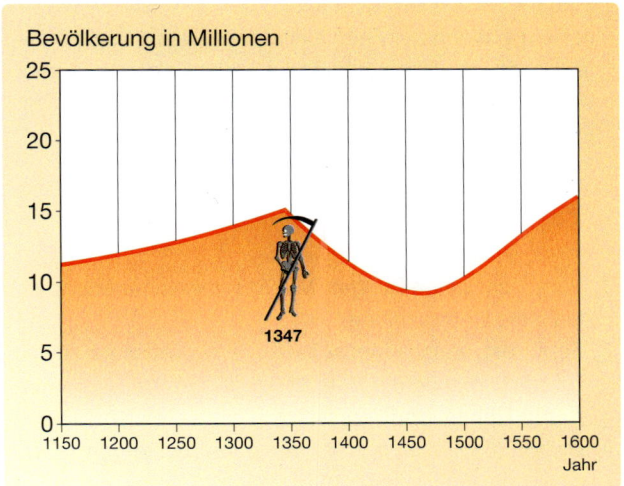

M5 Bevölkerungsentwicklung in Mitteleuropa (12.–16. Jh.).

Das Leben des Adels ◆ La vie des nobles
Die Burg als Wehrbau ◆ Le château fort – un lieu de défense

Sicher hinter festen Mauern

Im frühen Mittelalter lebten die Adligen auf befestigten Herrenhöfen. Erst seit dem 11. Jahrhundert bauten sie steinerne Wohnburgen. Sie nutzten die natürlichen Voraussetzungen: Wo es Berge gab, errichteten sie Höhen- oder Felsenburgen, Wasserburgen standen am Rande von Seen oder Flüssen. Die erste Burg aus Stein in Bourscheid entstand um das Jahr 1000. Im 14. Jahrhundert wurde die äußere Ringmauer mit acht Wehrtürmen fertig gestellt, im 15. Jahrhundert entstand die Vorburg. Bis ins 18. Jahrhundert wurde die Burg immer weiter vergrößert und ausgebaut.

M1 Modell einer spätmittelalterlichen Burg.

M2 Burg Veynau bei Euskirchen in der Eifel. Foto, 2004.

M3 Burg Bourscheid. Foto, 2007.

M4 Wir machen einen Rundgang durch die Burg: Die *Zugbrücke* wird herabgelassen. Wir passieren das Burgtor. Am *Torhaus* müssen wir einen Augenblick warten. Das *Fallgitter* wird gerade hochgezogen. Über uns befindet sich eine „Pechnase". Wenn die Burg angegriffen wurde, hat man von dort heißes Pech oder Öl herabgeschüttet. Die mächtige *Burgmauer mit den Zinnen,* die wie ein Reißverschluss aussehen, ist bis zu einem Meter dick. Die *Wachtürme* sind mit Schießscharten versehen, dahinter spannte der Ritter die Armbrust oder den Bogen. Auf dem Burghof am *Ziehbrunnen* vorbei zum *Bergfried*. Mit seinem mächtigen Zinnenkranz ist er das höchste und stärkste Bauwerk der Burg. Wenn der Feind die Mauern überstiegen hatte, flohen der Ritter und seine Leute in diesen Turm. Dahinter befinden sich *Ställe und Wohngebäude*. Der *Palas* mit der *Kapelle* ist das Hauptgebäude der Burg. In ihm wohnt der Ritter mit seiner Familie.

Autorentext

1. Vergleicht beide Burgen (M2, M3) miteinander und erklärt die Unterschiede.
2. Stellt fest, welche landschaftlichen Voraussetzungen zur Verteidigung der Burgen genutzt wurden.
3. Nennt Höhen- und Wasserburgen unseres Landes.
4. Ordnet die Zahlen aus M1 den entsprechenden Teilen der Burganlage aus M4 zu.

Die Burg verteidigen

Beim Herannahen eines Feindes suchten die Dorfbewohner Schutz innerhalb der Burgmauern.
Die Verteidiger verstärkten die Mauern und die Zinnen der Türme, sie verschanzten sich in der Burg. Die Burgtore wurden verschlossen und verbarrikadiert. Die Dächer wurden mit feuchten Tierhäuten belegt, um das Ausbreiten von Feuer zu verhindern.
Bogenschützen wurden überall auf der Burg verteilt, durch Schießscharten (◆ la meurtrière) zielten sie auf die Angreifer. Waren die Angreifer schon am Fuß der Burgmauer angekommen, wurden sie mit heißem Wasser, Sand, Kalk, Pech oder siedendem Öl überschüttet.
Mit Wurfmaschinen (Tribok) versuchten die Angreifer, Mauern und Türme zum Einsturz zu bringen. Es wurden Steine und Feuer auf die Burg geschleudert. Mit langen Leitern und Belagerungstürmen sollten die Burgmauern erklommen werden. Manchmal wurden auch Tunnel gegraben, um die Fundamente der Burgmauern zu erschüttern.

5. Beschreibt anhand der Bilder M5 und M6 die mittelalterlichen Eroberungs- und Verteidigungstechniken.

Was ihr noch tun könnt:
- Findet heraus, wie sich eine Burganlage im Laufe der Zeit (vom frühen Mittelalter bis heute veränderte).
- Den Besuch einer Burg in der Großregion planen.
- Eine Wandzeitung über eine Burg eurer Wahl anfertigen und sie vor der Klasse präsentieren.

M5 Belagerung. Nach einem französischen Manuskript aus dem 14. Jahrhundert.

M6 Belagerung einer Burg mit Rammbock und Tribok. Illustration.

Das Leben des Adels ◆ La vie des nobles
Die Burg als Wohnbau ◆ Le château fort – un lieu d'habitation

Durch die Fensteröffnungen weht ein kühler Luftzug herein. In der kalten Jahreszeit frieren wir oder wir sitzen bei geschlossenen Fensterläden bei Fackellicht. Im Winter ist der Aufenthalt im Saal wie auch in den übrigen Wohnräumen der Burg recht ungemütlich. Nur mein Herr und die Gäste sitzen am wärmenden Feuer.

Die Burg selbst ist nicht gebaut, um schön, sondern um fest zu sein. Sie ist innen eng ... Überall stinkt es, dazu kommen die Hunde mit ihrem Dreck ... ein feiner Duft ... Reiter kommen und gehen, unter ihnen sind Räuber, Diebe und Banditen. Man hört das Blöken der Schafe, das Brüllen der Rinder ... ja wahrhaftig auch das Heulen der Wölfe.

M1 Ritter Ulrich von Hutten und Knecht Konrad erzählen.

Der Alltag auf der Burg

Nur größere Burgen verfügten über mehrere heizbare Räume. Diese wirkten düster und kalt. Die Fenster waren mit Schweinsblasen bespannt. Die Fußböden, aus Lehm gestampft oder mit glasierten Ziegeln belegt, bedeckte man im Winter mit Fellen. Im Sommer sollten ausgestreute duftende Kräuter das Ungeziefer vertreiben. Es gab nur wenige Möbel: Bänke und Stühle, zerlegbare Tische, Truhen und Kästen. Zum Schlafen legte man sich in hölzerne Kastenbetten, der Betthimmel sollte den Schläfer vor herabfallendem Ungeziefer schützen.

M2 Bei einer Feier am Hof. Buchillustration, 15. Jahrhundert.

1. Vergleicht die Aussagen aus M1 und M5 mit der Darstellung in M2.
2. Wie hart oder wie angenehm war das Leben auf der Burg?

Das Leben der Edelfrauen

M3 Ein Händler bietet der Burgherrin seine Waren an. Buchmalerei aus der Manessischen Liederhandschrift, 14. Jahrhundert.

Die Kemenate gehört uns Frauen. Dieser Raum, mit einem Kamin ausgestattet, ist wohnlicher als der große Saal. Die Wände sind mit Malereien ausgestattet, ein Tisch, Stühle und ein Bett bilden die Einrichtung.

M5 Burgherrin Isolde.

3. Erstellt eine Liste mit den Aufgaben der Burgdamen anhand der Materialien und der Informationen dieser Seite.

4. Welches Bild der Frau wird durch M4 vermittelt? Besprecht diese Aussage.

Die adligen Mädchen wurden durch eine besondere Erziehung auf das Leben auf der Burg vorbereitet. Sie lernten höfisches Benehmen, Fremdsprachen wie Französisch oder Latein. Manche dieser jungen Frauen waren gebildeter als ihre männlichen Altersgenossen und erreichten als Dichterinnen hohes Ansehen wie die französische Schriftstellerin Christine de Pisan (M4).

Auch die Rolle der zukünftigen Hausfrau musste erlernt werden: die täglichen Mahlzeiten bereiten, Vorräte für den Winter anlegen, Kinder betreuen und Gäste bewirten. In Abwesenheit ihres Mannes musste die Burgherrin die Verteidigung der Burg übernehmen.

Da die mittelalterlichen Texte fast nur von Männern geschrieben wurden, geben sie ein sehr einseitiges Bild von der Stellung der Frau ab. In Wirklichkeit spielten ähnlich wie zum Beispiel Ermesinde von Luxemburg mehrere Königinnen und Fürstinnen eine wichtige Rolle.

Höfisches Benehmen Entspricht der Lebensart, die am Hofe eines Adligen üblich war. Dazu gehörten gute Manieren und ritterliche Tugenden.

La courtoisie La manière de se comporter à la cour d'un seigneur. Il fallait avoir de bonnes manières et pratiquer les vertus chevaleresques.

M6 Herstellung von Leinen. Flachs bündeln, raufen, kämmen und spinnen. Im Hintergrund ein Handwebstuhl. Buchmalerei, 14. Jahrhundert.

M4 Im Jahr 1399 schrieb Christine de Pisan, eine Schriftstellerin, in ihrem „Rosenroman":
Viele Schriftsteller setzen die Frauen herab. Sie sagen, viele Frauen seien hinterhältig und verschlagen, falsch und wenig wert. Andere sagen, sie seien verlogen, wechselhaft, unbeständig und leichtsinnig.

M. Roy (Hg.): L'épistre du Dieu Amours. Oeuvres poétique, Bd. 2, Paris 1891, S. 1–27.

Das Leben des Adels ◆ La vie des nobles
Ritter – Krieger zu Pferd ◆ Les chevaliers – des guerriers à cheval

Was ist ein Ritter?

Adlige hoben sich nicht nur durch den Besitz einer Burg vom Rest der Bevölkerung ab, sondern auch durch ihre Waffen und ihre Kampfweise. Im Gegensatz zum Bauern kämpfte der Adlige zu Pferd.

Neben den kriegerischen Talenten sollte ein Ritter auch höhere Ideale verfolgen: Dienst und Treue gegenüber seinem Herrn, Schutz der Kirche und der Armen sowie eine ritterliche Lebensart. Dazu gehörten sowohl höfische Tischmanieren wie auch die Verehrung der Edeldamen.

M2 Ritterrüstung (Harnisch). Ende 15. Jahrhundert.

> **M1 In einer Anweisung aus dem Jahre 1250 heißt es:**
>
> Man schmatzt und rülpst auch nicht und schnäuzt nicht in das Tischtuch. Ein Edelmann isst nicht mit einem anderen zusammen vom gleichen Löffel … Es ist bäuerliche Sitte, mit angebissenem Brot wieder in die Schüssel einzutunken. Aus der Schüssel trinkt man nicht wie ein Schwein. Wird einem das Trinkgefäß gereicht, soll man sich den Mund abwischen und nicht in den Trunk blasen … Man stochere nicht mit dem Messer in den Zähnen herum …
>
> T. P. Thornton: Höfische Tischzuchten, Texte des späten Mittelalters, Bd. 4, Berlin 1957, S. 39 f.

1. Beschreibt mithilfe der Abbildungen dieser Doppelseite die Ausrüstung eines Ritters. Welche Teile dienten dem Angriff, welche der Verteidigung?
2. Erklärt, wieso es dem Adel so wichtig erschien, Regeln für Tischsitten festzulegen (M1).

M3 Ritter zu Pferde. Buchmalerei, 14. Jahrhundert.

Ritter werden ist gar nicht leicht

M4 Ein Page erzählt:
Mein Name ist Wernher, ich bin 13 Jahre alt. Heute hat mein Bruder Giselher Schwertleite. Er bekam vom Priester feierlich sein Schwert überreicht und ist nun Ritter. Wenn ich doch auch schon 21 Jahre alt wäre! Seit meinem 7. Geburtstag bin ich Page und werde von meinem Onkel ausgebildet. Von ihm lerne ich Reiten und Schwimmen, den Faustkampf, Bogenschießen und Fechten sowie auch das „höfische Benehmen". An meinem nächsten Geburtstag werde ich seine Burg verlassen und Ritter Manfred auf der Burg Fels als Knappe dienen. Dort werde ich lernen, mit Lanze, Schwert und Streitaxt zu kämpfen, aber auch, wie man Schach spielt und tanzt. Ich muss Manfred auch in den Kampf begleiten und darf ihm nicht von der Seite weichen. Das alles wird 7 Jahre dauern! Wenn es doch schon so weit wäre, dass ich auch zum Ritter geschlagen werde!

M5 Ein Knappe führt seinem Herrn das Streitross zu. Buchmalerei aus der Manessischen Liederhandschrift, 14. Jahrhundert.

Das Turnier – ritterliches Kampfspiel

Nach dem Ritterschlag durfte der junge Ritter erstmals an einem Turnier teilnehmen. Der Turnierplatz war durch Schranken abgetrennt. Dahinter drängten sich die Zuschauer. Vornehme Damen saßen auf einer Tribüne. Zuerst erwartete man den Zweikampf, die Tjost: Zwei Ritter – prächtig in bunten Wappenkleidern, mit wehendem Helmbusch und bemaltem Schild – versuchten den Gegner aus dem Sattel zu stoßen. Danach ritten beim Buhurt alle Ritter in zwei Abteilungen mit stumpfen Waffen aufeinander los. Sieger war der Ritter, der als Letzter noch im Sattel saß. Er erhielt aus der Hand einer Dame den Siegespreis. Diese Spiele waren nicht nur höfischer Zeitvertreib, sondern auch „Übung für den Ernstfall". Vor allem junge Ritter zogen von Turnier zu Turnier, suchten dort Ruhm, Vermögen und eine vorteilhafte Heirat.

3. Zählt auf, was ein Junge in seiner Ausbildung zum Ritter lernen musste (M4, M5).
4. Nennt Gründe, warum Turniere für Ritter wichtig waren.
5. Beschreibt die Szene von M6.

Was ihr noch tun könnt:
Ihr seid Reporter bei einem Turnier. Verfasst eine Radioreportage über das Geschehen.

M6 Szenen aus einem Ritterturnier. Buchmalereien aus der Manessischen Liederhandschrift, 14. Jahrhundert.

Das Leben des Adels ◆ La vie des nobles
Das Lehnswesen ◆ La féodalité

Herrschaft wird verteilt

Für die Verwaltung seines Reiches brauchte der König die Unterstützung der Fürsten. Sie sollten die Durchführung seiner Anordnungen überwachen und ihm mit Rat zur Seite stehen. Wenn er in den Krieg zog, mussten sie ihm schwer bewaffnete Krieger zur Verfügung stellen.

Für ihre Dienste erhielten Äbte, Grafen und Herzöge vom König Landgüter geliehen (Lehen). Die Fürsten, die das Land vom König bekamen, nannte man „Kronvasallen". Sie konnten das erhaltene Land wiederum an Untervasallen weiterverleihen. Damit wurden sie selbst zu Lehnsherren. Das Lehnswesen war ein Mittel zur Machtsicherung.

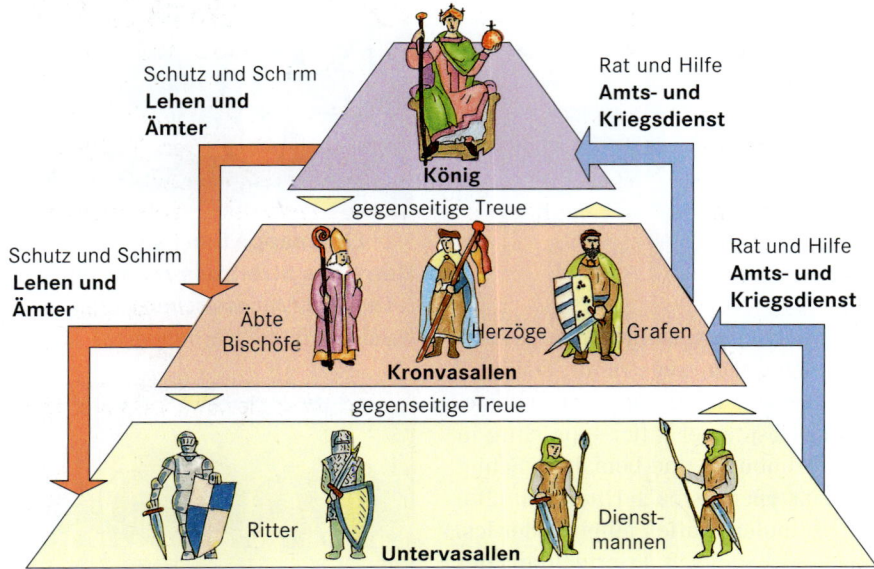

M1 Lehnspyramide.

Lehen	Le fief
Landgut, Amt oder Recht, das der Lehnsherr an seinen Lehnsmann (Vasall) verleiht, um ihn für geleistete Dienste zu entlohnen.	Terres, charge ou droit qu'un suzerain donne à son vassal pour le récompenser des services qu'il lui a rendus.

M2 Feierliche Belehnung. Beim Handgang schwören sich Lehnsherr und Vasall gegenseitige Treue: „Deine Feinde sind meine Feinde …" Dann überreicht der Lehnsherr einen Gegenstand, stellvertretend für das Lehen. Szenen aus dem Sachsenspiegel, um 1300/1315.

1. Erklärt mithilfe von M1 und dem Text, wie das Lehnssystem funktionierte.
2. Warum wird das Lehnswesen anhand einer Pyramide dargestellt?
3. Stellt die Pflichten eines Vasallen zusammen (M1).
4. Stellt fest, wer jeweils auf den Abbildungen der Lehnsherr und wer der Vasall ist. Woran erkennt ihr das (M2)?

Was ihr noch tun könnt:
Die Lehnsübergabe in der Klasse nachspielen.

Grafen und Kaiser aus dem Hause Luxemburg

> Im Namen des eingeborenen Sohnes Gottes. Zur Kenntnis sei allen, dass Graf Sigfrid, in dem Wunsch, das „Lucilinburhuc" genannte Kastell als Eigentum zu erwerben, sich an den Herrn Bruno, Erzbischof und Bruder des Kaisers Otto, wandte. Als er dessen Erlaubnis erhalten hatte, ging er zum Abt Wiker und zu den übrigen Mönchen von Sankt Maximin mit der Bitte, ihm die Erlaubnis zu geben, jenes gegen sein Eigenland eintauschen zu dürfen. Abt und Brüder einigten sich, die Güter … einzutauschen.

M3 Tauschurkunde um 963, vereinfachte Fassung.

M4 Der Bockfelsen: Sitz der Lucilinburhuc. Foto.

Um die Lucilinburhuc herum bauten sich Sigfrid und seine Nachfolger einen eigenen Herrschaftsbereich auf: die Grafschaft Luxemburg.

Durch Kauf und Eroberungen, aber auch durch geschickte Heirats- und Lehnspolitik gelang es den Grafen von Luxemburg, ein großes, zusammenhängendes Gebiet zu erwerben und ihre Machtstellung auszubauen. Aus den Lehnsmännern wurden so im 13. Jahrhundert Landesherren, die weitgehend unabhängig regieren konnten.

Die Luxemburger Grafen spielten im 14. und 15. Jahrhundert eine immer größere Rolle im Deutschen Reich.

Mit Heinrich VII. kam 1313 der erste Luxemburger auf den deutschen Königsthron. Auch dessen Nachfolger, Johann der Blinde, sowie Karl IV. und dessen beide Söhne, die Kaiser Wenzel und Sigismund, waren mächtige Herrscher aus dem Hause Luxemburg.

5. Erzählt, wie der Sage nach Luxemburg entstanden ist.
6. Inwiefern war der Bockfelsen (M4) ein günstiger Standort?
7. Ordnet die Personen aus M3 in die Lehnspyramide M1 ein.

M5 Hauspolitik der Luxemburger im 13. und 14. Jahrhundert.

Lucilinburhuc	Lucilinburhuc
Althochdeutsch: kleine Burg. Davon leitet sich der heutige Name Luxemburg ab.	Ancien haut allemand: petit château fort. Origine du nom actuel Luxembourg.

Was ihr noch tun könnt:
Daten und Ereignisse aus dem Leben der luxemburgischen Herrscher suchen.

Arbeitstechnik ◆ Méthode de travail
Bilder lesen ◆ Lire des images

Die Manessische Liederhandschrift

Aus dem Mittelalter stammt eine besonders kostbare und prachtvolle Quelle, die Manessische Liederhandschrift, benannt nach dem Sammler Manesse. Es handelt sich um eine Sammlung von Gedichten, die mit wertvollen Malereien ausgestattet ist.

Das Thema der Gedichte und der Lieder ist die Liebe und die Verehrung der Frauen, was man „Minne" nannte. Die Bilder zeigen die Sänger in unterschiedlichen Situationen. Sie können uns etwas über die Zeit erzählen, in der sie entstanden sind, auch wenn diese Darstellung nicht unbedingt die Wirklichkeit widerspiegelt.

Auf dieser und der nächsten Seite könnt ihr einige der Bildnisse sehen.

M3 Herr Wernher von Teufen. Aus der Manessischen Liederhandschrift.

M1 Minnelied eines unbekannten mittelalterlichen Sängers:

Dû bist mîn, ich bin dîn;
des solt dû gewis sîn;
du bist beslozzen
in mînem herzen;
verlorn ist daz slüzzelîn;
duo muost immer drinne sîn.

In: Des Minnesangs Frühling, neu bearbeitet von C. von Kraus, 30. Aufl., 1950.

M2 Die Manessische Liederhandschrift:

Inhalt:	Gedichte von Minnesängern
Entstehung der Bilder:	Bilder von Minnesängern ca. 1300–1325
Motive:	Minnesänger in verschiedenen Situationen
Maler:	unbekannt, vermutlich vier verschiedene Maler
Auftraggeber:	unbekannt, vermutlich Adlige oder hohe Kleriker

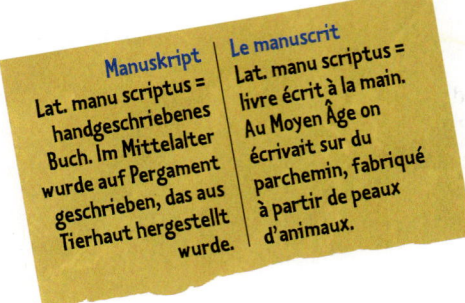

Manuskript
Lat. manu scriptus = handgeschriebenes Buch. Im Mittelalter wurde auf Pergament geschrieben, das aus Tierhaut hergestellt wurde.

Le manuscrit
Lat. manu scriptus = livre écrit à la main. Au Moyen Âge on écrivait sur du parchemin, fabriqué à partir de peaux d'animaux.

M4–M6 Darstellungen aus der Manessischen Liederhandschrift.

Folgende Fragen werden euch helfen, diesen, aber auch anderen Bildern wichtige Informationen zu entnehmen:

1. Schritt Bild betrachten
- Wie wirkt das Bild als Ganzes auf euch? Wohin wird mein Auge gelenkt?
- Welche Einzelheiten fallen euch auf?

2. Schritt Bild beschreiben
- Was ist dargestellt: Personen, Kleidung, Gegenstände, Tätigkeiten? Wie ist es dargestellt? Wie sind die Personen oder Gegenstände angeordnet? Ist die Darstellung naturgetreu oder nicht? Sind Vorder- und Hintergrund erkennbar?
- Welche Daten sind euch bekannt?

3. Schritt Bild deuten
- Warum hat der Künstler diese Darstellung gewählt? Zu welchem Zweck wurde das Bild geschaffen? Welches Thema wird dargestellt? Welcher Gesellschaftsschicht gehören die dargestellten Personen an? Gibt es Symbole und was bedeuten sie?
- Welche Aufgabe hat die Farbgestaltung?
- Welche offenen Fragen ergeben sich aus dem Bild?
- Wo findet ihr weitere Informationen?

Beschreibt und deutet mithilfe des Fragenkatalogs die Bilder dieser Doppelseite.

Leben für den Glauben ◆ Une vie au service de Dieu
Von Kirchen und Klöstern ◆ Églises et monastères

Ein Leben für Gott
Viele Menschen fühlten sich berufen, ihr Leben dem Dienst Gottes, der Kirche und den Menschen zu weihen. Viele wurden aber auch von ihrer Familie dazu bestimmt.
So entstanden geistliche Berufe für Männer und Frauen, die fast alle noch heute existieren. Man unterscheidet zwischen Weltgeistlichen (Priester, Bischof), die in der Gemeinde, und Ordensleuten (Mönche, Nonnen), die in Klöstern leben.
In der Gesellschaft des Mittelalters nahmen sie einen wichtigen Platz ein und wurden sehr respektiert. Viele Adelsfamilien schickten häufig ein Kind ins Kloster. Diese machten oft eine Karriere innerhalb der Kirche, wurden zum Beispiel Bischof einer Stadt, Abt oder Äbtissin eines Klosters.
Zahlreiche Menschen spendeten der Kirche, weil sie dadurch auf Vergebung ihrer Sünden hofften. Durch Spenden und durch die Kirchensteuer, die jeder zahlen musste, wurde die Kirche sehr reich und mächtig.

1. Welche unterschiedlichen Karrieren kann man innerhalb der Kirche machen?
2. Wodurch erlangte die Kirche Macht und Reichtum?
3. Warum gab es früher fast in jeder Familie einen Geistlichen?

M1 Aus der Regel des Benedikt von Nursia aus dem 6. Jahrhundert n. Chr.:
6. Kap.: Die Mönche sollen nur selten Gelegenheit zum Reden haben.
7. Kap.: Demut heißt zu gehorchen.
33. Kap.: Keiner soll persönliches Eigentum besitzen.
47. Kap.: Müßiggang ist der Feind der Seele, deshalb sollen sich die Brüder zu bestimmten Zeiten mit Handarbeit oder mit göttlicher Lesung beschäftigen.
48. Kap.: Das Kloster soll so angelegt sein, dass sich alles Nötige innerhalb des Klosters befindet: Wasser, Mühle, Garten, Werkstätten.

B. Steidle: Die Benediktusregel, Beuron 1963, gekürzt.

M2 Die Basilika Sankt Willibrord in Echternach.

Beten und arbeiten im Kloster
Nonnen und Mönche legten bei ihrer Aufnahme ins Kloster drei Gelübde (Versprechen) ab. Sie verpflichteten sich zu persönlicher Armut, Ehelosigkeit und Gehorsam gegenüber der Äbtissin oder dem Abt. Sie lebten dort nach der Benediktsregel: „Bete und arbeite."
In unserer Gegend entstanden die ersten Klöster, als irische Mönche zum europäischen Festland aufbrachen, um dort Klöster zu gründen. Willibrord gründete 698 das Kloster in Echternach. Klöster waren im Mittelalter wirtschaftliche Musterbetriebe. Man betrieb dort nicht nur Handwerk und Landwirtschaft, sondern widmete sich auch der Kunst, Bildung und Medizin.

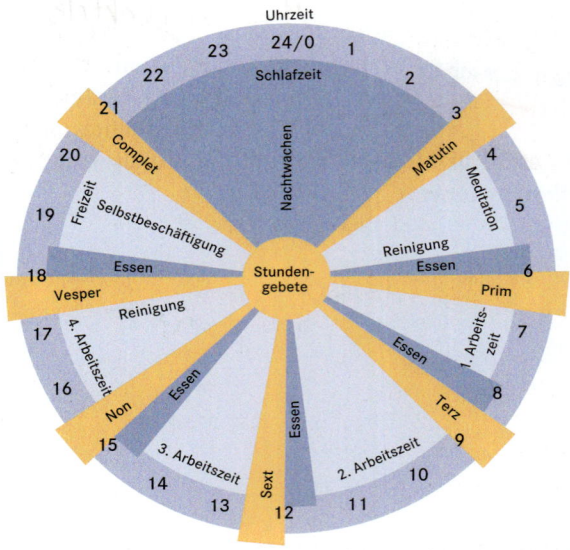

M3 Tagesablauf im Kloster.

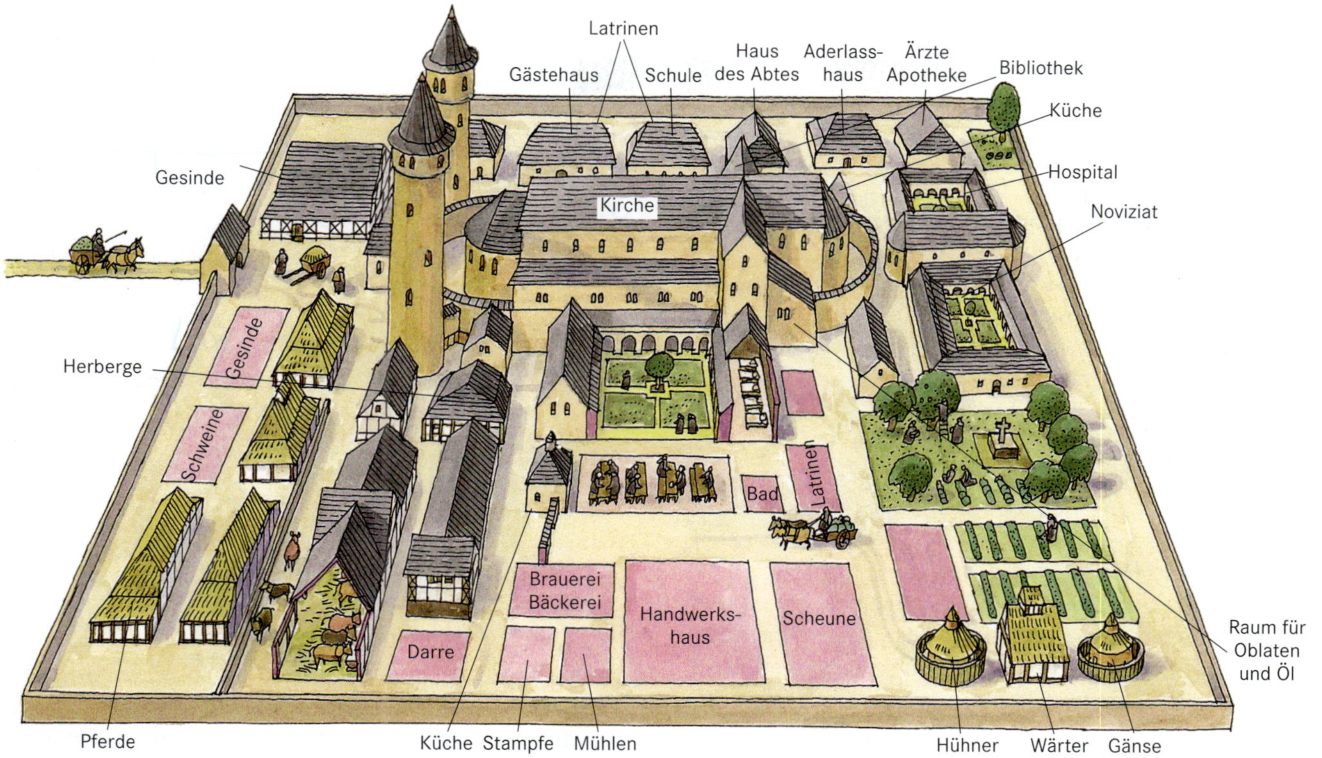

M4 Klosterplan von St. Gallen. Rekonstruktionszeichnung nach einem Plan von 820 n. Chr.

M5 Ordensschwestern heute.

M6 **Schreibstube des Klosters Echternach.** Buchmalerei, um 1040.

4. Schreibt anhand von M3 den Tagesablauf eines Mönches auf. Vergleicht mit eurem Schultag.
5. Stellt anhand von M4 fest, warum man das Kloster oft als „Welt im Kleinen" bezeichnet.
6. Inwiefern waren Klöster Bildungs- und Forschungszentren des Mittelalters? Erklärt.
7. Sprecht darüber, welche Aufgaben des mittelalterlichen Klosters heute von der Gemeinde oder dem Staat übernommen werden.

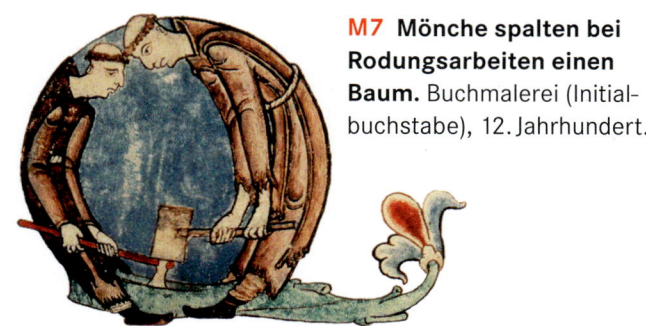

M7 **Mönche spalten bei Rodungsarbeiten einen Baum.** Buchmalerei (Initialbuchstabe), 12. Jahrhundert.

Begegnung mit dem Islam ◆ Rencontre avec l'Islam
Glaube, Kultur, Wissenschaft ◆ Foi, culture, science

Mohammed begründet eine neue Religion

M1 Ein Imam, Vorsteher einer Moschee, berichtet über einen Kaufmann namens Mohammed:

Es war um das Jahr 570 n. Chr., als Mohammed in Mekka im heutigen Saudi-Arabien geboren wurde. Da seine Eltern früh starben, wuchs er bei einem Onkel auf. In der alten Handelsstadt Mekka gab es ein weithin bekanntes Heiligtum, die Kaaba, zu dem die Leute alljährlich kamen, um ihre Götter zu verehren. Die während der Pilgerzeiten abgehaltenen Märkte brachten den Kaufleuten guten Verdienst. Auch Mohammed wurde Kaufmann. Bei seinen Geschäftsreisen kam er mit Juden und Christen zusammen. Deren Glaube an einen einzigen Gott beeindruckte ihn sehr. Immer häufiger zog er sich in die Einsamkeit zurück und betete. Als er etwa 40 Jahre alt war, hatte er eine Erscheinung: Der Engel Gabriel befahl ihm, seinem Volk den Glauben an Allah, den einzigen Gott, zu predigen. Die reichen Kaufleute seiner Heimatstadt jedoch waren wenig begeistert von der Vorstellung, dass nun keine Pilger mehr zu den rund 300 hier verehrten Göttern kommen würden. Nach dem Tod seines Onkels wurde es für Mohammed und seine Anhänger zu gefährlich und sie verließen Mekka. Die Gruppe fand im Jahr 622 Zuflucht in Medina. Mit diesem Ereignis beginnt die islamische Zeitrechnung.

Zwei Jahre später kam es zum Kampf gegen die Bewohner Mekkas. Mohammeds kleine Gruppe besiegte die Übermacht. Dies wurde als Zeichen Gottes angesehen. Der Kampf gegen die Feinde des Islam wurde zum Heiligen Krieg erklärt. Wer in diesem Kampf umkam, dem versprach der Glaube die ewige Seligkeit. Mohammed kehrte nun nach Mekka zurück. Er ließ die Götterbilder entfernen. Mekka wurde zum Mittelpunkt des neuen Glaubens, zu dem heute Millionen Muslime pilgern.

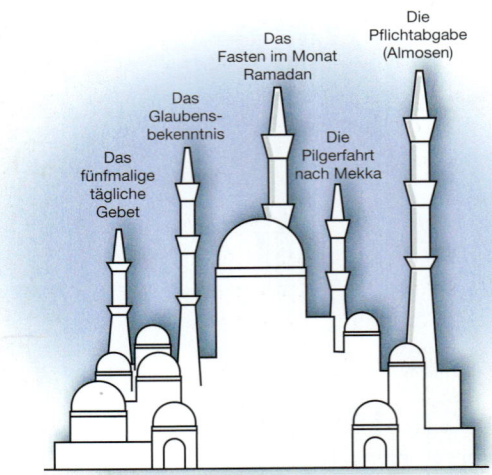

M2 Die fünf Säulen des Islam.

M3 Innenhof der großen Moschee mit der Kaaba (= „Haus Gottes", das bedeutendste Heiligtum des Islam) in Mekka. Foto, 1995.

1. Erstellt mithilfe von M1 eine Tabelle mit den Lebensdaten Mohammeds.
2. Erklärt, warum Mekka auch heute noch die heiligste Stadt der Muslime ist.
3. Vergleicht die fünf Säulen des Islam aus M2 mit christlichen Geboten. Was stellt ihr fest?

Die Europäer und die islamische Welt

Um das Jahr 710 eroberten islamische Heere das christliche Spanien. 500 Jahre später machten sich christliche Kreuzfahrer auf den Weg nach Osten, um Jerusalem den muslimischen Herrschern zu entreißen. Doch nicht immer war das Aufeinandertreffen der beiden Welten von Krieg und Auseinandersetzung geprägt.

Manche Christen erkannten, dass die islamische Kultur der ihren in vielen Bereichen der Technik, Kunst und Wissenschaft überlegen war.

M4 Weltkarte des Arabers Idrisi, 1154.

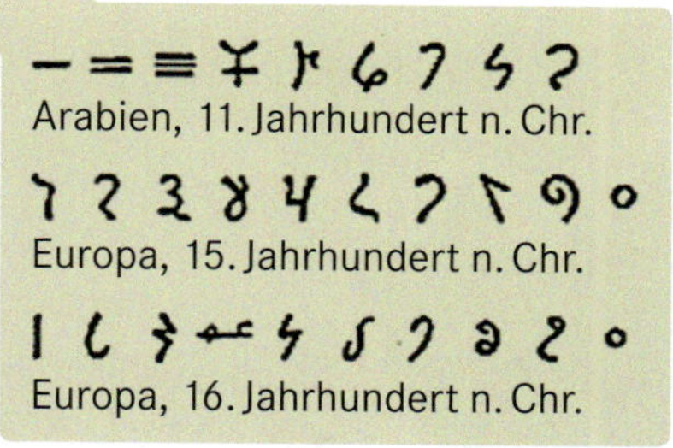

Arabien, 11. Jahrhundert n. Chr.

Europa, 15. Jahrhundert n. Chr.

Europa, 16. Jahrhundert n. Chr.

M5 Unsere Zahlen kommen aus dem Arabischen. Die Araber wiederum hatten sie aus Indien.

M6 Ein arabischer Arzt berichtet über die europäische Heilkunst um 1100:

Sie führten mir einen Ritter vor, der einen Abzess am Bein hatte. ... Dem Ritter machte ich ein erweichendes Pflaster und der Abzess öffnete und besserte sich ... Da kam ein fränkischer Arzt daher und sagte: „Der weiß doch überhaupt nicht, wie sie zu behandeln sind!", wandte sich an den Ritter und fragte ihn: „Was willst Du lieber, mit einem Bein leben oder mit beiden Beinen tot sein?" Der antwortete: „Lieber mit einem Bein leben!" Da holte der Arzt ein Beil und schlug zu. Das Mark des Beinknochens spritzte weg und der Ritter starb sofort.

Da fragte ich: „Habt ihr mich noch nötig?" Sie verneinten, und ich ging weg, nachdem ich von ihrer Heilkunst gelernt hatte, was ich vorher nicht wusste.

Usama ibn Munquid: Autobiographie, in: F. Gabriel (Hg.), Die Kreuzzüge aus arabischer Sicht, München 1975, 118f.

M9 Wörter arabischen Ursprungs:
Admiral / Algebra / Alkali / Alkohol / Benzin / Chemie / Drogerie / Gitarre / Kali / Konditorei / Natron / Soda / Tabak / Zenit / Zucker

M7 Arabischer Astronom mit seinen Gehilfen im Observatorium. Buchmalerei, 16. Jahrhundert.

M8 Mit den Arabern nach Europa gekommen: Mühlen in Spanien. Foto.

4. Stellt mithilfe der Materialien M4 bis M9 fest, in welchen Bereichen die muslimische Welt große Fortschritte zu verbuchen hatte.

37

Kämpfen für den Glauben ◆ Combattre pour la foi
Dschihad und Kreuzzüge ◆ Le jihad et les croisades

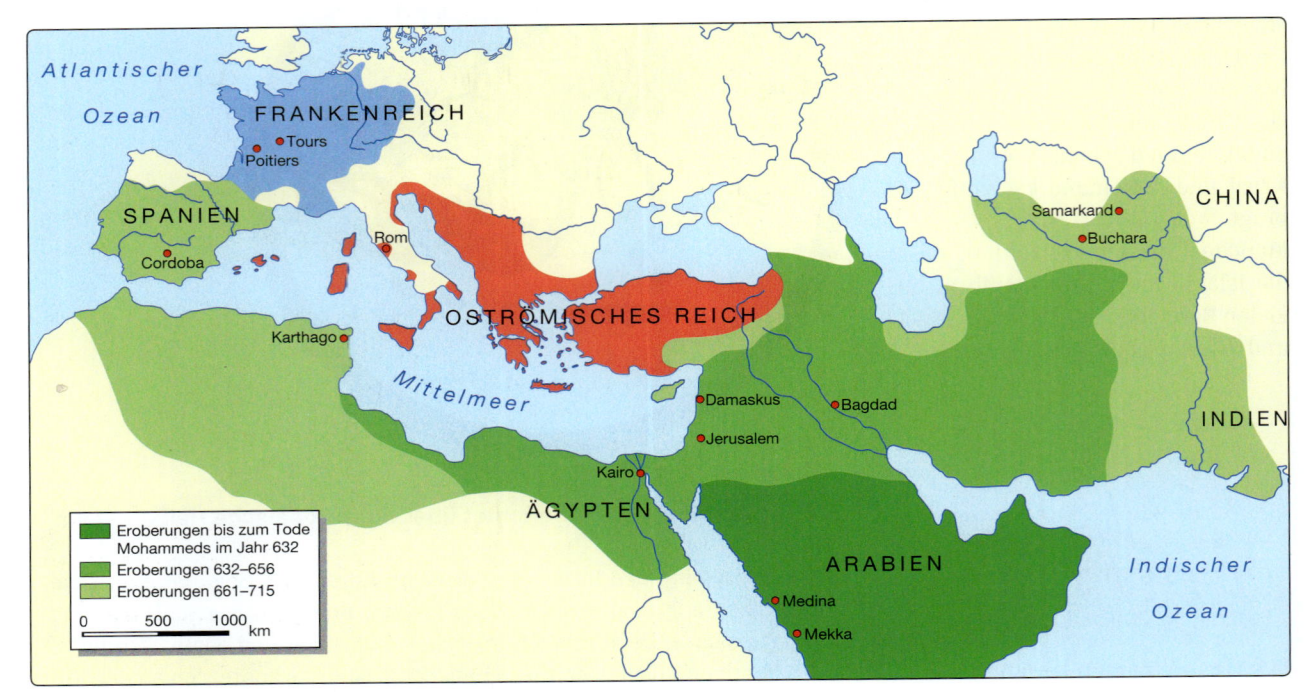

M1 Ausbreitung des Islam bis 750.

Muslime kämpfen für ihren Glauben
Wie Mohammed seine Anhänger in den Kampf schickte, berichtet eine Lebensgeschichte Mohammeds aus dem 8. Jahrhundert.

> **M2** Aus einer Lebensgeschichte des Propheten Mohammed:
> Darauf trat Mohammed zu seinen Leuten hinaus und spornte sie an mit den Worten: „Bei dem, in dessen Hand Mohammeds Seele liegt, jeder, der heute ... gegen den Feind kämpft ... und dann den Tod findet, den wird Gott ins Paradies eingehen lassen."
> Ibn Ishaq, Das Leben des Propheten, Erdmann, Tübingen/Basel 1991, S. 145f.

M3 Moschee aus dem 8. Jahrhundert in Cordoba. Heute befindet sich in der ehemaligen Moschee eine Kathedrale.

Die Bemühungen um den Glauben und seine Verbreitung werden im Arabischen „Dschihad" genannt. Man übersetzt diesen Ausdruck häufig mit „Heiliger Krieg". Aber dieser Begriff hat sehr unterschiedliche Bedeutungen. Sich mit großem Einsatz mit dem Koran, dem heiligen Buch der Muslime, auseinanderzusetzen, ist z.B. ein „großer Dschihad".

1. Fasst zusammen, welche verschiedenen Bedeutungen es für „Dschihad" gibt.
2. Welche heutigen Länder liegen auf dem Gebiet des islamischen Machtbereichs?
3. Findet heraus, wo Cordoba liegt, und überlegt, warum der Moscheebau heute als Kathedrale genutzt wird.

Christen kämpfen für ihren Glauben

Auch die Christen führten im Mittelalter „Heilige Kriege" gegen Andersgläubige, die Kreuzzüge. Im Jahr 1095 rief Papst Urban zur Befreiung der Heiligen Stätten in Jerusalem auf. Im Juni 1099 stand das Heer der Kreuzritter nach einem fast dreijährigen Kriegszug vor den Mauern der Stadt. Nach fünfwöchiger Belagerung gelang die Eroberung. Die christlichen Kreuzritter richteten ein Blutbad unter den Muslimen an und plünderten die Stadt. Die Kreuzfahrer konnten sich bis 1291 im Heiligen Land halten, bevor sie endgültig von den Muslimen vertrieben wurden.

M4 Papst Urban II. ruft im Jahre 1095 zum Kreuzzug auf:

Von Jerusalem und Konstantinopel kam schlimme Nachricht zu uns. Ein fremdes und gottloses Volk hat die Länder der dortigen Christen besetzt und durch Mord, Raub und Brand entvölkert. Tretet den Weg zum Heiligen Grab an, nehmt das Land dort dem gottlosen Volk, macht es euch untertan. Gott will es. Jerusalem ist der Mittelpunkt der Erde.

Robert von Reims: Historien, übers. nach Arno Borst, Lebensformen im Mittelalter, München 1979, S. 318 ff.

4. Stellt anhand von M4 und M5 die Gründe dafür zusammen, warum der Papst zum Kreuzzug aufrief und warum sich die Menschen zur Teilnahme entschlossen.

5. Findet mithilfe von M6 heraus, wie lange die Kreuzfahrer wohl mindestens ins Heilige Land unterwegs waren, wenn sie pro Tag ca. 20 km zurücklegten?

Zu Hause erdrückt mich die Schuldenlast. Um Kerker und Fronarbeit zu entkommen, ziehe ich ins Heilige Land. Mein Schwager, der wegen Diebstahls gesucht wird, zieht mit mir.

Jerusalem ist das Ziel meiner Träume. Endlich Schluss mit diesem elenden Leben in Hunger und Armut als Knecht meines Herrn.

Den gottlosen Muslimen werden wir's zeigen. In Jerusalem befindet sich das Grab unseres Herrgotts. Auf, lasst uns das Grab endlich befreien.

M5 Papst Urban II. predigt den Kreuzzug. Kolorierter Holzschnitt, 1482. Auf dem lateinischen Spruchband steht: „Gott will es."

M6 Kreuzzüge 11.–12. Jahrhundert.

Heilige Stadt für drei Religionen ◆ Une ville trois fois sainte
Jerusalem ◆ Jérusalem

M1 Blick auf den Tempelberg. Foto.

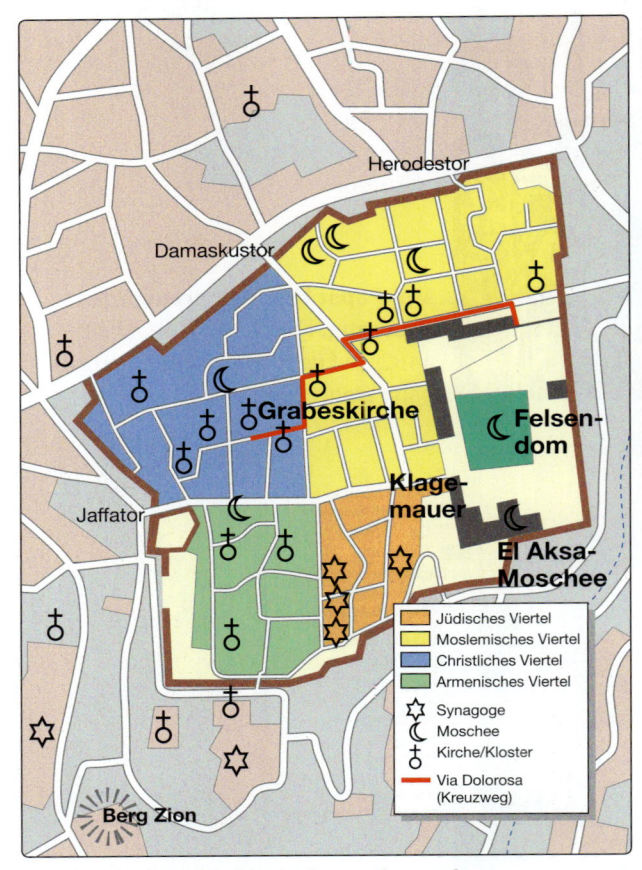

M2 Stadtplan der Altstadt von Jerusalem.

M3 Auszug aus einem Reiseführer:
Jerusalem ist für das Judentum, das Christentum und den Islam eine heilige Stadt.
Dort befinden sich die Überreste des von den Römern im Jahre 70 n. Chr. zerstörten jüdischen Tempels. Hierher kommen die Juden, um zu beten und die Zerstörung des Tempels zu beklagen. Deshalb wird das Bauwerk „Klagemauer" genannt.
Auf dem Tempelberg erstrahlt die goldene Kuppel des Felsendoms, einer islamischen Pilgerstätte. Nach der Überlieferung soll der Prophet Mohammed hier in den Himmel aufgestiegen sein, um den Koran zu empfangen. Auf dem Tempelberg versammeln sich die gläubigen Muslime zum Freitagsgebet.
Nicht weit entfernt davon steht die Grabeskirche, eine bedeutende Pilgerstätte des Christentums. Dort, wo sich nach der biblischen Überlieferung das Grab des gekreuzigten Jesus Christus befand, errichtete man eine Kirche. Vor allem zu Ostern pilgern Christen aus aller Welt zur Grabeskirche in der Jerusalemer Altstadt.

Autorentext

M4 Verkehrsschild in der Nähe von Jerusalem. Foto.

1. Findet heraus, welche Bedeutung die Stadt Jerusalem für die drei großen Weltreligionen hat.
2. Ordnet den Gebäuden in M1 mithilfe des Stadtplans M2 Namen zu.
3. In welchen Sprachen ist das Verkehrsschild in M4 geschrieben? Erklärt, warum.
4. Was verbindet die drei Religionen miteinander? Was trennt sie voneinander?

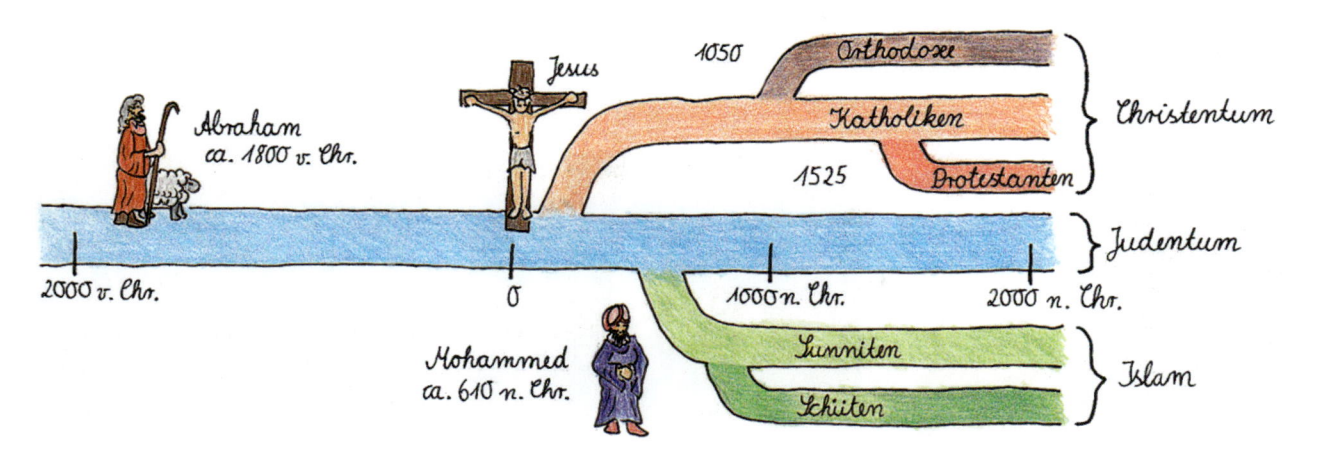

M5 Schülerzeichnung: Entwicklung von Judentum, Christentum und Islam.

M6 Davidstern.

Monotheistische Religion	La religion monothéiste
Religion, die nur einen Gott anerkennt.	Une religion qui n'admet l'existence que d'un seul dieu.

M7 Kreuz und Halbmond. Foto.

M9 Christen bei der Karfreitagsprozession in Jerusalem. Foto, 1995.

M8 Bei einem jüdischen Fest wird die Thorarolle zur Klagemauer getragen. Foto, 1995.

M10 Gläubige Muslime versammeln sich am Felsendom. Foto, 1995.

Das Mittelalter ... ◆ Le Moyen Âge ...
... und sein Erbe ◆ ... et son héritage

M1 Wappen. Der Rote Löwe wurde seit dem Mittelalter von den Luxemburger Grafen als Wappentier benutzt.

M2 Adel auch heute noch. Die großherzogliche Familie am Nationalfeiertag.

M3 Pfingstdienstag in Echternach. Die Springprozession zu Ehren des heiligen Willibrord geht auf das Spätmittelalter zurück.

M4 Burg Vianden. Jährlich besuchen etwa 200 000 Touristen die Burganlage, die in den letzten Jahren aufwendig renoviert wurde.

Überall in Europa findet man die Spuren einer gemeinsamen mittelalterlichen Kultur. Auch in Luxemburg gibt es noch viele Überreste und Traditionen, die aus der Zeit des Mittelalters stammen.
Auch Straßennamen (rue Ermesinde, rue Jean l'Aveugle, rue Sigismond) erinnern vielerorts an diese Zeit.

<u>1.</u> Sucht Zeugnisse in eurer Umgebung, die an das Mittelalter erinnern bzw. aus dieser Zeit stammen, z. B. Kapellen, Straßen, Ortsnamen, Ruinen ...
<u>2.</u> Welche Bedeutung haben diese Denkmäler für euch?

M5 Mittelalterfest in Vianden.

RUE JEAN L'AVEUGLE
Jhang-de-Blanne Strooss

M6 Straßenschild in Diekirch.

M7 Burgen und Schlösser in Luxemburg.

Zusammenfassung ◆ Résumé

Das Mittelalter

Das Leben der Menschen im Mittelalter hing weitgehend davon ab, in welchen Stand sie hineingeboren wurden. Das tägliche Leben eines Ritters verlief anders als das eines Bauern oder Stadtbürgers. Äußeres Zeichen der hervorgehobenen Stellung der Ritter war die Burg, zugleich Herrschafts- und Wohnsitz. Hier spielte sich der Alltag des Ritters und seiner Familie ab.

Ganz anders verlief das Leben der Bauern, die einem oder mehreren Herren zu Frondiensten und Abgaben verpflichtet waren. Ihr Alltag bestand aus schwerer Landarbeit, bei einfachsten Wohnverhältnissen und eintöniger Ernährung. Eine erhebliche Steigerung der Ernteerträge brachten technische Neuerungen sowie die Einführung der Dreifelderwirtschaft.

Eine herausragende Rolle bei der Entwicklung der Landwirtschaft, aber auch als kulturelle und religiöse Zentren spielten die Klöster. Zu einer ersten Begegnung mit dem Islam kam es durch die islamischen Eroberungen und die christlichen Kreuzzüge.

Le Moyen Âge

La vie des gens au Moyen Âge dépend largement de l'ordre dans lequel ils sont nés. La vie quotidienne d'un chevalier n'a rien à voir avec celle d'un paysan ou d'un bourgeois. Le château fort est le signe extérieur de la position importante du chevalier dans la société. Ce bâtiment imposant est en même temps le siège du pouvoir et la résidence du seigneur. C'est là que se déroule la vie quotidienne du chevalier et de sa famille.

La vie des paysans est complètement différente. Elle est marquée par les redevances et corvées que les paysans doivent à un ou plusieurs seigneurs. Leur journée se compose surtout du dur travail de la terre et d'une nourriture très peu variée. Ils habitent dans des maisons très simples. Des innovations techniques ainsi que l'assolement triennal entraînent une augmentation des quantités récoltées.

Les monastères jouent un très grand rôle dans le développement de l'agriculture, et ils sont aussi des centres religieux et culturels. Une première rencontre de l'Europe avec l'Islam se fait lors des conquêtes des musulmans et des croisades des chrétiens.

Burgen dienen den Rittern als Wohn- und Herrschaftssitze.

Die Bauern leisten einem Grundherrn Abgaben und Frondienste.

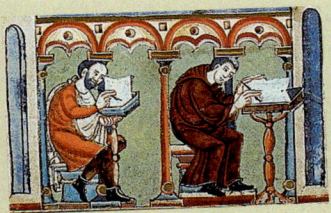

Die Klöster entwickeln sich zu kulturellen Zentren.

Kultur und Wissenschaft des Islam breiten sich aus.

Standard-Check ◆ Bilan

Das solltet ihr wissen ◆ Vérifiez vos connaissances

Arbeitsbegriffe

✓ Ständegesellschaft	◆ la société d'ordres
✓ Grundherrschaft	◆ la seigneurie
✓ höfisches Benehmen	◆ la courtoisie
✓ Lehen	◆ le fief
✓ Kloster	◆ le monastère
✓ Kreuzzug	◆ la croisade
✓ Dschihad	◆ le djihad

Was wisst ihr noch?

1. In welche Stände wurde die mittelalterliche Bevölkerung eingeteilt?
2. Wie kam es, dass viele Bauern ihre Freiheit verloren?
3. Welche Fortschritte steigerten die Erträge in der Landwirtschaft?
4. Nach welchen Regeln lebten Mönche und Nonnen in den Klöstern?
5. Was musste ein Junge lernen, bevor er zum Ritter geschlagen wurde?
6. Nennt die fünf „Säulen" des Islam.

Tipps zum Weiterlesen

Brigitte Coppin: Die Pest. Geißel der Menschheit. Gerstenberg, Hildesheim 2006

Freya Stephan-Kühn: Viel Spaß im Mittelalter. Arena, Würzburg 1993

Die visuelle Weltgeschichte des Mittelalters. Gerstenberg, Hildesheim 2005

Arnulf Zitelmann: Die Weltreligionen. Campus, Frankfurt/New York 2002

Fabian Lenk: Tatort Geschichte – Der Mönch ohne Gesicht. Ein Ratekrimi aus dem Mittelalter. Loewe, Bindlach 2002

Edmund Mudrak: Die spannendsten Rittersagen. Ensslin, Würzburg 2005

Évelyne Brisou-Pellen: Les aventures de Garin Troussbeouf. Folio Junior, Paris 1997 ff.

Michel Honaker: Le bourreau de la pleine lune. Gallimard Jeunesse, Paris 2003

„Wer wird Millionär?" – mit Fragen zum Mittelalter

Quiz macht Spaß – unzählige Sendungen und Spiele zeugen davon!

- Was verstehst du unter dem Begriff **Abendland**?
- Wozu diente der **Tribok**?
- Was weißt du über die **Pest** im Mittelalter?
- Welche Rechte hatte der **Lehnsherr**?
- Wer ist **Ermesinde**?
- Welche Regeln galten in einem **Kloster**?
- Aus welcher Sprache stammt das Wort **Algebra**?
- Was versteht man unter **Allmende**?
- Was bedeutet: **Ordo**: Jeder an seinem Platz ... alle in Gottes Hand?
- Was geschieht bei **Tjost** und **Buhurt**?
- Was weißt du über den **Dschihad**?

<u>1.</u> Findet auf den Seiten dieses Kapitels Anregungen und Fragen für eine Rateshow in der Klasse. Notiert die Fragen auf Kärtchen. (Ihr könnt euch an den oben stehenden Quizfragen versuchen ...)

Ein ritterlicher Buchstabensalat

```
E B U R G H O F D D W
B R U E C K E A V H A
B U R G O L A N Z E L
N S C H W E R T I L L
S T P F E R D O N M V
C P F A S P O R N L I
H A R N I S C H E K S
A N R U E S T U N G I
R Z U G B R U E C K E
T E S P E E R E N A R
E R K E R U M A U E R
```

In diesem Buchstabensalat sind 21 Dinge (immer in der Einzahl) versteckt, die zur Welt eines Ritters gehören. Wenn ihr von links nach rechts und von oben nach unten sucht, werdet ihr sie finden.

Und so geht's:
- Kopiert die Seite.
- Markiert die Begriffe, die aus der Welt eines Ritters stammen, mit einem Stift.
- Die Buchstaben, die übrig bleiben, ergeben – von oben links nach unten rechts gelesen – den Namen eines Burgfräuleins.
- Das Lösungswort könnt ihr in die freien Kästchen auf eurer Kopie eintragen.

Weitere Rätsel, Spiele und Geschichten aus der Welt der Ritter findet ihr in dem Buch von Anne Braun, Pia Eisenbarth: Das Ritter Spiel- und Spaßbuch. Loewe, Bindlach 1996.

WOHNEN UND ARBEITEN IN DER STADT ◆ UN LIEU DE VIE ET DE TRAVAIL
Die Stadt im Mittelalter ◆ La ville médiévale

1. Betrachtet das Bild. Wie unterscheidet sich die Stadt vom Dorf?
2. Was wisst ihr noch über die Ursprünge der Stadt Trier?
3. Erklärt, warum man heute noch von Luxemburg nach Trier fährt.

Seit Beginn des 13. Jahrhunderts veränderte sich das Leben der Menschen in Europa. Hatten bis dahin fast alle Menschen – ob Ritter oder ob Bauer – auf dem Land gelebt, entwickelten sich nun überall Städte. Dort unterschied sich das Leben grundlegend vom Leben auf dem Land.
Auf dem Foto seht ihr den Hauptmarkt von Trier, der auch heute noch einer der zentralen Plätze der Stadt ist. Alle wichtigen Geschäftsstraßen laufen hier zusammen. Die ältesten noch erhaltenen Gebäude stammen aus dem Spätmittelalter.

Die Stadt im Mittelalter ◆ La ville médiévale
Orientierung in Zeit und Raum ◆ S'orienter dans le temps et l'espace

M1 Städtegründungen im Mittelalter.

M2 Einwohnerzahlen europäischer Städte (um 1300):
In Europa gab es etwa sechs Städte mit mehr als 50 000 Einwohnern. Die meisten Städte hatten 2000 bis 10 000 Einwohner.

Städte	Einwohnerzahlen
Florenz	100 000
Venedig	100 000
Paris	80 000
Brügge	50 000
Köln	50 000
Lübeck	25 000
Straßburg	20 000
Danzig	20 000
Hamburg	10 000
Trier	10 000
Luxemburg	5 000

Zusammengestellt nach: Der große Ploetz, 32. Aufl., Freiburg (Ploetz) 1999, S. 410.

Städte – neue Zentren für das Umland
Die meisten der heutigen Großstädte sind im Mittelalter entstanden, sei es aus bestehenden Römerstädten oder aus zum Teil neu gegründeten Marktsiedlungen. Schnell wurden diese Orte zum politischen, wirtschaftlichen und religiösen Anziehungspunkt für ihr Umland.
Im Jahre 1000 lebten gerade mal 0,5 % der westeuropäischen Gesamtbevölkerung in Städten. Heute sind es über 85 %!

1. Stellt fest, wann und wo besonders viele Städte gegründet wurden.
2. Ermittelt mithilfe eines Lexikons die heutigen Einwohnerzahlen der Städte aus M 2. Stellt sie in einem Säulendiagramm dar. Vergleicht die Reihenfolge damals und heute.
3. Vergleicht die Städte Nürnberg und Diekirch (M3, M4).

M3 Die Stadt Nürnberg.
Holzstich, 1493.

M4 Die Stadt Diekirch.
Zeichnung von Abt Jean Bertels, um 1600.

M5 Zeittafel zur Geschichte der Stadt im Mittelalter.

900

963: Sigfrid erwirbt Luxemburg

1000

Ab 1000: Beginn der Städtegründungen

1100

1160: Gründung der Hanse (Zusammenschluss von Kaufleuten)

1200

1244: Gräfin Ermesinde verleiht der Stadt Luxemburg den Freiheitsbrief

1300

Um 1300: Höhepunkt der Städtegründungen

1340: Johann der Blinde gründet die Schobermesse in Luxemburg

Um 1350: Die Pest entvölkert Europa

1400

1500

1509: Ein Brand zerstört große Teile der Stadt Luxemburg

1600

Die Stadt im Mittelalter ◆ La ville médiévale
Städte entstehen und wachsen ◆ L'évolution des villes

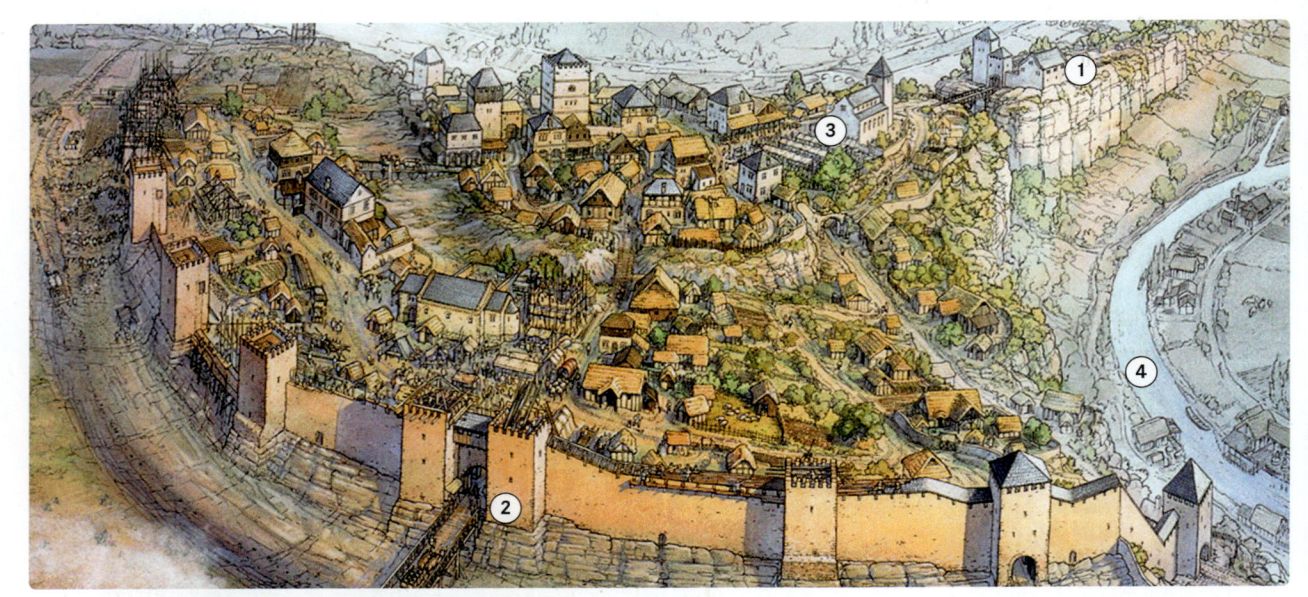

M1 Die Stadt Luxemburg Ende des 12. Jahrhunderts: Burg auf dem Bockfelsen ① Stadtmauer mit Stadttor ② Kirche St. Michael ③ Fluss Alzette ④. Rekonstruktionsversuch.

Städte entwickeln sich

Die meisten Menschen lebten während des Mittelalters auf dem Land. Hier hielt sich die bäuerliche Bevölkerung sowie der größte Teil des Adels und der Fürsten auf. Die Städte, die sich nach und nach entwickelten oder neu gegründet wurden, waren dagegen vor allem für Handwerker und Händler ein gefragter Platz.
Um 1300
- lebten 20 von 100 Menschen in den etwa 3800 Städten in Mitteleuropa,
- waren die meisten Städte Kleinstädte mit 800 bis höchstens 2000 Einwohnern,
- war Köln mit ca. 50 000 Einwohnern die größte Stadt Deutschlands, Paris hatte etwa 80 000 Einwohner,
- hatte die Stadt Luxemburg weniger als 5000 Einwohner.

1. Beschreibt die Lage der Stadt Luxemburg im 12. Jahrhundert. Welche günstigen Voraussetzungen gab es für die Entwicklung der Stadt?
2. Sucht Beispiele von Städten, deren Namen Rückschlüsse auf die Entstehung zulassen, z. B. Luxemburg.
3. Stellt Vermutungen darüber an, warum es an den in M2 gezeigten Stellen zur Entwicklung größerer Siedlungen kommen konnte.

Bürger	Les bourgeois
Von lat. burgus = Burg, befestigte Siedlung. Die Bewohner einer Stadt werden als Bürger bezeichnet.	Lat. burgus = bourg, château, ville fortifiée. Les habitants d'une ville médiévale.

Kreuzungen von Handelswegen | Hafenbuchten | Ehemalige Römerstädte | Pfalzen, Burgen und Klöster | Flussübergänge (Furten, Brücken)

M2 Plätze, an denen sich häufig Städte entwickelten.

Städte werden gegründet

Viele Grundherren – meistens Grafen, Herzöge oder Bischöfe – gründeten Städte auf dem Land, das sie besaßen. Mit jeder neuen Stadt festigte der Grundherr seine Herrschaft. Gleichzeitig war die Stadt auch eine wichtige Einnahmequelle für ihn. Mit der Verleihung besonderer Rechte versuchte er, Bürger für eine Ansiedlung zu gewinnen.

M3 Die Gründungsurkunde für Freiburg (um 1200) enthielt folgende Bestimmungen:

Ich, Konrad, Herzog von Zähringen, habe auf meinem Besitz Freiburg einen Markt eingerichtet im Jahre des Herrn 1120

... Jedem Kaufmann habe ich ein Grundstück zum Bau eines eigenen Hauses gegeben.

... Ich verspreche allen jenen, die zu meinem Markt kommen, Frieden und Schutz.

Wenn einer meiner Bürger stirbt, soll seine Frau mit seinen Kindern alles besitzen ohne jeden Einspruch, was er hinterlassen hat ...

Allen Kaufleuten der Stadt erlasse ich den Zoll.

Meinen Bürgern will ich keinen anderen Vogt (zur Ausübung der Stadtherrschaft) geben außer dem, welchen sie selbst gewählt haben ...

Jeder, der in diese Stadt kommt, darf sich hier frei niederlassen, wenn er nicht der Leibeigene irgendeines Herrn ist ...

Wer aber über Jahr und Tag in der Stadt gewohnt hat, ohne dass irgendein Herr ihn als seinen Leibeigenen gefordert hat, der genießt von da an sicher die Freiheit ...

Zit. nach: Friedrich Keutgen: Urkunden zur städtischen Verfassungsgeschichte. Berlin (Felber) 1901, S. 117.

M4 Drei Jugendliche äußern sich: „Warum wir in die Stadt gehen wollen?"

Alban, 16 Jahre

„Ich werde zum Hafenmeister gehen und mich als Lastenträger anheuern lassen. Dort gibt es immer was zu tun. Wenn ich eigenes Geld verdiene, kann ich später eine Familie haben. In meinem Dorf sind alle arm wie die Kirchenmäuse. Und wenn wieder eine schlechte Ernte ist – werden wir hungern! Es tut mir nur leid um meine Freundin. Sie durfte nicht mit und jetzt werden wir beide sehr einsam sein."

Roswitha, 13 Jahre

„Ich bin sehr geschickt. Sicher finde ich Arbeit bei reichen Leuten oder als Helferin in einer Schneiderei. Dann muss ich nicht mehr die schwere Landarbeit verrichten und kann vielleicht in einem schönen Steinhaus wohnen. Auf keinen Fall will ich mich von meinem Grundherrn an einen seiner Knechte verheiraten lassen, wie es meiner Schwester passiert ist ...

Meine Eltern und Geschwister haben alle geweint, als ich wegging. Ich hoffe, sie bleiben gesund ..."

Otto, 14 Jahre

„Ich interessiere mich für Gewürze, Stoffe und kostbare Steine. Gern würde ich bei einem Kaufmann in der Stadt arbeiten und ihn auf seinen Handelsreisen begleiten. Ach, mal wegkommen und andere Gegenden und Städte sehen. In meinem Dorf ist überhaupt nichts los. Da hat sich schon seit hundert Jahren nichts geändert. Trostlos und langweilig ist da alles. Ein bisschen schade nur, dass ich jetzt nicht in unser neues Haus ziehen kann, das ich mit meiner Familie so mühsam aufgebaut habe ..."

4. Beantwortet mithilfe von M3 folgende Fragen:
   – Wer ist der Stadtgründer/Stadtherr?
   – Welche Bürger interessieren den Stadtherrn?
   – Wie versucht er, sie für die Ansiedlung in seiner Stadt zu gewinnen?
5. Überlegt, wie ein höriger Bauer auf diese Bekanntmachung reagieren könnte.
6. Was konnte sich ein Grundherr von der Gründung einer Stadt versprechen?
7. Erklärt, warum die jungen Leute in die Stadt ziehen wollten und was sie zurückließen (M4). Glaubt ihr, dass ihre Träume sich verwirklichen?
8. Was versteht man unter dem Spruch „Stadtluft macht frei"?

Was ihr noch tun könnt:
Fertigt ein Werbeplakat an, das der Stadtherr vor den Stadttoren aufhängen lässt, um neue Bürger zu gewinnen. Berücksichtigt, dass die meisten Bürger kaum lesen konnten.

Die Stadt im Mittelalter ◆ La ville médiévale
Mauern, Markt und Rathaus ◆ Murs, marché et municipalité

M1 Stadtansicht von Köln. Kolorierter Holzschnitt aus der Schedelschen Weltchronik, 1493.

Stadtmauern und Stadttore
Die Bürger gaben viel Geld aus für den Bau der Mauern, denn diese boten ihnen Schutz.
Nachts wurden die Stadttore geschlossen, sodass niemand mehr in die Stadt hineinkam und die Bürger vor Räubern und Banditen sicher waren.

Kirchen und Kathedralen
Mächtige Kirchen und Dome waren ein Zeichen der Frömmigkeit der Menschen, deren Leben durch ihren Glauben bestimmt wurde. Für den Bau imposanter Kathedralen spendeten sie große Summen, mit denen sie auch für ihr Leben im Jenseits vorsorgen wollten.

Rathaus und Markt
Als Versammlungshäuser für die Stadtregierung wurden prunkvolle Rathäuser errichtet. Je wohlhabender die Städte, desto prachtvoller die Gebäude.
Der Marktplatz war ein wichtiger Anziehungspunkt für Bürger und Fremde. Dort konnte man alle möglichen Waren kaufen und verkaufen. Er war aber auch ein Treffpunkt, wo man Neuigkeiten erfuhr und weitergab.

- Kirche, Kloster
- Um 900 besiedelter Raum
- Rheinvorstadt 10. Jh.
- Stadterweiterung 1106
- Stadterweiterung 1180
- Stadtmauer 1180

1 Dom (9. Jh.)
2 Alter Markt
3 Rathaus

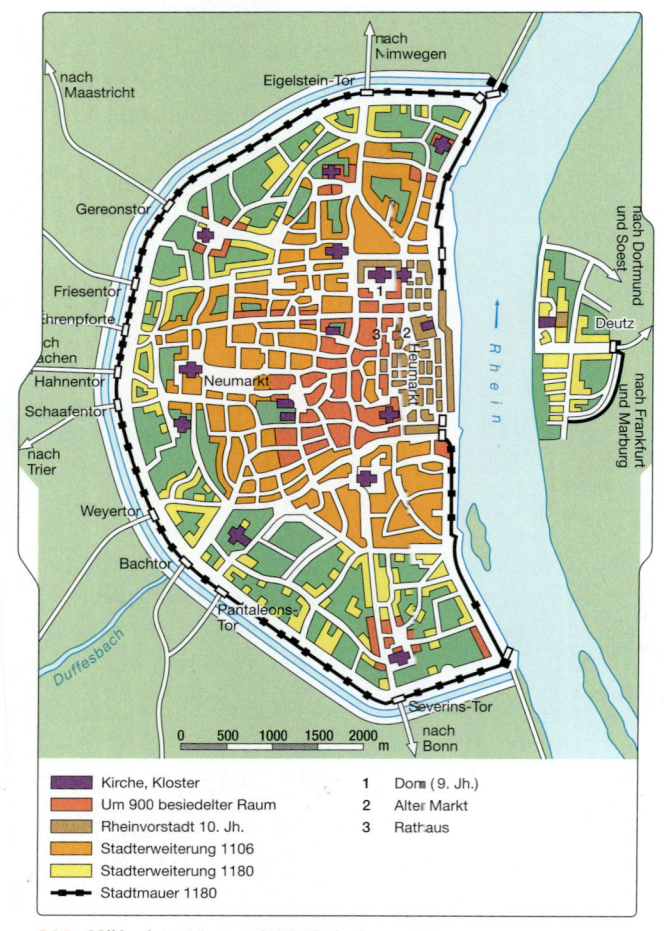

M2 Köln im 12. und 13. Jahrhundert.

1. Versetzt euch in die Lage eines Bauernjungen oder Bauernmädchens. Beschreibt die Eindrücke und Empfindungen beim Anblick der Stadt.
2. Überlegt, welche Gebäude und Einrichtungen heute für Stadtbewohner wichtig sind.
3. Vergleicht M1 mit M2. Was könnt ihr feststellen?

Planspiel: Wo sollen die Töpferinnen wohnen?

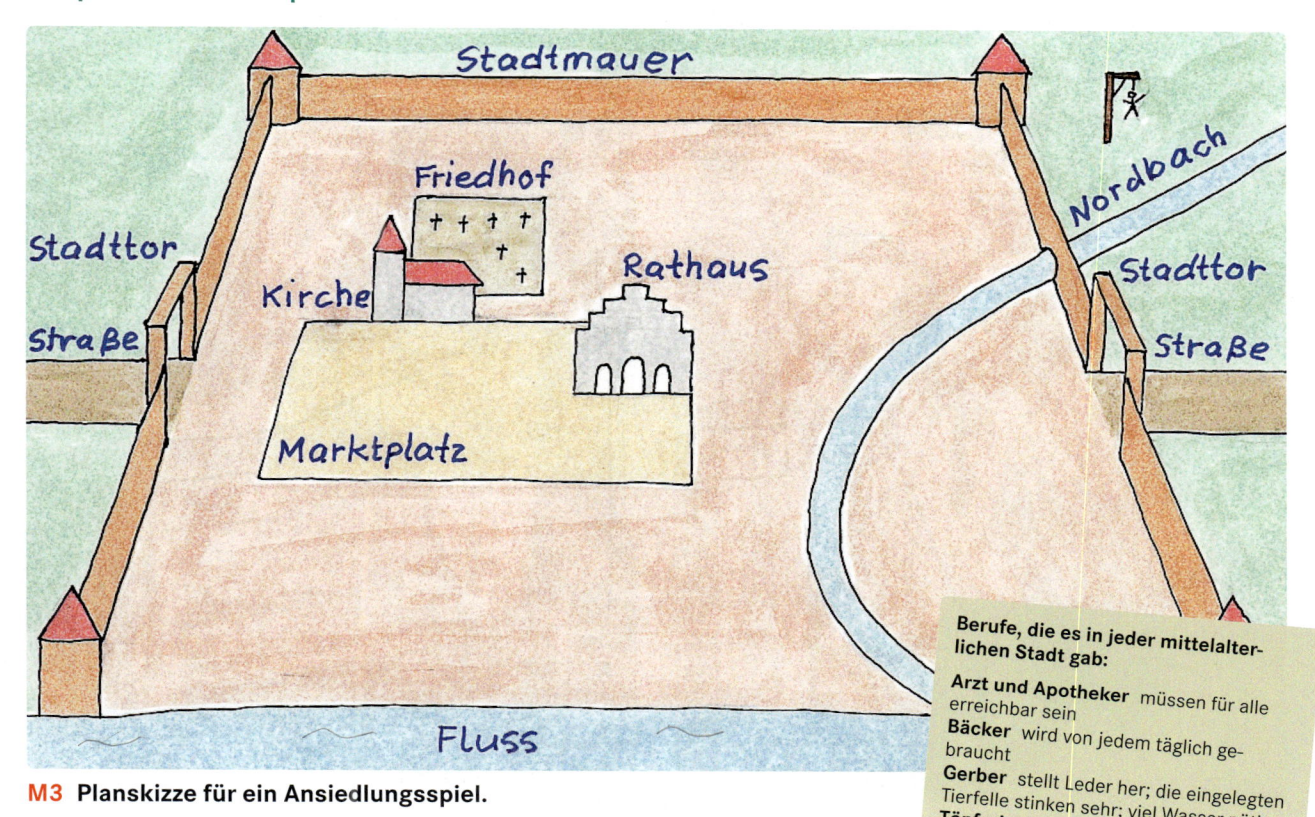

M3 Planskizze für ein Ansiedlungsspiel.

Nicht nur Handwerker lebten im Schutz der Stadtmauern. Die guten Verkaufsmöglichkeiten zogen auch zahlreiche Händler an. Bald folgten viele Menschen, die in der wachsenden Siedlung Arbeit und Brot finden konnten.

Oft wurde der Platz in den schnell größer werdenden Städten eng. Einzelne Berufsgruppen haben sich im Laufe der Zeit freiwillig oder unter dem Druck der Stadtregierung in bestimmten Gebieten angesiedelt. In Wirklichkeit haben sich die Städte nur selten nach einer vorherigen Planung entwickelt. Stellt euch vor, ihr würdet über die Ansiedlung von Berufsgruppen in einer mittelalterlichen Stadt entscheiden können. Noch ist fast alles frei und unbewohnt …

4. Malt den Plan M3 auf eine Heftseite. Sucht je sechs verschiedene Berufe aus der Liste und zeichnet im Heft ein, wo sie wohnen sollen. Begründet euren Vorschlag.
5. Diskutiert die Ergebnisse. Sind alle einer Meinung? Gibt es verschiedene Möglichkeiten, die gleich gut sind?
6. Spielt, wie es weitergeht. Nicht jeder der Ansiedler ist mit dem Ansiedlungsvorschlag einverstanden. Was passiert? Wie einigt man sich?

Berufe, die es in jeder mittelalterlichen Stadt gab:

Arzt und Apotheker müssen für alle erreichbar sein
Bäcker wird von jedem täglich gebraucht
Gerber stellt Leder her; die eingelegten Tierfelle stinken sehr; viel Wasser nötig
Töpferin brennt die Töpfe; feuergefährlich!
Zolleinnehmer muss am Stadteingang Zölle kassieren
Pfarrer ist oft in der Kirche zu finden
Müller Mühlen werden im Mittelalter mit Wasser oder Wind betrieben
Wirtin führt eine Wirtschaft, wo viele Leute sich treffen
Fischer holt die Fische aus Fluss oder Teich
Schmiede machen ziemlichen Krach
Salzhändler beliefern häufig die Fischer (Salz zum Einlegen der Fische)
Henker richtet Verurteilte meist außerhalb der Stadtmauern hin
Schuhmacher brauchen auch Leder
Schneider verarbeiten Tuche/Stoffe
Weberin stellt Tuche/Stoffe her
Färber färben Stoffe; brauchen viel Wasser zum Ausspülen
Türmer hält von einem hohen Turm Ausschau
Gießer stellt Gussstücke aus Metall her; feuergefährlich!
Tagelöhner verdienen wenig, brauchen billige Wohnung
jüdische Händler leben oft im Schutz der Stadtverwaltung oder am Rand der Siedlung
Totengräber arbeitet auf dem Friedhof

Die Bewohner der Stadt ◆ Les habitants de la ville
Frei – aber nicht gleich ◆ Être libres sans être égaux

M1 Ein Patrizier mit seiner Familie. Gemälde von Jean Bourdichon (etwa 1457–1521).

M2 Tagelöhner. Gemälde von Jean Bourdichon.

Menschen in der Stadt

Die Bewohner der mittelalterlichen Stadt standen keineswegs alle auf der gleichen gesellschaftlichen Stufe; sie gehörten verschiedenen Ständen an. Die Zugehörigkeit zu einem Stand wurde bestimmt durch Herkunft, Vermögen oder Beruf. Sichtbar wurden die Unterschiede in der Kleiderordnung, die vom Stadtrat erlassen wurde.

Zum ersten Stand gehörten die Patrizier, die reichen Fernhandelskaufleute und Adligen, die in die Stadt gezogen waren. Ihre prächtigen Häuser standen um den Marktplatz im Zentrum der Stadt.

In den angrenzenden Straßen wohnten Handwerker und Händler, nach Berufen häufig zusammen in der gleichen Straße. Unter ihnen gab es Wohlhabende wie z. B. die Goldschmiede und auch Ärmere wie die Leinweber.

Nicht zu den Bürgern zählten Juden sowie die Angehörigen der Unterschicht. Dazu gehörten Mägde, Gesellen, Lehrlinge. Mit den „unehrlichen Leuten" (z. B. Bettler, Henker, Prostituierte) wurde jeder Kontakt vermieden.

M3 Handwerkerfamilie. Gemälde von Jean Bourdichon.

1. Beschreibt M1–M3 und vergleicht Kleidung, Wohnverhältnisse und Tätigkeiten.

2. Schlagt die euch unbekannten Begriffe nach.
3. Ordnet die Texte A bis E den passenden Bildern in M4 zu.
4. Bewertet die Standpunkte des Patriziers und der Schülerin in M5.
5. Überlegt, ob es heute noch so etwas wie eine Ständeordnung gibt? Was hat sich verändert?

B Unterschicht
In der Stadt lebten viele Männer und Frauen, die kein Bürgerrecht besaßen. Sie waren bei den Bürgern oft als Dienstboten, Handelsgehilfen und Handwerksgesellen angestellt. Oder sie verdienten ihr Geld als Krämerinnen oder Wirtinnen.

C „unehrliche Leute"
Menschen mit bestimmten, angeblich nicht ehrenvollen Berufen waren nicht bloß von allen Rechten ausgeschlossen, sie wurden auch von den anderen Stadtbewohnern verachtet: Bader, Henker, Büttel, Totengräber, Spielleute, Dirnen, Priesterkinder, Gaukler, Aussätzige, Krüppel, Bettler.

A Bürgertum
Handwerksmeisterinnen und -meister, Händlerinnen und Händler und wichtige Stadtbeamte bildeten das Bürgertum. In Zünften oder Gilden organisiert, wollten sie bei der Stadtregierung mitbestimmen.

D Patrizier
Sehr reiche Fernhändler und in der Stadt lebende Adlige bildeten einen eigenen Stadtadel, der lange Zeit allein über die Stadtregierung bestimmte.

E Juden
Juden standen unter dem Schutz des Stadtherrn. Sie mussten in eigenen Wohnbereichen leben. Sie durften nicht Zunftmitglieder werden und hatten kein Bürgerrecht. Immer wieder kam es zu Verfolgungen.

M4 Ständepyramide.

Das muss so seyn in der Stadt: Jeder stehet auf der Stelle, wohin ihn Gott gestellet hat. Und da soll er auch bleiben! Oder sollen etwa die Knechte sagen, was die Herren dürfen? Wer nicht als Adliger geboren ist, soll stille seine Arbeit tun und sich raushalten! Wir wissen schon, was für alle das Beste ist.

Ich dachte, vor 600 Jahren hätten die Menschen fast genauso gelebt wie heute ... Aber das scheint nicht so zu sein ... Muss ganz schön hart gewesen sein, wenn man verachtet wird, nur weil die Eltern einen „unehrlichen" Beruf haben ...

M5 Erfundenes Gespräch.

Die Bewohner der Stadt ◆ Les habitants de la ville

Handwerker und Zünfte ◆ Les artisans organisés en corporations

M1 Beim Schneider. Buchmalerei, 14. Jahrhundert.

Wichtige Angelegenheiten müssen geregelt werden

Menschen mit gleichen Interessen kommen gern zusammen. So können sie über Probleme sprechen oder sich zu gemeinsamen Aktionen verabreden. Wenn es um Arbeit geht, kümmern sich heute z. B. Gewerkschaften (◆ le syndicat) um die gemeinsamen Interessen der Arbeitnehmer.

Handwerker schließen sich in Zünften zusammen

Im Mittelalter hatten die Handwerker gemeinsame Interessen und Aufgaben. Sie organisierten sich in Vereinigungen, die sie „Zünfte" nannten. Die Weberinnen und Metzger, die Schreiner und Bäcker, die Seidenmacherinnen und viele andere Handwerkergruppen versuchten nach und nach bestimmte Probleme zu lösen. Was anfangs freiwillig geschah, wurde zu einer Pflicht. Wer nicht in der städtischen Zunft war, durfte sein Handwerk in der Stadt nicht mehr ausüben. Und es war nicht leicht, überhaupt in die Zunft aufgenommen zu werden.

M2 Ein Lehrvertrag aus dem Jahr 1404:
Ich, Johann Toynburch, Bürger zu Köln, tue kund allen Leuten: Meinen ehelichen Sohn Tönis habe ich zu dem Goldschmied Adolf Bruwer, einem kunstfertigen Mann, in die Lehre gegeben. Tönis möchte aus eigenem Antrieb das Handwerk der Goldschmiede in Köln erlernen und dem Goldschmied Adolf Bruwer treulich dienen, acht Jahre lang. Meister Adolf soll meinem Sohn die Kost geben. Ich, Johann, soll den Tönis die ganzen acht Jahre lang anständig kleiden. Und geschähe es, dass Tönis im ersten Jahr stürbe, so soll mir Meister Adolf acht Gulden von den sechzehn wiedergeben, die ich ihm zuvor gegeben habe.
Würde ich, Tönis, meinem Meister Adolf in diesen Jahren entlaufen und beginnen, auf eigene Rechnung das Handwerk zu betreiben, muss ich dem Meister Adolf 42 Gulden Strafe zahlen.

Zit. nach: Die Kölner Zunfturkunden bis zum Jahre 1500. Bd. 2, hg. v. Heinrich v. Loesch, Bonn (P. Hanstein) 1907, S. 221 f.

3. Nennt die Handwerksberufe, die in den Zunftzeichen von M3 dargestellt sind.
4. Welche heutigen Familiennamen bezeichnen alte Handwerksberufe?

M3 Zunftwappen.

1. Schreibt stichwortartig die wichtigsten Bestimmungen dieses Vertrages auf (M2).
2. Erkundigt euch, welche Rechte und Pflichten ein Ausbildungsvertrag (◆ le contrat d'apprentissage) heute enthält. Vergleicht dann beide Verträge miteinander. Was stellt ihr fest?

M4 Handwerkerfamilie. Holzschnitt, 16. Jahrhundert.

M5 Stadtbewohner unterhalten sich.

„Eine echte Unverschämtheit! Eine neue Marktordnung. Und uns fragt keiner!" „Recht hast Du. Die Bürgermeister sind immer auf der Seite der reichen Kaufleute. So geht das nicht weiter …!"

„Tag, Agnes. Du willst Deinen Jungen bei mir in die Lehre geben?" „Ja, Du bist in der Zunft, und die hat festgelegt, was zu einer guten Ausbildung gehört. Das ist eine gute Sache!"

„Kommt herein, Meister Albert!" „Grüß Gott, Meister Gerhard. Kannst du nicht auf der Versammlung der Zunftmeister für mich eintreten? Ohne eure Zustimmung kann ich hier in Mainz kein Geschäft eröffnen …!"

„Hallo Uli, kommst du mit zum Übungsschießen an der Stadtmauer?" „Klar, schließlich organisieren unsere Zünfte die Stadtverteidigung! Und: bald steigt ein tolles Schützenfest!"

„Ey, Mattes, wieso so sauer?" „Mensch, da verkauft einer seine Sachen zu billig. Und der Bauer da hat selbst gebastelte Fässer. Keine Qualität! Da muss die Zunft eingreifen!"

„Oh Gott! Manfred, der Schmiedemeister ist gestorben. Wir Zunftgenossen müssen seiner Frau helfen!" „Klar, Ehrensache. Wenn einer krank oder in Not ist, stehen wir alle zusammen!"

M6 Aufstand der Weber und Kampf mit den bisherigen Stadtherren. Mittelalterlicher Holzschnitt.

Wer hat das Sagen in der Stadt?

Es waren vor allem die kleinen Kaufleute und die Handwerker, die mit ihren Steuern den Bau des prächtigen Rathauses und der hohen Stadtmauern ermöglichten. Wenn es in der Stadt brannte, organisierten sie die Löscharbeiten; im Kriegsfall trugen sie die Hauptlast bei der Verteidigung der Stadt. Von der Regierung aber blieben sie ausgeschlossen. Lange Zeit hatten nur der Stadtherr und die Patrizier das Sagen.

In vielen Städten forderten die Bürger ein Mitspracherecht. Der Erfolg war unterschiedlich. In einigen Städten kamen die Zünfte an die Macht, in anderen behaupteten die reichen Fernhandelskaufleute sich. Häufig kam es aber auch zu einer Einigung zwischen beiden Gruppen, wonach Kaufleute und Zunftmitglieder die Ratsherren wählen konnten.

In Luxemburg blieb die Leitung der Stadt in den Händen des Grafen. Er behielt die Aufsicht über das Gericht und über die Steuern.

5. Bildet sechs Gruppen. Stellt euch vor, ihr würdet je eines der Gespräche in M5 „belauschen". Über welche Probleme wird gesprochen? Was muss geregelt werden? Tragt eure Ergebnisse in einer Tabelle zusammen.

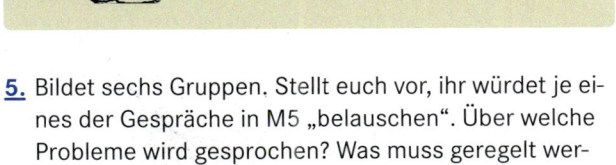

Das ist das besprochene Problem	Das soll die Zunft regeln (oder regelt sie schon)
…	…

Was ihr noch tun könnt:
– Stellt mithilfe eures Telefonbuches fest, welche Familiennamen von Gewerbe- und Handwerkernamen kommen.
– Stellt fest, welche Standesbezeichnungen (z. B. Kaiser, König) im Telefonbuch eures Heimatortes enthalten sind.

Die Bewohner der Stadt ◆ Les habitants de la ville
Die Juden – Alltag und Kultur ◆ Les juifs – leur vie et leur culture

Jüdische Gemeinden im mittelalterlichen Europa

Nach ihrer Vertreibung aus Palästina in der Römerzeit siedelten sich die Juden überall in der damals bekannten Welt (Europa, Orient, Nordafrika) an. Über den Zerfall des Römischen Reiches hinaus hielten sie Handelskontakte aufrecht. Dabei war die Verbreitung der jüdischen Siedlungen bis nach Afrika und in den Orient ein großer Vorteil. Alle Juden sprachen eine gemeinsame Sprache (Hebräisch) und waren zu gegenseitiger Hilfe und Gastfreundschaft verpflichtet. Als Lieferanten von Seide, Pelzen oder seltenen Gewürzen waren die Juden zunächst sehr angesehen.

Viele Stadtherren stellten die Juden unter ihren besonderen Schutz und ließen die Judenviertel (Ghettos) durch Mauern und Tore vor gewaltsamen Übergriffen durch die christliche Bevölkerung schützen.

M1 Menora. Der siebenarmige Leuchter ist eines der wichtigsten Symbole des Judentums.

M3 Thorarolle. Die Thora ist die Heilige Schrift der Juden. Sie ist auch Bestandteil des Alten Testaments. Foto.

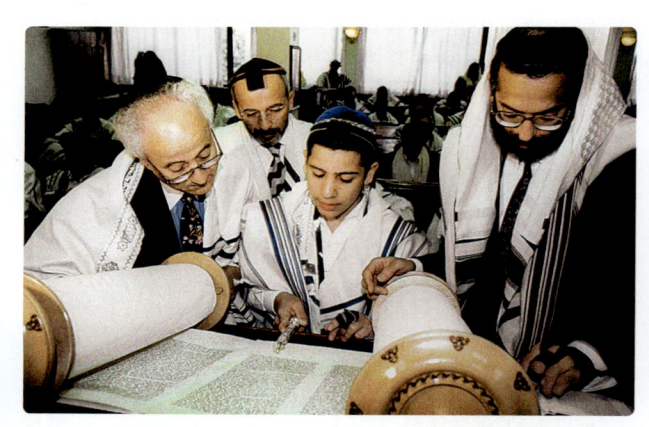

M4 Bar-Mizwa-Feier. Im Alter von 13 Jahren werden die Jungen als vollwertige Mitglieder in die Gemeinde aufgenommen und dürfen zum ersten Mal aus der Thora vorlesen. Mädchen feiern Bat-Mizwa.

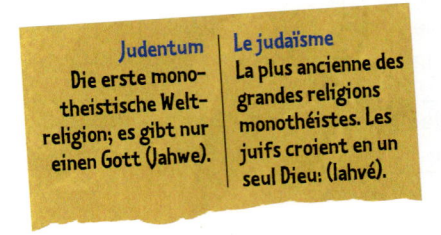

M2 Neue Synagoge (jüdisches Gotteshaus) in Luxemburg. Die alte Synagoge wurde während des Zweiten Weltkriegs von den Nationalsozialisten abgerissen. Foto, 2008.

Judentum	Le judaïsme
Die erste monotheistische Weltreligion; es gibt nur einen Gott (Jahwe).	La plus ancienne des grandes religions monothéistes. Les juifs croient en un seul Dieu (Iahvé).

Jüdische Kultur

Wie bei den Christen stand die Religion auch bei den Juden im Zentrum des Lebens.

Die meisten Menschen des Mittelalters konnten weder lesen noch schreiben. Bei den Juden war das anders. Nur wer die Schriften lesen konnte, war in der Lage, am religiösen Leben teilzunehmen. Schon im Alter von fünf Jahren begann deshalb für die Jungen der Unterricht. Es gab aber auch Mädchen, die lesen und schreiben lernten.

Berufsleben

Seit dem 12. Jahrhundert wurden die Juden von den Christen in Europa von fast jedem Handwerksberuf ausgeschlossen. Die Mehrheit der Juden lebte als Kleinhändler in bescheidenen Verhältnissen.

Einige waren nun vor allem im Warenhandel tätig oder lebten vom Geldverleih. Kaiser, Bischöfe und Fürsten stellten die Juden unter ihren Schutz, verlangten aber dafür hohe Geldabgaben. Damit sie ihre Abgaben aufbringen konnten, gestattete man den jüdischen Geldverleihern, für Kredite hohe Zinsen zu verlangen. Dies war den Christen verboten. Eine Minderheit der Juden gelangte dabei zu Reichtum, was oft den Neid der Schuldner und den Vorwurf der Wucherei hervorrief.

Die am meisten geschätzten Ärzte im Mittelalter waren Juden. Auch Bischöfe, Päpste und Kaiser ließen sich von ihnen behandeln.

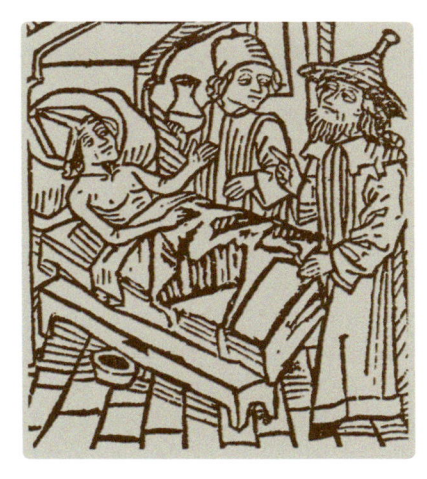

M5 Ein jüdischer Arzt und sein Patient. Der Arzt ist am spitzen Judenhut zu erkennen. Der Patient ist ein Bischof. Holzstich, 1487.

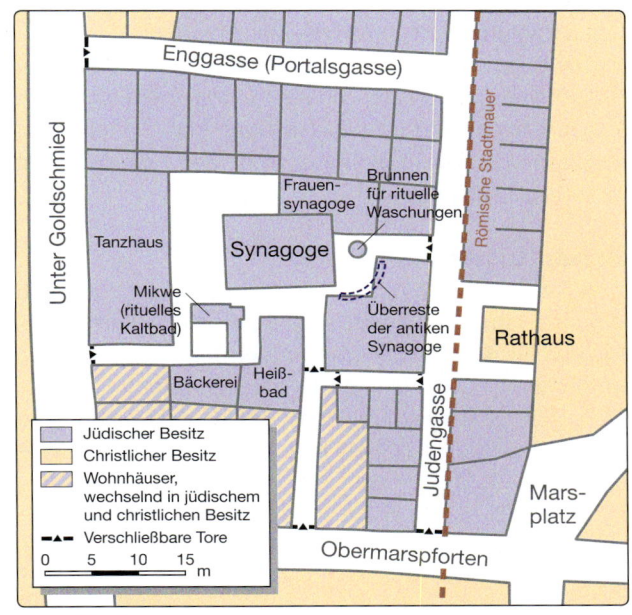

M7 Jüdin aus Worms. Kolorierter Holzschnitt, 16. Jahrhundert.

M6 Jüdisches Viertel in Köln um 1350.

1. Welche Gebäude gab es im jüdischen Viertel (M6)? Wozu dienten sie?
2. Sucht für folgende Begriffe der jüdischen Kultur Erklärungen in einem Lexikon oder im Internet. Ihr könnt auch den Religionslehrer eurer Schule befragen: Thora, Synagoge, Mikwe, Rabbiner, Rosch ha-Schana, Pessach.
3. Findet heraus, welche Gemeinsamkeiten und Unterschiede es zwischen Judentum und Christentum gibt.
4. Was machte die Juden zu einer Randgruppe in der mittelalterlichen Stadt?

Die Bewohner der Stadt ◆ Les habitants de la ville

Die Juden – eine Minderheit wird verfolgt ◆ Les juifs – une minorité persécutée

Hass und Verfolgung

Zu den ersten Judenverfolgungen kam es in Europa zur Zeit der Kreuzzüge. Unter dem Vorwand, die Juden seien Christusmörder, wurden die Bewohner der jüdischen Viertel ausgeraubt und ermordet.

In der Folgezeit galten die Juden als Feinde. Damit sie sofort zu erkennen waren, mussten sie seit dem 12. Jahrhundert eine besondere Kleidung tragen: einen weiten Mantel und dazu einen spitzen Hut, den Judenhut. Im späten Mittelalter mussten die Juden einen gelben Fleck auf ihrer Kleidung tragen, in abgeschlossenen Ghettos leben und durften keine Waffen besitzen.

Im Herzogtum Luxemburg kam es im 15. Jahrhundert zu Ausschreitungen gegen Juden. 1454 wurde eine Jüdin wegen angeblicher Gotteslästerung und Äußerungen gegen die christliche Religion zum Tode verurteilt und öffentlich verbrannt.

M1 Christliche Kreuzfahrer ermorden Juden. Kolorierter Holzschnitt.

1. Beschreibt die Lage der Juden im Mittelalter.
2. Sucht aus M2 die wahren und die vorgeschobenen Gründe für die Verfolgung der Juden heraus.
3. Gibt es auch heute noch Minderheiten, die wegen ihrer Nationalität und religiösen Überzeugungen benachteiligt werden?

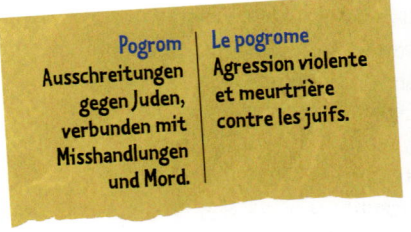

Die Juden und der „Schwarze Tod"

1348/49 verbreitete sich die Pest in Europa. Innerhalb von zwei Jahren starben 25 Millionen Menschen an dieser Seuche, die man den „Schwarzen Tod" nannte. Heute weiß man, dass die Pest durch Flöhe von Ratten auf die Menschen übertragen werden. Doch damals suchte man nach „Sündenböcken" (◆ le bouc émissaire) und fand sie in den Juden.

Pogrom	Le pogrome
Ausschreitungen gegen Juden, verbunden mit Misshandlungen und Mord.	Agression violente et meurtrière contre les juifs.

M2 Eine Straßburger Chronik berichtet:
Im Jahre 1349 war das größte Sterben, das je gewesen. Wegen dieser Pest wurden die Juden beschuldigt, sie hätten Gift in das Wasser und die Brunnen getan. Als nun in Straßburg alles Volk über die Juden ergrimmt war, versperrte man die Judengasse und setzte bewaffnete Leute davor. Da fing man die Juden und verbrannte sie auf einem hölzernen Gerüst in ihrem Kirchhof. Wer sich taufen lassen wollte, durfte am Leben bleiben.

Was man den Juden schuldig war, galt als bezahlt. Das Geld war auch die Ursache, warum die Juden getötet wurden. Wären sie arm und die Landesherren ihnen nichts schuldig gewesen, so hätte man sie nicht verbrannt.

Zit. nach: Chroniken deutscher Städte vom 14.-16. Jh., Leipzig 1862.

M3 Ermordung von Juden. Aus der Schedelschen Weltchronik, 1493.

Die Verfolgungen gehen weiter

Auch in den folgenden Jahrhunderten kam es immer wieder zu Judenpogromen. Viele Juden West- und Mitteleuropas wanderten wegen der anhaltenden Feindseligkeiten in den Osten ab. Aber auch hier wurden sie häufig das Opfer von brutalen Verfolgungen.

In Westeuropa und Deutschland waren die Juden seit Beginn des 19. Jahrhunderts vor dem Gesetz gleichberechtigt. Dennoch blieben sie eine Minderheit, von vielen Nichtjuden mit Neid und Feindseligkeit betrachtet.

In der Zeit des Nationalsozialismus (1933–45) wurden religiöse Vorurteile mit rassistischen Gedanken vermischt und die Juden zu Staatsfeinden erklärt. Eine bis dahin noch nicht bekannte Verfolgungswelle setzte ein. Schließlich versuchten die Nationalsozialisten sogar, alle Juden in Europa zu ermorden.

Insgesamt fielen den nationalsozialistischen Judenverfolgungen etwa sechs Millionen Menschen zum Opfer. Viele von ihnen wurden in Vernichtungslagern wie Auschwitz, Treblinka oder Majdanek umgebracht. Die vom nationalsozialistischen Deutschland ausgehende planmäßige Judenverfolgung wird als Holocaust oder Shoah bezeichnet.

4. Informiert euch in einem Lexikon über die Begriffe Holocaust, Shoah und Antisemitismus.

M4 Judenstern. Ab 1941 mussten Juden in Deutschland und in besetzten Gebieten wie Luxemburg dieses Abzeichen tragen.

M5 Ortsansicht von Rheinbröhl (Deutschland), veröffentlicht im „Stürmer", 1935.

M6 Brennende Synagoge in Essen (Deutschland), 1938.

M7 Antisemitisches Plakat im besetzten Luxemburg, 1941.

Alltagsleben ◆ La vie quotidienne

Auf dem Markt und in der Ferne ◆ Marché et commerce

M2 Marktkreuz in Trier aus dem 10. Jahrhundert. Foto.

M3 Brotmaß am Freiburger Münster. Foto.

M1 Mittelalterlicher Markt. Rekonstruktionszeichnung.

Auf dem Markt

Dreimal in der Woche war Markt. An diesen Tagen strömten die Menschen aus der ganzen Umgebung in die Stadt, kamen Bauern mit ihren Wagen oder zu Fuß. Für bestimmte Waren musste man am Stadttor Zoll bezahlen. Kauf und Verkauf wurden durch die Marktordnung geregelt. Als Zeichen dieser Marktordnung stand auf den Marktplätzen ein Kreuz oder die Rolandssäule mit dem überlebensgroßen Bild eines Ritters.

1. Beschreibt M1. Vergleicht mit einem modernen Wochenmarkt.
2. Stellt fest, was mit der Marktordnung geregelt wird.
3. Überlegt, wozu die Brotmaße (M3) dienten.

M4 Aus einer Marktordnung der Stadt Landshut (1256):

1. Wir verbieten, Schwerter und Dolche innerhalb der Stadt zu tragen. Wer ein Schwert trägt, zahlt ...
2. Wir verordnen, dass kein Kauf außerhalb des öffentlichen Marktes stattfindet. Wer gegen diese Anordnung verstößt, muss ... bezahlen. Wenn er kein Geld besitzt, wird ihm die Hand abgeschlagen.
3. Lotterbuben jeder Art, fahrende Schüler mit langen Haaren halten wir fern ...

Zit. nach: Bürck/Dietrich: Weltgeschichte im Aufriss II, Diesterweg, 1971, S. 73 f.

M5 Handelswege und Handelswaren im Spätmittelalter.

Der Fernhandel

Die Bewohner der mittelalterlichen Stadt mussten ständig mit frischen Lebensmitteln versorgt werden. Die Handwerker benötigten außerdem zahlreiche Rohstoffe. Viele Waren wurden von weither gebracht.

An den großen Straßenverbindungen waren schon im frühen Mittelalter Jahrmärkte (◆ la foire) im Umkreis von Abteien und Burgen entstanden. Dort trafen sich Kaufleute aus ganz Europa.

Einige Landesherren boten den Kaufleuten Schutz und gute Bedingungen für den sicheren Ablauf des Handels an.

4. Verfolgt auf der Karte die Handelswege. Überlegt dabei, welche Schwierigkeiten beim Transport zu überwinden waren.

M7 Am 20. Oktober 1340 gründet Johann der Blinde, Graf von Luxemburg, einen Jahrmarkt in Luxemburg:

Da wir unserem Land und insbesondere unserer Stadt Luxemburg viel Vorteil und Fortschritt wünschen ..., haben wir ... angeordnet, einen Jahrmarkt in unserer Stadt Luxemburg abzuhalten. ... Alle Kaufmänner und Kauffrauen ..., die zu diesem Jahrmarkt kommen, stehen zu Land und zu Wasser unter unserem Schutz ... Und sie sollen frei sein von aller Kopfsteuer, Zöllen und anderen Abgaben.

Übers. Michel Pauly

M6 Beispiel eines Transports von Lübeck nach Danzig.

	Ladung	Reisezeit	Personal
Schiff	bis 200 t	4 Tage	25 Seeleute
Fuhrwerk	etwa 1 t	14 Tage	2 Mann

M8 Die „Schueberfouer" (Schobermesse) war ursprünglich ein großer Markt, der Ende August stattfand. Foto, 2007.

5. Erklärt, mit welchen Mitteln der Graf die Kaufleute nach Luxemburg lockte.
6. Welche Vorteile hatte der Landesherr, Graf Johann, von der Gründung des Jahrmarkts?
7. In welcher Form findet der Jahrmarkt noch heute statt?

Alltagsleben ◆ La vie quotidienne
Leben und Wohnen in der Stadt ◆ Habiter en ville

M1 Gasse in einer mittelalterlichen Stadt. Illustration.

Häuser und Gassen

Im Zentrum der Stadt gab es neben den prächtigen Kirchen auch Wohn- und Lagerhäuser der reichen Bürger. Kunstvoll erbaute Steinhäuser und Fachwerkbauten standen neben einfachen, einstöckigen Häuschen. Am Rand der Stadt lebten die Menschen oft in ärmlichen Behausungen, die meist nur aus einem Raum bestanden. In schmutzigen Verschlägen war das Vieh untergebracht.

Befestigte Straßen gab es kaum. Je nach Wetter und Jahreszeit war es matschig oder staubig. Wasser holte man an Ziehbrunnen und Pumpen. Eine unterirdische Kanalisation gab es nicht. Abwässer flossen in Rinnen mitten über die Straßen. Das Wasser, das keinen Abfluss fand, sammelte sich in sumpfigen Pfützen. Um dem Schmutz zu entgehen, schnallte man sich hölzerne Trippen unter die Schuhe.

Abends und nachts war die Stadt in tiefe Finsternis getaucht. Straßenbeleuchtung war so gut wie unbekannt. Wer in der Dunkelheit unterwegs war, musste seine eigene Lampe mitnehmen oder sich „heimleuchten" lassen.

M4 Straßenreiniger mit hölzernen Trippen. Buchmalerei, um 1425.

1. Beschreibt M1. Überlegt, wie die Straße bei schlechtem Wetter und im Winter ausgesehen haben mag.
2. Unter welchen Einschränkungen hatten die Menschen damals täglich zu leiden?
3. Warum erließ man Vorschriften wie in M3?

M2 Eine Journalistin berichtet 1997 über die hygienische Situation der Stadt Köln im Mittelalter:

Köln genoss zwar den Ruf eines bedeutenden Handelszentrums, aber aus der Nähe gesehen war Köln, eine der größten Städte nördlich der Alpen, ein Dorf. Ein Dorf, durch dessen Gassen nicht nur die Viehherden zogen, sondern auf denen sich Mist, Unrat und Steinschutt stapelten. In Köln stank es zum Himmel.

Noch bis ins 19. Jahrhundert gehörte das Schwein zu den gewohnten Straßenpassanten. Viele Haushalte hielten sich eigenes Borstenvieh als Abfallverwerter für Küchenabfälle.

Tagsüber trieben Schweinehirten das Borstenvieh herdenweise durch die Straßen zu den Weiden. Kaum ein Müllhaufen am Wegesrand war vor den schnüffelnden Rüsseln der quiekenden Schweine sicher.

Zit. nach: Ute Kaltwasser, Heiliges Köln – Sündiges Köln. Glanzvolles Mittelalter. Köln (Greven) 1985, S. 45 f.

M3 Viele Städte erließen Vorschriften für mehr Sauberkeit:

1. Niemand soll Mist oder Kot vor sein Haus legen, wenn er ihn nicht gleich wegfahren will, außer auf den hierzu bestimmten Plätzen, nämlich neben dem Fleischmarkt, ferner neben dem Brunnen ...
2. Jeder, der sein Nachtgeschirr auf die Straße entleeren will, muss nach dem Öffnen des Fensters zunächst rufen: „Achtung, Wasser!"

Zit. nach: Das hannöversche Stadtrecht, Hannover 1846, S. 441.

Arm und Reich – auch beim Wohnen ein großer Unterschied

M5 Eine vornehme und eine einfache mittelalterliche Stadtwohnung. Rekonstruktionszeichnung, 1994. Es ist unwahrscheinlich, dass diese beiden Familien so in einem Haus zusammengewohnt haben.

4. Vergleicht die beiden Räume und notiert Unterschiede in Bauweise und Ausstattung. Bedenkt dabei auch, dass das Zimmer der vornehmen Familie nur eines von mehreren war.

Arbeitstechnik ◆ Méthode de travail

Bauwerke erkunden ◆ Étudier un monument historique

Die Baumeister des Mittelalters bauten zunächst in einem Stil, den wir romanisch nennen. Später entwickelten sie dann den gotischen Baustil.
Auf dieser Doppelseite findet ihr Texte und Abbildungen. Sie sollen euch helfen, Bauteile zu erkennen und richtig zuzuordnen.

1. Schaut euch die Abbildungen an und erklärt die Bauteile, Formen und Fachbegriffe.
2. Geht auf Spurensuche in eurem Ort. Verwendet bei der Erkundung von Bauwerken die Arbeitsschritte dieser Doppelseite.

1. Romanik
Wort: „romanisch" von „römisch"; runde Bögen und die Gebäudeform der Basilika (dreiteiliger Raum mit höherem Mittelteil) sind in den ältesten Kirchen zu finden. Sie sind den Palästen der römischen Kaiser abgeguckt.
Zeit: 11.–13. Jahrhundert

2. Gotik
Wort: ursprünglich italienisches Schimpfwort für ein Kirchengebäude des Nordens (gotisch = roh, primitiv)
Zeit: 13.–15. Jahrhundert
Hintergrund: Städte haben Geld; sie ziehen geschulte Handwerker an. Es geht um Gläubigkeit und Vorzeigen des Wohlstandes einer Stadt.
Technik: Baumeister bauen oft nach Erfahrung; manche Bauten stürzen ein. Das Gewicht von oben wurde nicht mehr auf die Wände geleitet, sondern auf Stützen neben den Mauern. Dadurch konnten die Mauern für riesige Glasfenster geöffnet werden.

M1 Kapelle von Rindschleiden (Luxemburg).

M3 Klosteranlage von Clervaux (erbaut im 20. Jahrhundert).

M2 Romanisches Kircheninneres.

M4 Taufbecken in der Nikolauskapelle des Doms von Worms.

M5 Romanisches Fenster. Köln, 1260.

1 Querbogen
2 Säule (rund)
3 Pfeiler (eckig)
4 Mittelschiff

Die folgenden Fragen können euch helfen, eine Kirche in eurem Ort oder eurer Umgebung zu erkunden:

1. Schritt — Erste Eindrücke beschreiben
- Haltet erste Eindrücke als Bericht, Zeichnung oder Foto fest (Lage, Raumwirkung innen/außen; Fenster, Ausstattung [Altäre, Figuren, Mobiliar, Malereien usw.]).

2. Schritt — Informationen sammeln
- Informiert euch ausführlich über die Baugeschichte (Pfarrer, Bibliothek). Wann begonnen? Nach welchen Vorbildern? Wer zahlt(e) Bau und Unterhalt früher und heute? Gab es Kriegsschäden usw.

3. Schritt — Den gesamten Bau und einzelne Teile erklären
- Erklärt Bauteile, Figuren und Symbole!
- Welche Bedeutung haben sie?
- Weshalb wurden sie hergestellt?
- Was wollten die Baumeister oder Künstler ausdrücken?

4. Schritt — Eigene Meinung sagen
- Was gefällt euch ganz besonders?
- Was beeindruckt weniger?
- Was versteht ihr nicht, sodass ihr noch weitere Informationen einholen müsst?

M6 Gotische Kirche, Westfassade.

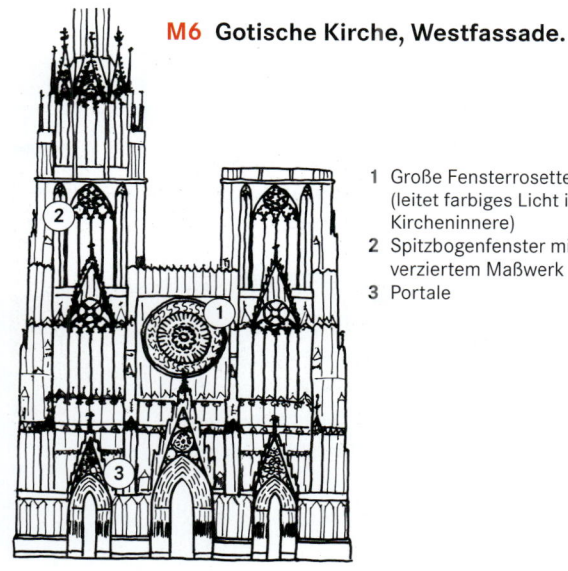

1 Große Fensterrosette (leitet farbiges Licht ins Kircheninnere)
2 Spitzbogenfenster mit reich verziertem Maßwerk
3 Portale

M7 Altar in der Kathedrale von Luxemburg.

M8 Kreuzgang der Trinitarierkirche in Vianden.

M9 Gotisches Kircheninneres.

1 Gewölbe
2 Spitzbogenfenster
3 Säule
4 Altarraum
5 Mittelschiff

Dunkles Mittelalter? ◆ Le Moyen Âge: une époque obscure?
Leben mit dem Tod ◆ Vivre avec la mort

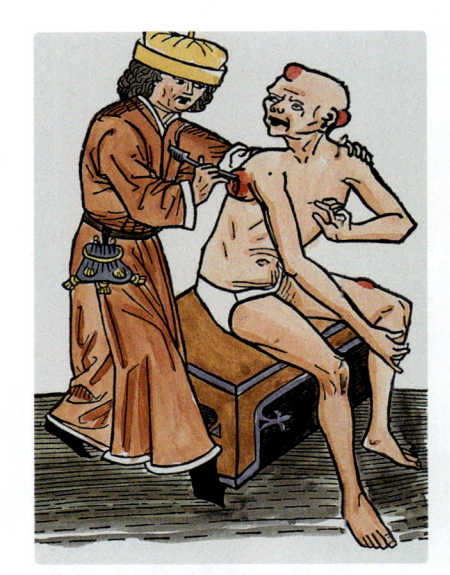

M1 Pestarzt beim Beulenaufschneiden. Nachkolorierter Holzschnitt von Hans Folz, 1482.

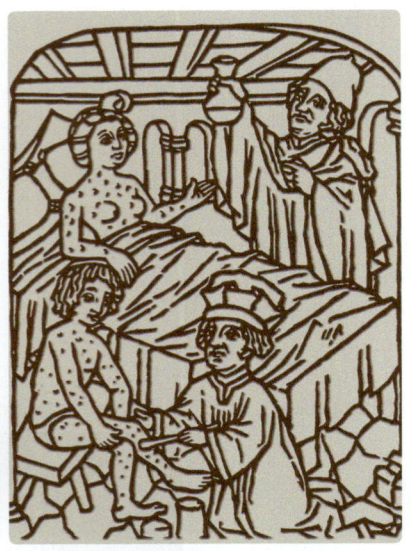

M2 Ärzte behandeln Pestkranke. Holzschnitt, 15. Jahrhundert.

M3 Pestarzt. Kupferstich, 17. Jahrhundert.

Krankheit und Todesfälle – und wie man mit ihnen umging

Im Mittelalter war das medizinische Wissen recht gering. Von Hygiene wusste man wenig. Wegen der hohen Kindersterblichkeit lag die durchschnittliche Lebenserwartung bei zirka 30 Jahren. Jedes dritte Kind starb bereits vor seinem zehnten Lebensjahr.

Versorgung und Betreuung von kranken und alten Menschen war ursprünglich eine wichtige Aufgabe der Familie. Alle Pflege fand zu Hause statt. In manchen Städten kümmerte sich der Rat um die Organisation der Krankenpflege in sogenannten Spitälern. Mitunter wurde er dabei von frommen Frauen (z. B. Ordensschwestern) unterstützt.

Der Mangel an ausgebildeten Ärzten wurde dadurch ausgeglichen, dass viele Beschwerden beim Bader oder den Wundärzten kuriert wurden. Eine häufige Behandlungsmethode war der Aderlass: Hierbei wurde dem Kranken Blut abgezapft, was den Körper reinigen sollte. Weise Kräuterfrauen kannten sich mit natürlichen Heilungsmethoden aus (Umschläge, Tees usw.) und auf Jahrmärkten zogen die Zahnbrecher ohne Betäubung die vereiterten, schmerzenden Zähne.

1. Macht euch die Höhe der Kindersterblichkeit klar: Lasst jeden dritten Schüler in eurer Klasse aufstehen. Das entspricht den Verstorbenen.
2. Wie erklärten sich die Menschen damals die Pest?

Stichworte zur Pest
- aus Asien eingeschleppt
- von Rattenflöhen übertragen
- hoch ansteckend, selten heilbar
- Pestärzte mit Schnabelmasken (darin Kräuter gegen schädliche Ausdünstungen)
- Reiche fliehen aus der Stadt
- ein Drittel der Bevölkerung starb im 14. Jahrhundert
- als Strafe Gottes angesehen

Was ihr noch tun könnt:
- Euch im Lexikon oder im Internet über Lepra im Mittelalter informieren.
- Herausfinden, ob und wo es Pocken, Pest und Lepra noch heute gibt und wie sie behandelt werden.
- Die Immunschwäche Aids mit den Krankheiten vergleichen und Unterschiede herausfinden.

Rechtsdenken im Mittelalter

Ein Verbrechen wurde im Mittelalter als eine schwere Sünde betrachtet. Die Strafe sollte deshalb Gott besänftigen. Um Geständnisse zu bekommen, wurden die Angeklagten häufig gefoltert.

Üblich waren in der Regel körperliche Strafen (Auspeitschen, Verstümmelung, Hinrichtung). Sie wurden oft nach dem Prinzip der „spiegelnden Strafe" verhängt, d. h. in einer Weise vollzogen, die mit der Tat in Zusammenhang stand (Brandstifter wurden verbrannt, Dieben wurde die Hand abgeschlagen usw.). Die Täter wurden öffentlich bestraft, so stellte man Betrüger z. B. an den Pranger, wo sie dem Gespött der Leute ausgeliefert waren.

Auch wenn heute bei uns Folter und Todesstrafe verboten sind, so gibt es noch viele Länder, in denen diese angewandt werden.

M4 **Der Historiker Wolfgang Schild schrieb 1980:**
Geiseln und andere Gefangene wurden je nach Stand verschieden behandelt: Vornehme verloren die Ohren oder die Nase, Angehörige der unteren Schichten den Fuß oder die Hand. Entsprechend waren anfangs Todes- und Leibesstrafen nur für die Unfreien vorgesehen, die Freien hatten eine Geldbuße zu leisten. Selbst die Tötung eines anderen Menschen war durch die Zahlung des „Wergeldes" ... ablösbar ... Die Armen mussten sterben oder die Leibesstrafe über sich ergehen lassen.

Hero.dot. Das Magazin für den Geschichtsunterricht 2/2007, Cornelsen Verlag, Berlin

M5 **Artikel aus der Luxemburger Verfassung, 2007 (Articles de la constitution luxembourgeoise, 2007):**

Art. 10 – Die Luxemburger sind gleich vor dem Gesetz.	Art. 10 – Les Luxembourgeois sont égaux devant la loi.
Art. 11 – Es gibt im Staat keine Standesunterschiede.	Art. 11 – Il n'y a dans l'État aucune distinction d'ordres.
Art. 18 – Die Todesstrafe kann nicht eingeführt werden.	Art. 18 – La peine de mort ne peut être établie.

M6 **Strafen.** Holzschnitt, 1508.

3. Vergleicht die Strafen des Mittelalters mit der Bestrafung von Verbrechern heute.
4. Beurteilt die Bestrafungen, die im Mittelalter üblich waren.
5. Vergleicht M4 und M5. Welche Unterschiede stellt ihr fest? Wie hat sich unsere Vorstellung von Recht und Gerechtigkeit seit dem Mittelalter verändert?
6. In welchen Staaten gibt es heute noch die Todesstrafe?

Was ihr noch tun könnt:
In Kleingruppen eine Präsentation zum Thema „Todesstrafe heute" vorbereiten und in der Klasse vorstellen.

Arbeitstechnik ◆ Méthode de travail

In Projekten lernen ◆ Apprendre par des projets

Projektarbeit

Projekt bedeutet geplantes „Vorhaben" oder „Unternehmen": Eine Person oder eine Gruppe beschäftigt sich mit einem bestimmten Thema oder Problem und stellt anschließend die Ergebnisse vor. Wie ihr dabei vorgehen könnt, zeigen euch die folgenden Arbeitsschritte.

1. Schritt: Thema auswählen und Arbeit aufteilen
- Wie könnte man das Thema einteilen?
- Wie teilt ihr die Arbeit auf?
- Wer übernimmt welche Aufgaben?
- Wer arbeitet mit wem zusammen?

2. Schritt: Material beschaffen
- Wo findet ihr das Material?
- Welche Bücher in der Bibliothek kann man benutzen?
- Welche Internetseiten liefern zuverlässige Informationen?
- Welche Nachschlagewerke (Lexikon, Wörterbuch usw.) stehen euch zur Verfügung?

Tipp: Nicht gleich alles ausdrucken, was ihr im Internet findet!

3. Schritt: Informationen auswerten
- Welche Materialien könnt ihr gebrauchen, welche nicht?
- Wie ist die Qualität der Illustrationen?
- Passen die Fotos, Diagramme, Karten zum Thema und sind sie anschaulich genug?

4. Schritt: Ergebnisse präsentieren
- Wie wollt ihr die Ergebnisse präsentieren (Wandzeitung, Tageslichtprojektor, Computerpräsentation)?

Tipp: Ihr solltet eure Ergebnisse nicht einfach vom Blatt ablesen, sondern möglichst frei sprechen. Zettel mit Stichworten oder eine Mindmap sind erlaubt.

Ihr könnt auch fächer- und epochenübergreifend arbeiten. Fragt die Lehrer anderer Fächer, die euch weiterhelfen können.

Projektvorschläge zum Thema Mittelalter:

1. Kleider und Mode
2. Stadtleben früher und heute
3. Reisen im Mittelalter
4. Essen und Trinken
5. Feste im Mittelalter
6. Mittelalterliche Redewendungen
7. Familie im Mittelalter
8. Liebe im Mittelalter
9. Medizin und Krankheit
10. Sagen, Märchen und Legenden
11. …

Projektarbeit: Frauen im Mittelalter – Heirat mit 12

Ermesinde von Luxemburg (1186–1247)

1186 Geboren als einziges Kind des Grafen Heinrich von Namur und Luxemburg.

1187 Dem Grafen der Champagne versprochen, der sie mit nach Troyes an seinen Hof nimmt.

1192 Der Graf der Champagne zieht ins Heilige Land und heiratet die Königin von Jerusalem.

1197/98 Heirat mit dem Grafen von Bar.

1214 Erster Ehemann stirbt. Zweite Heirat mit dem Sohn des Grafen von Limburg. Ermesinde erweitert die Grafschaft Luxemburg um ihre Mitgift Arlon.

1226 Zweiter Ehemann stirbt.

1233/36 Ermesinde beteiligt ihren ältesten Sohn Heinrich V. an der Regierung.

1236/1238 Freiheitsbrief von Echternach

1244 Freiheitsbrief von Luxemburg

1247 Tod Ermesindes

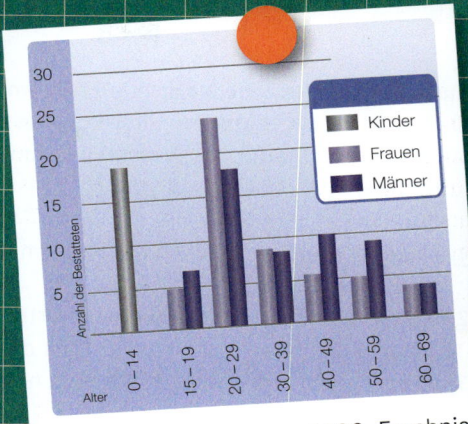

Lebenserwartung um 1400. Ergebnisse einer Untersuchung der Skelettreste von 249 Bestatteten auf dem Heidelberger Spitalfriedhof (1300–1430). Erst von der Pubertät an konnte nach männlichen und weiblichen Skeletten unterschieden werden.

Kinderpflege. Radierung, 15. Jahrhundert.

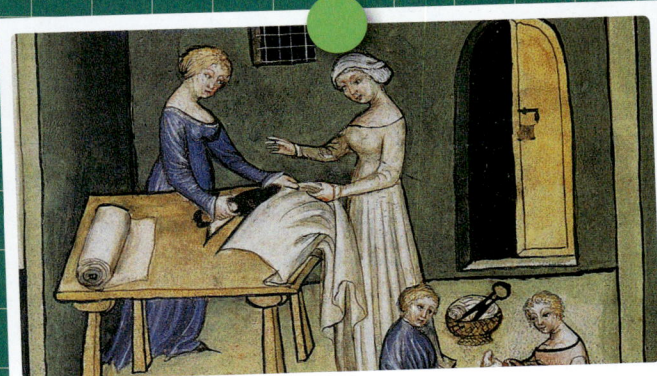

Frauen beim Zuschneiden von Leinen. Italienische Buchmalerei, um 1385. Besonders in der Textilherstellung und -verarbeitung arbeiteten Frauen als selbstständige Handwerkerinnen.

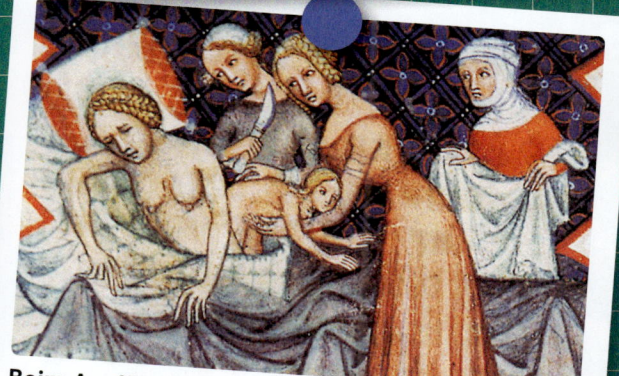

Beim Ausführen eines Kaiserschnitts. Französische Buchmalerei, um 1375.

Ehe im Mittelalter:
Eine „Heirat aus Liebe" war eine Ausnahme. Die Familie bestimmte den Ehepartner. Wie sollte sich zum Beispiel ein Mädchen, das mit sieben Jahren verlobt und mit zwölf verheiratet wurde, gegen die Wahl der Familie durchsetzen?

Städte früher ... ◆ Les villes hier ...
... und heute ◆ ... et aujourd'hui

Im Jahre 2007 lebte jeder zweite Erdbewohner in einer Stadt. Neben sogenannten „Megastädten" gibt es aber auch kleinere Städte wie Luxemburg mit circa 80 000 Einwohnern.

1. Findet heraus, auf welchen Kontinenten sich „Megastädte" befinden.
2. Welche Merkmale muss heute eine Ortschaft besitzen, um als Stadt zu gelten? Vergleicht mit dem Mittelalter.
3. Würdest du in einer „Megastadt" leben wollen? Begründe deine Meinung.

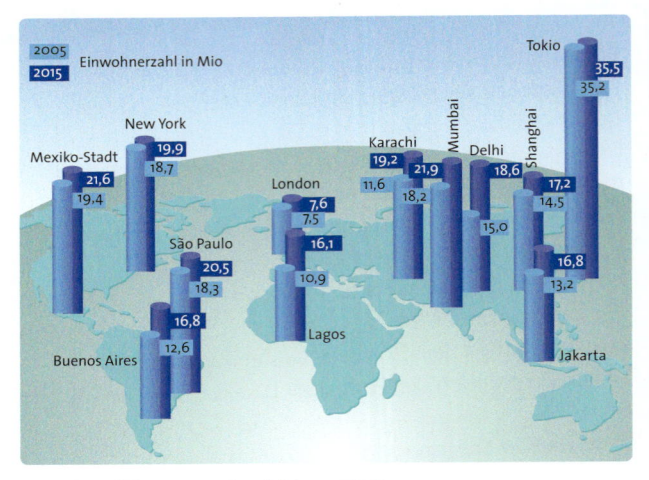

M1 Bevölkerung der Megastädte.

M2 Paris. Blick vom Arc de Triomphe auf die Arche de la Défense. Foto, 2008.

M3 London. Blick auf den Westminster Palace. Foto, 2008.

M4 Bombay/Mumbai. Foto, 2008.

M5 New York. Foto, 2008.

Zusammenfassung ◆ Résumé

Die Stadt im Mittelalter

Immer mehr Menschen zog es vom Land in die befestigten Städte, die ihnen Sicherheit, ein bequemes Leben und vor allem Freiheit bieten konnten. Seit dem 11. Jahrhundert wurden immer häufiger Städte von einem Stadtherrn gegründet. Er wollte dadurch seine Macht weiter festigen und zusätzliche Einnahmen gewinnen.

Auch in der Stadt gab es unterschiedliche Rechte, je nachdem, zu welchem Stand man gehörte. Während die reichen Patrizier und Zunftmitglieder Bürgerrechte hatten, waren viele andere Stadtbewohner vom politischen Mitspracherecht ausgeschlossen.

Frauen, ebenso wie Angehörige der Unterschichten und insbesondere die jüdischen Mitbewohner, hatten fast keine Rechte. Juden wurden in Notzeiten zu „Sündenböcken" gemacht und grausam verfolgt.

Am Ende des Mittelalters zählten die italienischen Handelsstädte mit fast 100 000 Einwohnern zu den größten in Europa. Obwohl Luxemburg auch eine Stadt war, zählte es nur 5000 Einwohner.

La ville médiévale

De plus en plus des gens fuient la campagne pour s'installer dans les villes fortifiées. Celles-ci offrent la sécurité, un certain confort et surtout la liberté. Depuis le 11e siècle, les villes sont le plus souvent fondées par un seigneur. Il consolide son pouvoir et s'assure des revenus supplémentaires.

En ville, les droits des habitants dépendent également de l'ordre social auquel ils appartiennent. Alors que les riches patriciens et les membres des corporations ont des droits civiques, beaucoup d'habitants des villes n'ont pas ces droits.

Les femmes, les plus pauvres et plus spécialement les juifs n'ont pour ainsi dire aucun droit. Lors d'une crise les juifs deviennent les „boucs émissaires" et sont persécutés cruellement.

Vers la fin du Moyen Âge, les villes commerçantes italiennes avec leurs quelque 100 000 habitants comptent parmi les plus grandes villes d'Europe. Luxembourg, bien qu'ayant aussi le statut de ville, ne compte alors que 5000 habitants.

Im Zentrum der Stadt befindet sich der Markt.

Rathaus und Gericht stehen meist am Hauptmarkt.

Handwerker und Zünfte bestimmen Wirtschaft und Handel in den Städten.

Standard-Check ◆ Bilan

Das solltet ihr wissen ◆ Vérifiez vos connaissances

Arbeitsbegriffe

- ✓ Zunft ◆ la corporation
- ✓ Kathedrale ◆ la cathédrale
- ✓ Messe ◆ la foire
- ✓ Judentum ◆ le judaïsme
- ✓ Pogrom ◆ le pogrome
- ✓ Bürger ◆ le bourgeois
- ✓ Handwerk ◆ l'artisanat
- ✓ Markt ◆ le marché

Was wisst ihr noch?

1. Welche Voraussetzungen waren für die Entstehung von Städten wichtig?
2. Auch die Bewohner einer mittelalterlichen Stadt wurden in Stände eingeteilt. Nennt sie.

Tipps zum Weiterlesen

Alfred Bekker: Gefangen in der belagerten Stadt. Tatort Mittelalter, Bd. 4. Ueberreuter, Wien 2007

Gudrun Reinboth: Nenn mich noch einmal Jochanaan. Metz, Gaggenau 2004

Rainer M. Schröder: Das Vermächtnis des alten Pilgers. Arena, Würzburg 2001

Ruben Philipp Wickenhäuser: Mauern des Schweigens. G&G Verlagsgesellschaft, Recklinghausen 1999

Christine Flament: L'Entrée dans Paris, Seuil jeunesse, Paris 2002

Claire d'Harcourt: Paris à la loupe: Du Moyen Âge à 1900. L'école des loisirs, Paris 1998

Macaulay, Roujoux: Naissance d'une cathédrale. L'école des loisirs, Paris 2003

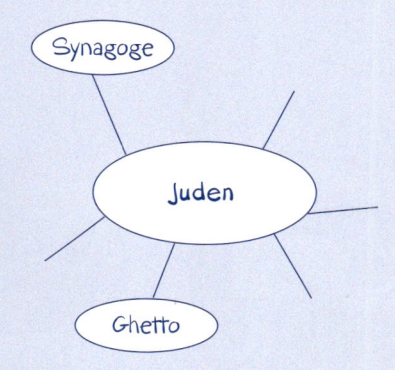

1. Richtig oder falsch?
    a) Die meisten Menschen lebten im Mittelalter in der Stadt.
    b) Die Zünfte waren die Vereinigungen der Narren in der mittelalterlichen Stadt.
    c) Die Zugehörigkeit zu einem mittelalterlichen Stand wurde durch Herkunft, Vermögen oder Beruf bestimmt.
    d) Die Straßen in der Stadt waren sauber und gepflastert.

2. Erklärt den Ausspruch „Stadtluft macht frei".

3. Ordnet die Berufe im Kasten den einzelnen Ständen in der Stadt zu:
   Patrizier – Bürgertum – Unterschicht – „Unehrliche"

Dienstboten	Handwerker	Gaukler	Handelsgehilfen
Fernhandelskaufleute	Tagelöhner	Händler	Henker
Großgrundbesitzer			

4. Was wisst ihr über das Leben der Juden im Mittelalter? Stellt eure Informationen in einer Mindmap zusammen und übertragt sie in euer Heft.

5. Viele Feste und Veranstaltungen erinnern an Brauchtümer aus früheren Zeiten. Findet heraus, wo Ritterspiele oder mittelalterliche Märkte abgehalten werden.

AUFBRUCH IN EINE NEUE ZEIT ◆
À L'AUBE D'UNE ÉPOQUE NOUVELLE

Neue Zeiten – neue Welten ◆
Temps modernes – nouveaux mondes

1. Wie wirkt das Monument auf euch?
2. Diskutiert darüber, ob die Ureinwohner der entdeckten Gebiete die Entdecker wohl als Helden angesehen haben.
3. Beschreibt und vergleicht die beiden Zeichnungen. Sie wurden zum 500. Jahrestag der Landung von Kolumbus in Amerika angefertigt.

Das Entdeckerdenkmal wurde 1960 in Lissabon während der Feiern zum 500. Todestag Heinrichs des Seefahrers eingeweiht. Es erinnert an die maritime Ausdehnung Portugals und hat die Form einer Karavelle. Es zeigt Heinrich den Seefahrer am Bug, der eine kleine Karavelle in der Hand hält, und weitere Entdecker der portugiesischen Geschichte: Vasco da Gama, Pedro Àlvares Cabral, den Entdecker Brasiliens – und Ferdinand Magellan, der den Pazifik überquerte.

Neue Zeiten – neue Welten ◆ Temps modernes – nouveaux mondes
Orientierung in Zeit und Raum ◆ Orientation dans le temps et l'espace

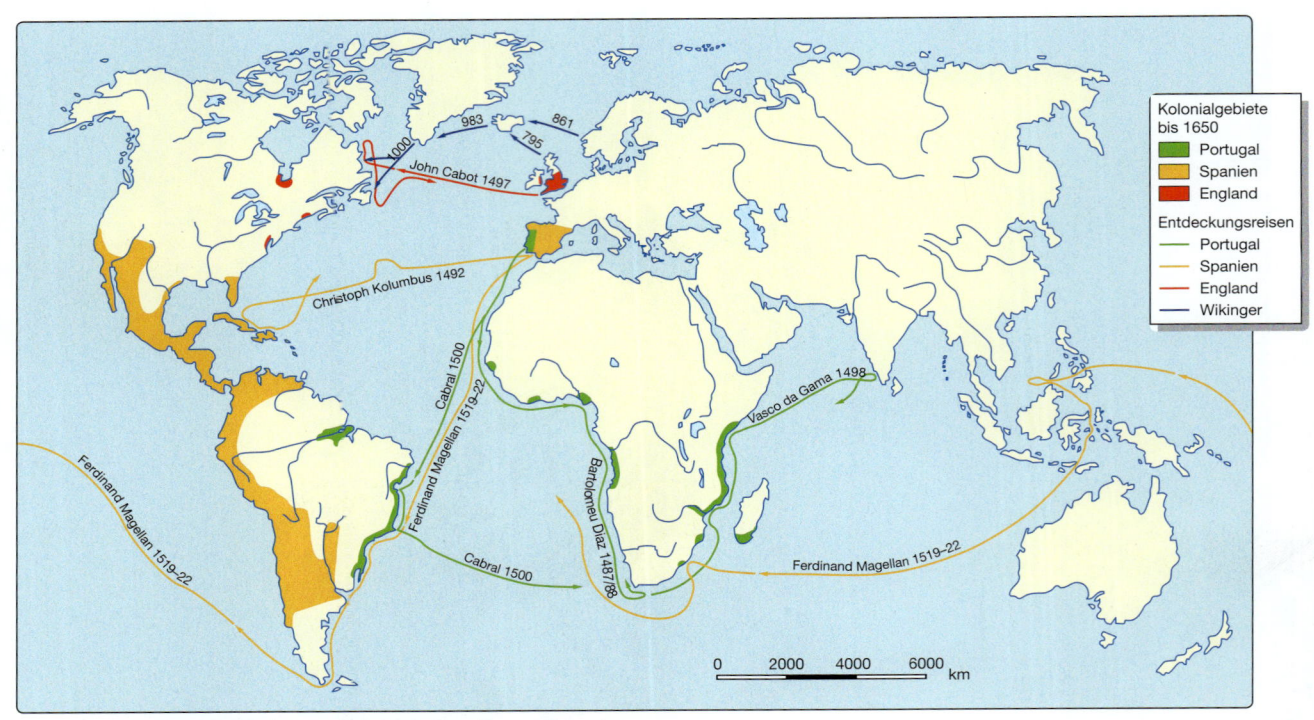

M1 Die ersten Entdeckungsfahrten der Europäer.

M2 Ein Mann wandert an den Rand der Erdscheibe.
Holzstich, um 1520.

Um 1400 dachten die meisten Menschen in Europa, die Erde sei eine Scheibe, die auf dem Wasser schwimme. Doch nach und nach entwickelten sie eine neue Vorstellung von der Welt. Vorstöße ins Unbekannte gab es im 15. Jahrhundert in vielen Bereichen. Die Menschen entdeckten und erfanden so viel – in der Wissenschaft, in der Wirtschaft, in der Religion, in der Technik, Kunst und Kultur –, dass wir heute vom Beginn einer neuen Zeit und dem Zeitalter der Entdeckungen (◆ les Grandes Découvertes) sprechen.

1. Wer waren die ersten Entdecker (M1)?
2. Welche Routen wählten sie?
3. Was wird aus einer neuen Welt, wenn Menschen sie entdecken und in Besitz nehmen?
4. Welche Entdeckungen oder großen Veränderungen prägen unsere Zeit?

M4 Zeittafel der Entdeckungen.

1350

Wiederentdeckung der Antike in Wissenschaft, Kunst und Architektur

1375

1400

1418–1425: Die Portugiesen kolonisieren die Insel Madeira

1425

Portugiesen beginnen unter Prinz Heinrich dem Seefahrer mit der Umsegelung Afrikas, um den Seeweg nach Indien zu finden

1450

1453: Die Eroberung Konstantinopels durch die Osmanen stört den Handel mit asiatischen Luxuswaren
1455: Erstes gedrucktes Buch
1460: Tod Heinrich des Seefahrers

1475

1487/88: Der Portugiese Bartolomeu Diaz umsegelt die Südspitze Afrikas, d. h. das Kap der Guten Hoffnung

1492: Christoph Kolumbus entdeckt Amerika
1498: Vasco da Gama entdeckt den Seeweg nach Indien

1500

1510: Inbesitznahme der indischen Stadt Goa durch die Portugiesen
1519–1522: Erste Weltumsegelung durch Magellan
1519–1533: Die Spanier erobern die Reiche der Azteken, Maya und Inka; die grausame Herrschaft der europäischen Länder über den Rest der Welt beginnt

1525

Ein neues Denken bricht an ◆ Ose penser!

Wo liegt der Mittelpunkt der Welt? ◆ Où se trouve le centre de l'univers?

Im Mittelpunkt die Sonne

In Europa waren die Menschen des Mittelalters fest in den christlichen Glauben eingebunden. Zur Grundanschauung gehörte, dass alle Ereignisse dieser Welt von Gott gelenkt würden, dass die Menschen mit all ihrer Klugheit nichts dagegen ausrichten könnten und dass die Kirche im Auftrag Gottes tätig sei. Gegen diese Vorstellung wandten sich in der Mitte des 15. Jahrhunderts verschiedene Gelehrte. Es entstand eine neue Art des Denkens. Die Forscher dieser Zeit gaben sich nicht mit Antworten aus der Bibel zufrieden, sie wollten alles selbst nachprüfen und nach Beweisen für ihre neuen Ideen suchen.

Ein berühmtes Beispiel für dieses neue Denken bietet der Astronom Nikolaus Kopernikus. Anfang des 16. Jahrhunderts erkannte er, dass die Erde und die Planeten sich um die Sonne drehen. Obwohl die Kirche diese neue wissenschaftliche Theorie verbot und am alten geozentrischen („geos" = Erde; „Zentrum" = Mitte) Weltbild festhielt, setzte sich das neue heliozentrische („helios" = Sonne) Weltbild durch.

M1 Griechische Wissenschaftler beschrieben im 6. Jahrhundert v. Chr. die Erde wie folgt:

Die Erde ist eine flache, runde Scheibe mit Bergen, Bäumen und dergleichen. Sie ist ganz umgeben von Wasser. Wenn es Tag wird, steigt die Sonne im Osten aus dem Meer empor. Am Mittag steht sie am höchsten, genau über der Erde. Wenn es Abend wird, steigt sie im Westen wieder hinab ins Meer. Wenn Mond und Sterne die Erde beleuchten, geht die Sonne unter der Erde entlang. Dort brennt ein gewaltiges Feuer, aus dem die Sonne ihre Glut nimmt, damit sie am folgenden Tag die Erde wieder erwärmen kann.

Nach: Werner Ekschmitt: Weltmodelle. Griechische Weltbilder von Thales bis Ptolemäus, Mainz 1989, S. IX. (bearb. v. Verf.)

1. Fertigt eine Zeichnung zu M1 an.
2. Vergleicht M1 und M2 und arbeitet die Unterschiede heraus.
3. Weshalb hat die Kirche wohl die Theorien von Kopernikus verboten?
4. Wie lautet der aktuelle Informationsstand über unser Universum?

Neuzeit	Les Temps modernes
Epoche nach dem Mittelalter. Ihr Anfang ist geprägt von neuem Denken in Wissenschaft, Religion, Kunst ...	Période historique qui commence après le Moyen Âge. Son début est marqué par une nouvelle façon de penser, dans les sciences, la religion, les arts ...

M2 Weltbild des Kopernikus. Darstellung aus dem „Himmelsatlas" von Cellarius, 1660.

Und sie dreht sich doch ...

> Mit meinem Fernrohr habe ich den Himmel beobachtet und erkannt, dass Kopernikus recht hatte. Die Kirche irrt sich, wenn sie behauptet, die Erde stehe im Mittelpunkt des Universums.

> Ich bin als Sohn von Bauern aufgewachsen. Wir sind einfache Leute, wissen alles über Landwirtschaft, aber sonst recht wenig. Uns wurde gesagt, dass Gott über uns wacht und die Welt um uns aufgebaut hat. Was würden meine Leute sagen, wenn sie von mir erführen, dass sie sich auf einem kleinen Steinklumpen befinden, der sich unaufhörlich drehend im leeren Raum um ein anderes Gestirn bewegt ... Wozu ist die heilige Schrift noch gut, die alles erklärt, wenn diese Sternenforscher meinen, sie sei voller Irrtümer.

M3 Gespräch zwischen Galileo Galilei und einem Mönch. Text nach Bertolt Brecht.

5. Mit einem von ihm selbst gebauten Fernrohr hat Galileo viele Beobachtungen durchgeführt. Erklärt, welche Schlüsse er aus seinen Beobachtungen zieht.
6. Welches Weltbild wurde den Menschen bisher vermittelt?
7. Erzählt, welche Ängste die Behauptungen Galileis bei vielen Menschen vermutlich ausgelöst haben.
8. Wen oder was kritisiert Galileo (M3)? Mit welchen Konsequenzen musste er rechnen?

Auch für den italienischen Mathematiker und Physiker Galileo Galilei war es bald klar, dass die Erde die Sonne umkreist und dass sie sich gleichzeitig um die eigene Achse dreht. Im Jahr 1633 musste sich Galilei in Rom vor einem kirchlichen Gericht verantworten. Er wurde gezwungen, seinen „Irrtümern" abzuschwören. Angeblich soll er dabei geflüstert haben: „Und sie (die Erde) dreht sich doch."
Galilei wurde bis zu seinem Tod unter Hausarrest gestellt und durfte nicht mehr weiterforschen.

M4 Galileis Fernrohr.

> **Was ihr noch tun könnt:**
> Einen Brief an das Kirchengericht verfassen, in dem ihr Galileo verteidigt.

Ein neues Denken bricht an ◆ Ose penser!
Ein Universalgenie der Renaissance ◆ Un génie universel de la Renaissance

M1 Leonardo da Vinci (1452–1519). Selbstbildnis, um 1512–1515.

M2 Dame mit Hermelin. Gemälde, 1483.

M3 Mona Lisa oder La Gioconda. Gemälde, entstanden 1503–1506.

Künstler und Forscher

Einer der berühmtesten Künstler und Forscher der Zeit um 1500 war Leonardo da Vinci. Leonardo wurde am 15. April 1452 in einem Bauernhaus bei Vinci, 30 Kilometer von Florenz entfernt, geboren. Seine Mutter war ein Bauernmädchen, sein Vater war ein erfolgreicher Notar. Seine Eltern waren nicht miteinander verheiratet. Leonardo besuchte lediglich die wenigen Klassen der Dorfschule und erlernte nur mit Mühe Lesen, Schreiben und Rechnen.
Als 17-Jähriger zog er mit seinem Vater nach Florenz und trat in die Lehre eines bekannten Bildhauers und Malers ein. Hier lernte er Malen, Zeichnen, Mathematik, Grammatik und den Umgang mit den Werkstoffen. 1482 holte ihn der Herzog Ludovico Sforza als Militäringenieur an seinen Hof in Mailand. In dieser Zeit entstand auch das Bild der Mona Lisa, der Frau mit dem geheimnisvollen Lächeln. Neben seiner künstlerischen Arbeit beschäftigte sich Leonardo mit zahlreichen Forschungen in der Anatomie, Optik und Mechanik. Seine naturwissenschaftlichen Arbeiten beruhten nicht mehr auf den Überlieferungen der Bibel, sondern auf Erfahrung, Beobachtung und Berechnung. So soll er – trotz strenger Verbote durch die Kirche – Leichen seziert haben, um ihre Anatomie zu studieren. In Tausenden von Skizzen und Notizen entwarf er Apparate und Maschinen, die seiner Zeit weit voraus waren, aber späteren Erfindungen den Weg ebneten. Leonardo verstarb 1519 am Hof des französischen Königs.

Autorentext

M4 Italienische 1-Euro-Münze mit Abbildung einer Proportionsstudie von da Vinci, 1492.

Renaissance
Französisch „Wiedergeburt". Bezeichnung für die Wiederentdeckung der Antike gegen Ende des Mittelalters. Beginn einer neuen Epoche in Kunst und Kultur.

La Renaissance
Période à la fin du Moyen Âge pendant laquelle renaissent l'art et la culture de l'Antiquité grecque et romaine.

M5 Zeichenstudie zweier Soldatenköpfe.

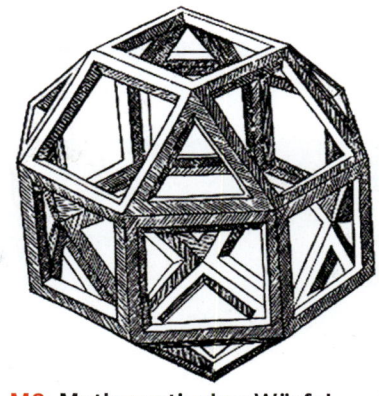

M8 Mathematischer Würfel. Zeichnung.

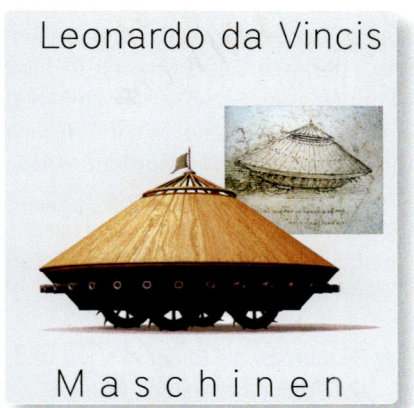

M6 Nachbau eines von da Vinci entworfenen Panzermodells. Ausstellungsplakat 2006.

M7 Luftschraube, zwischen 1480–90 entworfen, Vorgänger des Hubschraubers. Modell.

1. Erstellt eine Tabelle mit den Lebensdaten Leonardos.
2. In welchen Kunst- und Wissensgebieten hat Leonardo da Vinci große Leistungen vollbracht?
3. Ordnet die Abbildungen M1 bis M9 der Kunst bzw. verschiedenen Wissenschaftsgebieten zu.
4. Überlegt, warum Leonardo schon zu seiner Zeit als Genie angesehen wurde. Begründet eure Meinung.

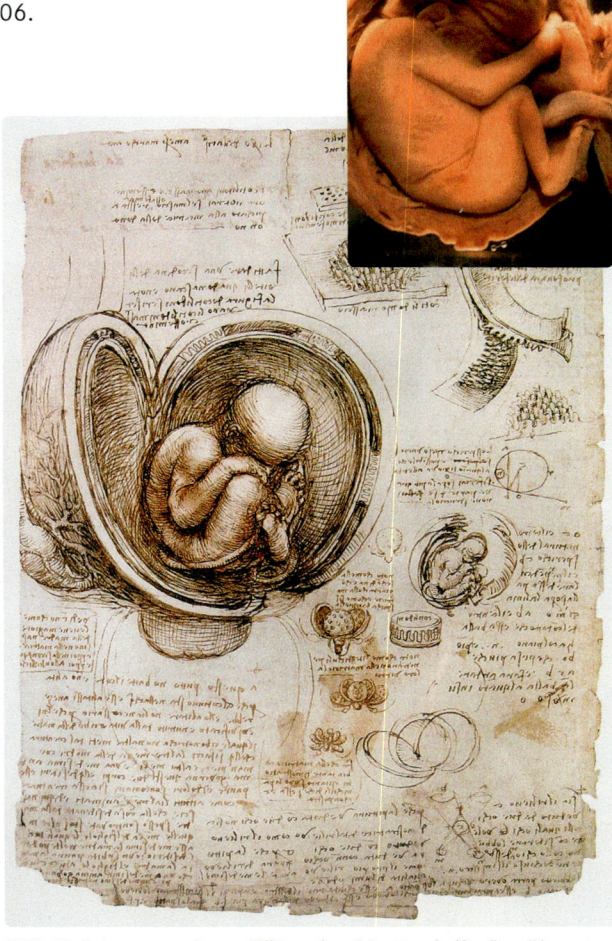

M9 Zeichnung eines Fötus im Mutterleib. Darüber das Foto eines Fötus.

83

Ein neues Denken bricht an ◆ Ose penser!
Die Erfindung des Buchdrucks ◆ L'invention de l'imprimerie

M1 Schriftsetzer in Gutenbergs Werkstatt. Jugendbuchillustration.

Eine Revolution aus Blei

Seit dem 12. Jahrhundert lernten immer mehr Menschen lesen. Dadurch wurde die Nachfrage nach Texten größer. Das Kopieren alter Schriften von Hand dauerte viel zu lange. Deshalb hatte man kurze Texte in Holzbretter geschnitzt und sie gedruckt. Das dauerte aber immer noch lange und war teuer.

Der Durchbruch kam, als der Mainzer Bürger Johannes Gutenberg um 1450 den Buchdruck mit beweglichen Buchstaben aus Metall, den sogenannten Lettern, erfand. Jetzt konnten die einzelnen Buchstaben immer wieder anders zu Wörtern zusammengesetzt werden. Diese Kunst verbreitete sich schnell in ganz Europa. Bis 1500 gab es bereits mehr als 1000 Druckereien in 250 Städten.

1. Beschreibt die Bilder M1, M2 und M4. Welche einzelnen Arbeitsschritte könnt ihr erkennen? Sortiert sie in der richtigen Reihenfolge. M4 hilft euch dabei.

M2 Druckerpresse in Gutenbergs Werkstatt. Jugendbuchillustration.

M3 Gutenbergs Druckettersatz.

Das Buch beginnt seinen Siegeszug

Bücher waren auch früher schon ein gutes Geschäft. Die Mönche liehen sich sogar Bücher in ausländischen Klöstern, um sie abzuschreiben und sie dann anschließend gegen eine Gebühr an Studenten zu verleihen. Mit der Erfindung des Buchdrucks begann ein reger Handel. Zuerst verkauften die Drucker ihre Erzeugnisse selbst, später arbeiteten sie für Verleger, die sich um den Verkauf kümmerten.

Vor Gutenbergs Erfindung dauerte allein das Abschreiben einer Bibel zwei Jahre. An der ersten Gutenberg-Bibel haben wahrscheinlich sechs Setzer (◆ le typographe) zwei Jahre lang gearbeitet. Davon wurden aber 180 Exemplare gedruckt.

Eine von Hand geschriebene Bibel kostete um 1400 etwa so viel wie 30 Ochsen. Die erste gedruckte Bibel kostete „nur" noch so viel wie drei Ochsen. Zuerst wurden überwiegend Bibeln und religiöse Schriften gedruckt, doch bald folgten auch politische Flugschriften – oft mit Karikaturen versehen. Neue Ideen erreichten nun sehr viel schneller auch die einfachen Menschen. Preiswerte Bücher ermöglichten es, dass immer mehr Menschen lesen lernten. Wissen breitete sich aus.

2. Worin bestand die Neuerung bei der Erfindung Gutenbergs?
3. Nehmt Stellung zu der Aussage: „Ohne Gutenbergs Erfindung hätten sich neue Ideen nicht so rasch ausbreiten können."
4. Schreibt mithilfe des Druckettersatzes in M3 euren eigenen Namen.

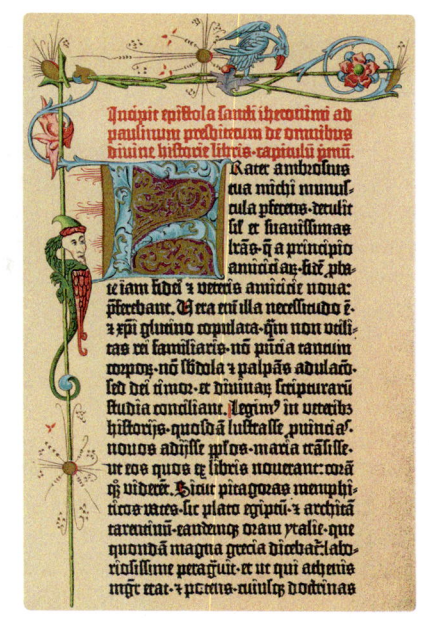

M5 Seite aus einer Gutenbergbibel.

M4 Arbeitsschritte für den Buchdruck. Illustration.

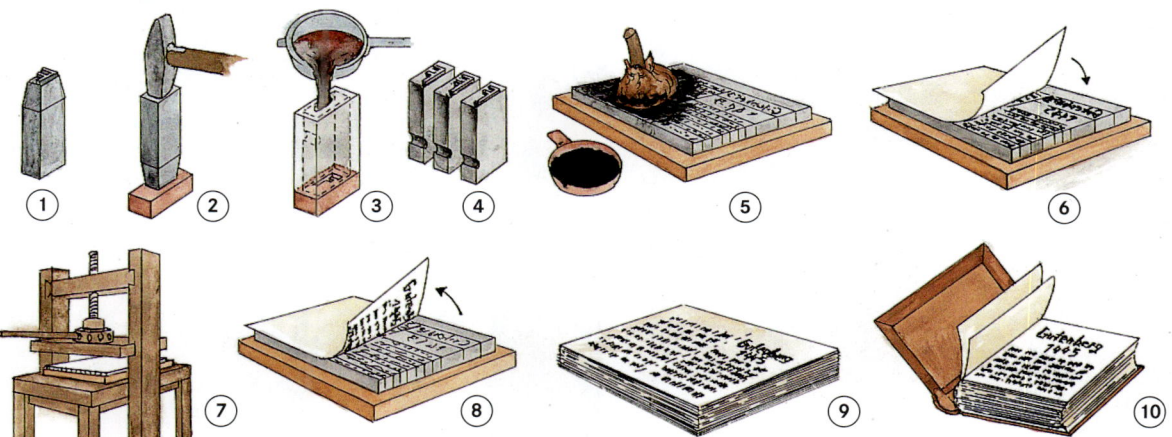

Test für aufmerksame Leser:
Bringt die Stichpunkte mithilfe von M4 in die richtige Reihenfolge.
- Papierbogen auflegen.
- Flüssiges Blei in Matrize gießen.
- Papier und Druckform zusammenpressen.
- Lettern zusammensetzen und färben.
- Musterletter formen.
- Bleilettern werden zu Wörtern zusammengesetzt.
- Bogen ist fertig.
- Musterletter in weiches Kupfer schlagen (Form).

Was ihr noch tun könnt:
Informiert euch über Drucktechniken:
- in einem historischen Druckmuseum,
- in einer modernen Zeitungsdruckerei,
- auf der Internetseite des Gutenbergmuseums (www.gutenberg.de).

Ein neues Denken bricht an ◆ Ose penser!
Reformation ◆ La Réforme

Ein Tropfen bringt das Fass zum Überlaufen

Krieg, Pest und Not erschwerten das Leben der Menschen im 16. Jahrhundert. Sie hatten Angst – auch vor einer Bestrafung für begangene Sünden nach dem Tod. Viele Menschen versuchten durch Wallfahrten und Opfergaben Gott gnädig zu stimmen. Prediger verkauften im Auftrag des Papstes Ablassbriefe an die Menschen. Die Einnahmen sollten für den Bau der Peterskirche in Rom verwendet werden. Der Glaube wurde immer mehr zu einem Geschäft.

1517 veröffentlichte der Mönch Martin Luther seine 95 Thesen (Behauptungen), die sich auch gegen den Ablasshandel richteten. Damit begann die Reformation, denn nun wurde auch über Missstände in der Kirche und über die Rolle des Papstes diskutiert. Luther wurde als Ketzer (◆ l'hérétique) angeklagt und musste um sein Leben bangen.

M1 Petersdom in Rom heute. Foto.

M3 Martin Luther (1483–1546) gelobte bei einem gefährlichen Unwetter, bei dem er um sein Leben fürchtete, ins Kloster einzutreten. Er wurde Mönch und Theologe. Unter anderem übersetzte er die Bibel ins Deutsche. Sie wurde zu einem der größten Bucherfolge der Zeit. 100 Jahre nach seinem Tod waren mehr als drei von zehn Büchern Lutherbibeln.

M2 Auf dem Platz vor der Wallfahrtskirche.

86

Die Spaltung der Kirche

Luthers Schriften, die in deutscher Sprache geschrieben waren, stießen auf großes Interesse in der Bevölkerung. So breitete sich seine Lehre immer weiter aus. Zwischen Anhängern der Reformation und Katholiken kam es schließlich sogar zum Krieg. So entstanden neben der katholischen Kirche sogenannte evangelische oder protestantische Kirchen.

1. Erklärt, was man unter Ablass versteht.
2. Stellt mithilfe von M2 fest, wovor die Menschen Angst hatten und wovon sie Hilfe erwarteten.
3. Beschreibt die Karikatur M5.
4. Fasst zusammen, welche Missstände oder welches unerwünschte Verhalten in M4 und M5 deutlich werden.
5. Erklärt mithilfe von M6 den Standpunkt Luthers.
6. Überlegt, warum Luthers Schriften so großen Erfolg hatten.

M4 In einem amtlichen Bericht von 1522 hieß es:

Es hat sich auch oftmals ... herausgestellt, dass die Priester nach solchem Trinken ... ohne zu schlafen zum Altar gehen, um die göttlichen Ämter zu vollbringen. Es ist auch jetzt allenthalben fast bei allen Priestern in den Städten und auf dem Lande üblich geworden, dass sie ohne Scheu ihre Geliebte und Kinder öffentlich bei sich haben, dieselben mit zu Hochzeiten und Trauerfeierlichkeiten und zum Wein in öffentliche Wirtshäuser führen ...

Aus: H. Junghans: Die Reformation in Augenzeugenberichten, München 1973, S. 137 f.

M5 Weltliche Freuden geistlicher Herren. Holzschnitt, um 1500.

Reformation
Von lat. „Umgestaltung, Erneuerung". Erneuerungsbewegung, die durch Luthers Kritik an der Kirche hervorgerufen wurde. Sie führte zur Spaltung der Kirche in Katholiken und Protestanten.

La Réforme
Du lat.: renouvellement. Mouvement de renouvellement que Luther a provoqué par sa critique de l'Église. Elle a entraîné la séparation des Chrétiens en Catholiques et Protestants.

Ablass-Brief ✗

Allein durch den Glauben gewinnen wir das ewige Leben.

Allein aus Gnade spricht Gott den Menschen frei von Schuld.

Nur die Heilige Schrift bestimmt, was geglaubt werden muss.

Gute Werke sind gottgefällig, aber durch sie allein kann das Seelenheil nicht erwirkt werden.

Heiligenverehrung Der Vermittlung der Heiligen zwischen Gott und Mensch bedarf es nicht.

Kirchengesetze und Regeln die bestimmen, dass
- der Papst und das Konzil nicht irren können,
- nur geweihte Männer Priester sein können,
- Priester nicht heiraten dürfen,
- Gottesdienste nur in lateinischer Sprache stattfinden,

sind daher ungültig.

M6 Luthers „3-Punkte-Programm".

Ein neues Denken bricht an ◆ Ose penser!

Ist die alte Welt bereit? ◆ L'ancien monde est-il prêt?

Mörderischer Hexenwahn

Obwohl Wissenschaft und Technik im Zeitalter der Renaissance große Fortschritte machten und der Buchdruck sich verbreitete, waren Aberglaube (◆ la superstition) und religiöser Wahn weit verbreitet. Schon immer hatten die Menschen an übernatürliche Kräfte von Hexen (◆ la sorcière) und Zauberern geglaubt. In der Neuzeit gab es eine Serie von Hexenprozessen. Für die Hälfte der Beschuldigten endeten sie – nach grauenhaften Folterungen – mit dem Todesurteil. Der größte Teil der Opfer waren Frauen. Sie galten den kirchlichen Inquisitoren als Hauptverdächtige, da diese glaubten, Frauen seien von Natur aus schwach und würden daher schneller den wahren Glauben ableugnen. Es wurden jedoch auch Männer als Hexer oder Zauberer verurteilt.

Zwischen dem 15. und 18. Jahrhundert fanden etwa 60 000 Hexenprozesse in Europa statt. Auch in Luxemburg gab es vermutlich über 2000 Prozesse und Hunderte von Hinrichtungen. Den letzten Hexenverfolgungen in Luxemburg fielen 1679/1680 in Echternach sechs Menschen zum Opfer.

1. Warum glaubten wohl so viele Menschen an Hexen?
2. Was wurde den Hexen alles vorgeworfen?
3. Was ist wohl der Ursprung dieser Beschuldigungen?
4. Auch bei uns gibt es noch abergläubische Gebräuche und Sitten. Diskutiert darüber.
5. In Deutschland glaubt einer Umfrage nach jeder 7. Mensch an Magie und Hexerei. Nehmt Stellung dazu.

M1 Hexen werden verbrannt.
Kolorierter Stich, 16. Jahrhundert.

Inquisition	L'inquisition
Verfolgung von Menschen, die der Lehre des Papstes widersprechen.	Persécution de personnes qui s'opposent à la doctrine du pape.

M2 1487 erschien der von einem Dominikanermönch verfasste „Hexenhammer". In diesem „Bestseller" wurde genau erklärt, woran man Hexen erkennen könne und wie man sie vernichte:

…, das ist die schlimmste Sorte, was Hexenwerk betrifft. Sie sind es nämlich, die sich auch mit unzähligen anderen Schädigungen befassen: Sie nämlich schicken Hagelschlag, böse Stürme und Gewitter, verursachen Unfruchtbarkeit an Menschen und Tieren, bringen auch die Kinder, die sie nicht verschlingen, den Dämonen dar, wie oben steht, oder töten sie sonst. … Sie verstehen auch Kinder, die am Wasser spazieren gehen, ohne dass es einer sieht, vor den Augen der Eltern in das Wasser zu werfen; die Rosse unter den Reitern scheu zu machen, von Ort zu Ort durch die Luft zu fliegen, körperlich oder nur in der Vorstellung, die Geister der Richter und Vorsitzende zu bezaubern, dass diese ihnen nicht schaden können …, auch die Zukunft vorherzusagen nach des Teufels Unterweisung, wenn sie wollen, durch Blitzschlag, gewisse Menschen oder auch Tiere zu töten; die Zeugungskraft oder auch die Fähigkeit, das Beilager zu halten, wegzunehmen; Frühgeburten zu bewirken; die Kinder im Mutterleib durch bloße äußerliche Berührungen zu töten; bisweilen Menschen und Tiere durch den bloßen Blick, ohne Berührung zu behexen und den Tod zu bewirken; die eigenen Kinder den Dämonen zu weihen …

Sprenger und Institoris, 1487, Teil 2, Kapitel 2

Die Folter macht die Hexen

Um als Hexe angeklagt zu werden, reichte bereits üble Nachrede. In Zeiten schlechter Ernten oder nach einem unerklärlichen Unglück kam es vor, dass zum Beispiel ein unbequemer Nachbar der Hexerei beschuldigt wurde. Oft aber waren die Angeklagten Außenseiter der Gesellschaft, wie Witwen, Bettler, Heilkräuterkundige, Hebammen oder Andersgläubige. Bei den Prozessen wurden die Angeklagten meist unter Folter (◆ la torture) gezwungen, andere Personen zu nennen, die an Hexenversammlungen teilgenommen hatten. Der Verdacht konnte also jeden treffen.

M3 Die „Wasserprobe". Holzschnitt aus dem 16. Jh. Die Angeklagte wurde gefesselt ins Wasser geworfen. Ging sie nicht unter, war sie schuldig; ertrank sie, war sie unschuldig, weil das Wasser keine Hexe aufnehmen würde, denn Wasser galt als Sinnbild der Reinheit.

M4 Schadenszauber: Mit einem Zauberpfeil zielt die Hexe auf einen Menschen und fügt ihm Schmerzen zu. Resultat: Hexenschuss.

> **M5 Im Hexenhammer steht, dass man bei einem Hexenprozess wegen vier sogenannter Straftaten angeklagt werden kann:**
> 1. Teufelspakt: Die Hexen leugnen Gott.
> 2. Teufelsbuhlschaft: eine Art Hochzeit mit dem Satan.
> 3. Schadenszauber: Schädigung, Ermordung von Menschen und Tieren
> 4. Hexensabbat: Hier feiern die Hexen mit dem Teufel ausschweifende Feste.

M6 Hexerei: Hexen melken Milch aus einer Axt. Holzschnitt, 1517.

> **Rollenspiel: Hexen landen auf dem Scheiterhaufen**
> Alle Dokumente dieser Doppelseite werden euch helfen, einen Hexenprozess nachzustellen.
> - Denkt euch in einer Gruppe von 3–5 Schülern einen Vorfall aus, bei dem ein Mensch der Hexerei beschuldigt wird.
> - Verteilt die nötigen Rollen innerhalb der Gruppe:
>   - der oder die Angeklagte
>   - der Ankläger
>   - der Richter
>   - Zeugen
>   - andere Beschuldigte
>   - Zuschauer ...
> - Schreibt ein kurzes Drehbuch und besorgt euch eventuelle Requisiten.
> - Übt eure Rolle ein und spielt die Szene der Klasse vor.

Aufbruch ins Unbekannte ◆ Cap sur l'inconnu

Schifffahrtsinstrumente ◆ Instruments de navigation

Erstmals erwähnt	Zeitalter der Entdeckungen durch Europäer			
Das Lot 200 v. Chr. in Griechenland	**Das Lot** diente zum Messen der Wassertiefe. So konnte man feststellen, ob eine Gefahr für das Schiff bestand.			Die mit dem **Lot** gemessene Tiefe wird in Karten eingetragen. Stellen mit gleicher Wassertiefe werden durch Linien verbunden. So kann man erkennen, wie viel Wasser unter dem Kiel ist …
Seekarten ca. 500 v. Chr. in Griechenland		Eine **Weltkarte** zur Zeit von Kolumbus. Es fehlen Nord- und Südamerika. Die Entfernungen und Länderformen sind sehr ungenau, weil sie nicht auf Messungen beruhen.		Die Erde als Kugel. Martin Behaim stellte die Erde als Kugel (**Globus**) dar. Die Einteilung in Längen- und Breitengrade ermöglichte die Vermessung der Erde – ebenso wie die Bestimmung des Ortes, wo man sich befand.
Astrolabium 500 v. Chr., Griechenland **Jakobsstab** 15. Jahrhundert, Europa **Quadrant** 13. Jahrhundert, Arabien		Das **Astrolabium** misst die Höhe eines Sternes über dem Horizont = Breitengrad. Der **Jakobsstab** misst das Gleiche, ist aber besser abzulesen und zu halten.		**Der englische Quadrant** Mit diesem Sonnenwinkelmesser konnte man um 12 Uhr mittags den Breitengrad errechnen, ohne dass man direkt in die Sonne schauen musste.
Log mit Knoten 15. Jahrhundert		Die Geschwindigkeit eines Schiffes wurde gemessen, indem man ein Schwimmholz ins Wasser warf und die Zeit feststellte, die beim Passieren einer Messstrecke verging.		Auch das Knoten-Log wurde ins Wasser geworfen. Man ermittelte die Zeit, die beim Abwickeln des Seils verging, an dem festgelegte Strecken mit Knoten markiert waren.
Kompass 10. Jahrhundert, China 11. Jahrhundert, Arabien 12. Jahrhundert, Europa		**Der Kompass** Die Chinesen ließen eine magnetische Nadel im Wasser schwimmen. Später wurde diese Nadel auf einer Stahlspitze befestigt, wo sie sich frei drehen konnte. Sie richtet sich an jedem beliebigen Ort am natürlichen Magnetfeld der Erde aus.		Der **Schiffskompass** war eines der wichtigsten Instrumente der Seefahrer in den Zeiten der Entdecker; mit ihm bestimmte und hielt man den Kurs.
Sanduhr 12. Jahrhundert, Europa		Wie spät ist es? Auf den meisten Schiffen gab es eine **Sanduhr** mit einer halben Stunde Laufzeit. Bei jedem Umwenden wurde die Schiffsglocke geschlagen. Es gab auch Sanduhren mit kurzer Laufzeit, um damit in Kombination mit dem Log die Geschwindigkeit zu messen.		**Die Sonnenuhren** hatten einen Kompass. Wenn der Schatten des Zeigers mit der Kompassnadel parallel stand, war es 12.00 Uhr Ortszeit.

1. Bildet sechs Gruppen und erklärt, wie die verschiedenen Instrumente funktionierten und wie sie im Laufe der Zeit fortentwickelt wurden.

		Heutiger Stand der Entwicklung	... und in Zukunft
	Das Echolot misst die Tiefe durch Schallsignale. Es kann aber auch Fischschwärme erkennen.	Das Sonar **Gloria** ist das genaueste Vermessungssonar. Das zwei Tonnen schwere Gerät wird in 40 Metern Tiefe durchs Wasser geschleppt. Geländemerkmale auf dem Meeresgrund erscheinen auf einem Sonarbild als helle und dunkle Stellen.	Die Erforschung und Nutzung der Unterwasserwelt lässt die Bedeutung solcher Geräte noch steigen.
	See- und Weltkarten Seit dem 16. Jahrhundert wird die Erde immer genauer vermessen und es werden Karten davon hergestellt.	**Satellitenvermessung** Ein Spot-Satellit tastet die Erdoberfläche aus 830 Kilometern Höhe ab. Auf den Aufnahmen sind noch Objekte mit Ausmaßen von 10 Metern zu erkennen.	Die Vermessung der Welt ist nicht beendet, es wird weiter daran gearbeitet.
	Der Sextant Mit dem Sextanten maß man den Sonnenstand zur Mittagszeit. Mit diesem Instrument ließ sich nicht nur die geografische Breite bestimmen. Zusammen mit der genauen Uhrzeit konnte man auch die Längengrade berechnen.	**Das Navigationshandy** Mit dieser Technik ist im Zusammenspiel mit einem weltumspannenden Satellitennetz heute das Problem der Ortsbestimmung gelöst. Die Anwendungsbereiche sind noch in der Entwicklung. Ein Handy kann heute schon metergenau angeben: Wo bin ich?	Stürmische Entwicklung neuer Anwendungsbereiche, viele zukünftige, auch für den Alltag nutzbare Produkte.
	Beim **Patent- oder Sumlog** überträgt ein Propeller die Zahl der Umdrehungen auf die Anzeigeskala. Die Geschwindigkeit wird immer noch in „Knoten" angegeben.	Heute können sowohl **Echolot** als auch **Navigationshandy** die Geschwindigkeit anzeigen.	Die vorhandene Technik ermöglicht viele Spezialgeräte. Weitreichende Zukunftsentwicklungen sind denkbar ...
	Das Kompasshaus Große Schiffe hatten zwei Kompasse, die in einem eigenen Haus geschützt waren. Nachts wurden sie beleuchtet.	Auch heute hat jedes Schiff noch einen **Kompass**. Er wird auf der Brücke, dem Steuerstand, abgelesen. Der Steuermann hält mit dem Kompass den Kurs.	Der Kompass wird weiterhin ein wichtiges Instrument auf jedem Schiff sein, weil er vollkommen unabhängig von anderen technischen Einrichtungen funktioniert.
	Der erste **Chronometer** war ein aufwendiges feinmechanisches Meisterwerk. Er ermöglichte durch seine genaue Zeitangabe in Kombination mit dem Sextanten die Berechnung der Längengrade auf 50 Kilometer genau.	Billige **Quarz-** oder **Funkuhren** geben heute die genaue Zeit an. In den Seefahrtsschulen lernen die Schüler noch mit Winkelmesser (Sextant) und Zeit zu navigieren, das heißt Kurs und Standort des Schiffes zu bestimmen.	Bei der Navigation hat die Uhr nur scheinbar an Bedeutung verloren. In den modernen elektronischen Geräten sind nämlich zumeist auch Zeitmessungselemente eingebaut (Sonar, Navigationshandy ...).

Von Portugal und Spanien in die Welt ◆ Portugais et Espagnols explorent le monde

Neue Wege nach Osten ◆ De nouvelles routes vers l'Orient

Suche nach neuen Handelswegen

1. Notiert anhand von M1 die Namen der um 1490 bekannten Kontinente, die Namen der damaligen Fernhandelszentren und die heutigen Namen der Länder, in denen sie liegen.
2. Beschreibt mithilfe von M1 den Weg zweier Handelswaren eurer Wahl von Asien nach Venedig.

M1 Fernhandelswege um 1490.

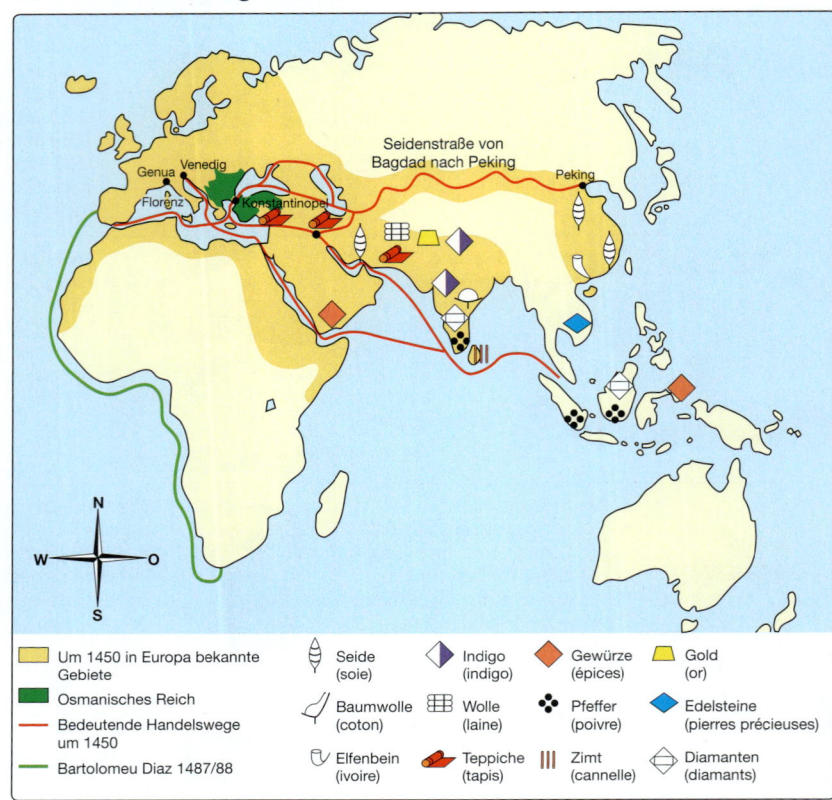

M2 Gespräch unter Kaufleuten, um 1490.

Schau dir diese Karte an! Seide, Gewürze und Porzellan sind zum Greifen nah. Früher wurden diese Waren aus Asien nach Konstantinopel gebracht. Dort haben wir sie dann günstig aufgekauft. Unsere Geschäfte gingen sehr gut. Seit aber die Osmanen im Jahr 1453 Konstantinopel erobert haben, bestimmen die Herrscher des Osmanischen Reiches die Preise. Und sie setzen sie so hoch es geht!

Du hast Recht. Wir Kaufleute leiden sehr unter diesen hohen Preisen. Wir müssen uns unbedingt etwas überlegen.

3. Macht Vorschläge, wie die beiden Kaufleute das Problem lösen könnten.
4. Betrachtet die Luxuswaren in M3 und ordnet den Nummern die richtigen Namen zu: Nelken, Porzellan, Zimt, Seide, Muskatnuss und schwarzer Pfeffer.
5. Erklärt die Bedeutung der Seidenstraße.

M3 Luxuswaren aus Asien.

92

Entdeckungsfahrten der Portugiesen

<u>6.</u> Erstellt mithilfe der Karte M4 eine Zeittafel der portugiesischen Entdeckungsfahrten von 1419 bis 1498. Ermittelt mithilfe des Verfassertextes, welche Entdeckungsfahrten zu Lebzeiten des Prinzen Heinrich unternommen wurden. Notiert, bis wohin man vorgedrungen war.
- Stellt dann fest, wie weit Diaz gekommen ist.
- Notiert, wo die Portugiesen Festungen und Steinstelen errichteten.
- Beschreibt die geografische Lage dieser Befestigungen. Was fällt auf?

M4 Das Vordringen der Portugiesen nach Afrika im 15. Jahrhundert.

Der portugiesische Prinz Heinrich der Seefahrer (◆ Henri le navigateur), (1394–1460) ging davon aus, dass es um Afrika herum einen Seeweg nach Indien geben müsse. Schon bevor die Türken Konstantinopel eroberten, versammelte er an seinem Hof in Sagres Gelehrte, Schiffsbauer und Seefahrer. Er schickte Jahr für Jahr Schiffe aus, die an der Küste Afrikas immer weiter nach Süden fuhren. Die Erfahrungen dieser Unternehmungen wurden gesammelt. Dabei wurden das Wissen über die Erde, die Tüchtigkeit der Schiffe und die Fähigkeit der Seeleute ständig verbessert. Die Reiserouten entlang der Küste wurden durch Festungen gesichert.

Im Jahr 1488 erreichte Bartolomeu Diaz die Südspitze Afrikas. Der Seeweg nach Indien wurde jedoch erst im Jahr 1497/98 von Vasco da Gama entdeckt.

Das Leben auf dem Schiff

Die portugiesischen Schiffe waren seetüchtig und wendig, aber klein und eng. Die Besatzung bestand in der Regel aus zwanzig bis vierzig Matrosen. Als Nahrung gab es gesalzenes Schweinefleisch und Fisch, Schiffszwieback, Mehl, Käse, Zwiebeln, Bohnen, Erbsen, Wein und Wasser. Waschgelegenheit und einen festen Schlafplatz gab es nur für den Kapitän. Wenn man an Land ging, was äußerst selten war, deckte man sich mit Fleisch und Früchten ein.

Die einseitige Ernährung, die schlechte Hygiene und Tropenkrankheiten, die durch Insektenstiche verursacht wurden, führten zu vielen Krankheiten. Weit verbreitet war auch die Vitaminmangelkrankheit Skorbut. So starben zwei Drittel der Mannschaft Vasco da Gamas bereits unterwegs; zwei seiner Schiffe musste er aufgeben.

M5 Karavelle, 14.–16. Jahrhundert. Modellnachbau.

Von Portugal und Spanien in die Welt ◆ Portugais et Espagnols explorent le monde
Den Osten im Westen suchen ◆ Chercher l'est à l'ouest

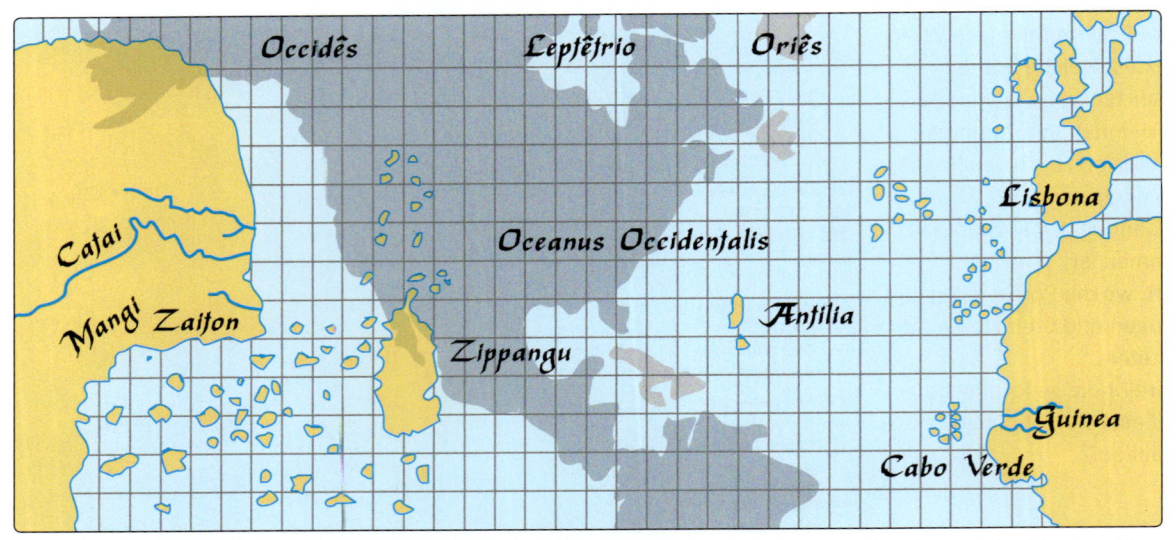

M1 Rekonstruktion der Karte von Paolo Toscanelli. Es bedeuten: Lisbona = Lissabon; Cabo Verde = Kap Verde; Antilia = Antillen; Oceanus Occidentalis = Atlantischer Ozean; Zippangu = Japan; Mangi = Indien. Die dunkel getönte Fläche gehört nicht zu Toscanellis Karte. Sie zeigt bereits den amerikanischen Kontinent.

Die Idee des Kolumbus

Kolumbus wurde vermutlich 1451 in Genua geboren. Mit 14 Jahren fuhr er bereits zur See. Später lebte Kolumbus in Portugal, wo er Bücher über Astronomie, Kartografie und Navigation las. Am portugiesischen Königshof hörte er von der Seekarte des Gelehrten Paolo Toscanelli. Wie viele seiner gelehrten Zeitgenossen war auch Kolumbus der Auffassung, dass die Erde eine Kugel sei. Kolumbus erzählte dem portugiesischen König seine Idee: Er wollte den Atlantik westwärts überqueren, um nach Indien zu gelangen. Nachdem sein Plan abgelehnt wurde, ging Kolumbus 1485 nach Spanien. Erst 1492 gaben König und Königin Schiffe und Geld. Sie schlossen mit Kolumbus einen Vertrag ab, der folgende Bestimmungen enthielt:
- Kolumbus wird zum Vizekönig, Admiral und Generalgouverneur aller entdeckten Länder ernannt.
- Von allen Waren kann Kolumbus den zehnten Teil behalten, der Rest ist für die Könige von Spanien.

Dennoch starb Kolumbus arm im Jahre 1506, davon überzeugt, er habe den westlichen Seeweg nach Indien gefunden.

1. Prüft die Karte von Toscanelli und vergleicht sie mit einer modernen Weltkarte. Welche Unterschiede fallen euch auf?
2. Was verspricht Toscanelli in seinem Brief von 1480?

M2 Der Gelehrte Toscanelli schrieb 1480 an Kolumbus:
Von deinem mutigen und großartigen Plan, auf dem Westweg zu den Ostländern zu segeln, nahm ich Kenntnis. Es freut mich, dass du mich richtig verstanden hast. Der geschilderte Weg ist nicht nur möglich, sondern auch wahr und sicher. Zweifellos ist die Reise ehrenvoll und vermag unberechenbaren Gewinn und höchsten Ruhm in der ganzen Christenheit zu bringen. Eine derartige Reise führt zu mächtigen Königreichen, die alles im Überfluss besitzen, was wir benötigen, auch alle Arten von Gewürzen in reicher Fülle sowie Edelsteine in großer Menge.

Eberhard Schmitt (Hg.): Dokumente zur Geschichte der europäischen Expansion, Bd. 2, München 1984, S. 99.

Was ihr noch tun könnt:
- Eine Biografie des Kolumbus zusammenstellen.
- Andere Entdecker des 15. und 16. Jh. vorstellen: z. B. Vasco da Gama ...
- Über Entdeckungsfahrten unserer Zeit berichten.

M3 Die Santa Maria wird beladen. Rekonstruktion. So wie auf dieser Zeichnung könnte es bei Kolumbus' Abfahrt ausgesehen haben. Die Namen der Mannschaft kennen wir, sie sind also echt. Ihre Äußerungen sind frei erfunden, kommen den Tatsachen aber sehr nah. 1. Christoph Kolumbus, Generalkapitän 2. Pedro Gutierrez, königlicher Beamter 3. Peralonso Nino, Steuermann 4. Rodrigo de Jerez, Matrose 5. Mönch 6. Schiffsjunge

Sprechblasen:

1. „Die Erde ist eine Kugel. Ich bin der Erste, der Richtung Westen segelt, um nach Indien zu gelangen. Ich werde berühmt und reich zu Ehren des spanischen Königspaars."

2. „Alles hängt vom Kapitän ab. Wenn er recht hat, werde ich das neu entdeckte Land für Spaniens Krone in Besitz nehmen. Und wenn wir Gold finden, erhalte ich meinen Anteil."

3. „Die Karavelle ist klein, aber seetüchtig. Wir haben alles an Bord. Wenn der Alte recht hat, werden wir reich zurückkehren. Trotzdem habe ich Angst vor der Reise."

4. „Ich bin Seemann. Der Kapitän ist in Ordnung, aber ich habe Angst. Es geht nach Westen. Hoffentlich kommen wir lebendig zurück. Die Erde soll rund sein. Verrückt!"

5. „Ich bin der Vertreter der katholischen Kirche. Ich werde die Heiden taufen und zu Christen machen. Das wird Gott gefallen und Spanien mächtig machen. Amen."

6. „Ich habe keine Wahl. Meine Eltern sind tot. Ich muss arbeiten, sonst verhungere ich. Vielleicht machen wir ja reiche Beute und bekommen unseren Anteil."

Auszug aus der Ladeliste:
Schifffahrtsinstrumente
Seekarten
in Salz eingelegtes Fleisch
getrocknetes Fleisch
getrockneter Fisch
Mehl, Zwieback, Olivenöl
Wasser, Wein

Eine Überfahrt mit Problemen

Am 3. August 1492 verließ Kolumbus mit drei Schiffen und 100 Mann Besatzung den spanischen Hafen Palos. Am 6. August brach an einem Schiff das Steuerruder. Die kleine Flotte musste zur Reparatur die Kanarischen Inseln anlaufen. Erst am 6. September ging die Reise weiter nach Westen. Wochenlang war keine Küste zu sehen und die Matrosen wurden unruhig. Sie glaubten, die Vorräte würden für die lange Reise nicht ausreichen. Es drohte sogar eine Meuterei. Kolumbus konnte die Mannschaft noch einmal beruhigen. Im Wasser treibende Pflanzen und vorbeifliegende Vögel ließen Land erhoffen. Am 12. Oktober 1492 wurde um 2 Uhr morgens Land gesichtet. Es war die Insel Guanahani. Kolumbus gab ihr den Namen San Salvador (= der Erlöser).

Amerika	L'Amérique
Kontinent, benannt nach dem italienischen Erforscher Amerigo Vespucci.	Un continent dont le nom est dérivé du prénom d'Amerigo Vespucci, explorateur italien.

3. Warum nehmen die Reisenden an dieser Entdeckungsfahrt teil (M3)?

4. Betrachtet M3: Was wird alles für die Fahrt nach Indien benötigt?

5. Welche Schwierigkeiten hatte Kolumbus bei seiner Überfahrt?

Arbeitstechnik ◆ Méthode de travail

Quellen vergleichen ◆ Comparer des sources

Vielfach liefern Bild- und Textquellen eine einseitige, ungenaue oder sogar falsche Darstellung eines historischen Geschehens. Der Autor oder Künstler verfolgte damit eine bestimmte Absicht, nämlich ein Ereignis besser oder schlimmer darzustellen, als es in Wirklichkeit war.

Es kommt auch vor, dass ein Text (z.B. Biografie, Beschreibung, Bericht ...) bzw. eine bildliche Darstellung erst lange nach dem beschriebenen Ereignis entstanden ist, weil der Autor oder der Maler selber nicht anwesend war. Ein berühmtes Beispiel dafür ist der Kupferstich von Theodor de Bry von 1594 über die Landung von Kolumbus in Amerika.

Um Fehlern, Lügen und Ungenauigkeiten auf die Spur zu kommen, muss man also verschiedene Quellen miteinander vergleichen, z.B. eine Bildquelle mit einer Textquelle.

M1 Die Landung des Kolumbus auf der Insel San Salvador am 12. Oktober 1492. Kolorierter Kupferstich von Theodor de Bry, 1594.

M3 Ein Historiker schreibt 2008 über die Landung des Kolumbus:
Die Weißen kommen 1492 an und tun so, als ob ihnen die Insel gehört. Die Eingeborenen wundern sich über den Gestank der spanischen Seefahrer, die sich seit Wochen nicht gewaschen haben. Mit Interesse betrachten sie die Waffen der Spanier, da man auf Guanahani Werkzeuge aus Knochen und Stein herstellt. Rasch lernen die Inselbewohner von San Salvador spanisch, während die Seefahrer sich für die Sprache der Ureinwohner nicht interessieren.

Autorentext

M2 Aus dem Tagebuch des Kolumbus:
Ich kniete nieder ... und dankte Gott, indem ich die Erde küsste. Dann entfaltete ich das königliche Banner, rief die beiden Beamten des Königs als Zeugen, dass ich im Namen des Königs und der Königin von Spanien von der Insel Besitz ergriff ...
... mir schien es, als seien (die Ureinwohner) arme Leute. Sie gehen allesamt nackt herum ... Sie tragen keine Waffen und kennen sie auch nicht, denn ich zeigte ihnen Schwerter und sie fassten sie an der Schneide und schnitten sich aus Unwissenheit. Sie haben überhaupt kein Eisen ... Sie sind gewiss hervorragende Diener. Sie haben einen aufgeweckten Verstand, denn ich sehe, dass sie sehr schnell nachsagen können, was man ihnen vorspricht. Außerdem glaube ich, dass man sie sehr schnell zum Christentum bekehren könnte. Ich werde bei meiner Abfahrt sechs Leute von ihnen mitnehmen, damit sie spanisch sprechen lernen.

Eberhard Schmidt: Dokumente zur Geschichte der europäischen Expansion Bd. 2, Die großen Entdeckungen, München (Beck) 1984, S. 113.

Unterschiedliche Materialien auswerten und vergleichen

Textquellen entschlüsseln ...

1. Schritt: Fragen zum Verfasser
- Was wisst ihr über die Person (Lebensdaten, Herkunft, Amt/Stellung)?
- Handelt es sich um einen Zeitzeugen oder um einen Bericht „aus zweiter Hand"?

2. Schritt: Fragen zum Text
- Welche unbekannten Begriffe müssen erklärt werden?
- Worum geht es? W-Fragen: Wer? Wann? Wo? Was? Wie? Warum?
- Welche Textsorte ist es? (Brief, Urkunde, Roman, Gedicht, Tagebuch, Bericht, Biografie, Zeitungsartikel ...)
- An wen ist er gerichtet?
- Wie ist der Text gegliedert?

3. Schritt: Deutung und Bewertung
- In welchem Zusammenhang ist der Text zu betrachten? (Was ist vorher/nachher passiert?)
- Welche Einstellungen/Interessen sind erkennbar (Befürworter/Gegner/neutral)?
- Sind Übertreibungen erkennbar oder könnte etwas verschwiegen werden?

Bilder lesen ...

1. Schritt: Bild betrachten
- Wie wirkt das Bild als Ganzes auf euch?
- Welche Einzelheiten fallen euch auf?

2. Schritt: Bild beschreiben
- Was ist dargestellt: Personen, Kleidung, Gegenstände, Tätigkeiten?
- Wie ist es dargestellt? Wie sind die Personen oder Gegenstände angeordnet? Ist die Darstellung naturgetreu oder nicht?
- Gibt es einen Mittelpunkt, auf den das Auge des Betrachters gelenkt wird? Sind Vorder- und Hintergrund erkennbar?
- Welche „Daten" des Bildes sind bekannt: Name des Künstlers, Bildtitel, Entstehungszeit?

3. Schritt: Bild deuten
- Warum hat der Künstler diese Darstellung gewählt?
- Zu welchem Zweck wurde das Bild geschaffen?
- Was versteht ihr nicht?
- Welche offenen Fragen ergeben sich aus dem Bild?
- Wo könntet ihr weitere Informationen finden?

Letzter Schritt: Vergleichen

Text und Bild vergleichen
- Welche Gemeinsamkeiten haben Bild- und Textquelle?
- Welche Unterschiede gibt es zwischen beiden Materialien?
- Wie kann man die Unterschiede erklären?
- Welche Schlussfolgerungen lassen sich insgesamt ziehen?
- Gibt es zum selben Ereignis noch andere Quellen zum Vergleich?

Die Ergebnisse eines Vergleichs von Bild und Text lassen sich gut in einer Tabelle festhalten:

	Kolumbus	De Bry
Gemeinsamkeiten Z. B. dargestelltes Ereignis oder Geschehen, Personen usw.	...	...
Unterschiede Z. B. Entstehungszeit, Entstehungsort, Kleidung der Eingeborenen usw.	...	...

Was ihr noch tun könnt:
Schreibt ein Tagebuch aus der Sicht eines Indianers oder einer Indianerin, die Kolumbus auf seiner Rückfahrt nach Spanien begleitete.

1. Bearbeitet in der Klasse M1 und M2 mithilfe der Arbeitsschritte.
2. Erprobt nun die Arbeitsschritte selbst an M1 und M3.

Die Spanier staunen über eine andere Welt ◆ Les Espagnols étonnés par un autre monde

Indianische Hochkulturen ◆ Les grandes civilisations amérindiennes

Alte Kulturen in der „neuen Welt"

Die Spanier glaubten, dass sie die ersten Europäer wären, die auf dem amerikanischen Kontinent vor Anker gingen. Für die Spanier war es tatsächlich eine „neue Welt", die sie betraten und eroberten. Aber neu war dieser Erdteil natürlich nicht; im Laufe der Jahrtausende waren hier große Reiche entstanden, die auf unterschiedliche Weise den Alltag und das Zusammenleben ihrer Gemeinschaften organisiert hatten. Inka, Maya und Azteken sind Beispiele für Hochkulturen. An der Spitze ihrer Staaten standen Herrscher; Religion und Gesetze regelten das Zusammenleben. Außerdem verfügten diese Völker über unterschiedliche Schriften, hatten gute Kenntnisse in Mathematik, Astronomie und eine stark entwickelte Handwerkskunst.

1. Betrachtet die Ausdehnung der indianischen Reiche und informiert euch über heutige Staaten in diesen Gebieten.
2. Nennt Merkmale einer Hochkultur. Greift dabei auf eure Kenntnisse über die ägyptische Hochkultur zurück.
3. Bewertet den Begriff „neue Welt".

M1 Reiche in Mittel- und Südamerika um 1500.

M2 Machu Picchu – antike Inkastadt, 1911 entdeckt.

98

Die Hauptstadt der Azteken: Tenochtitlan

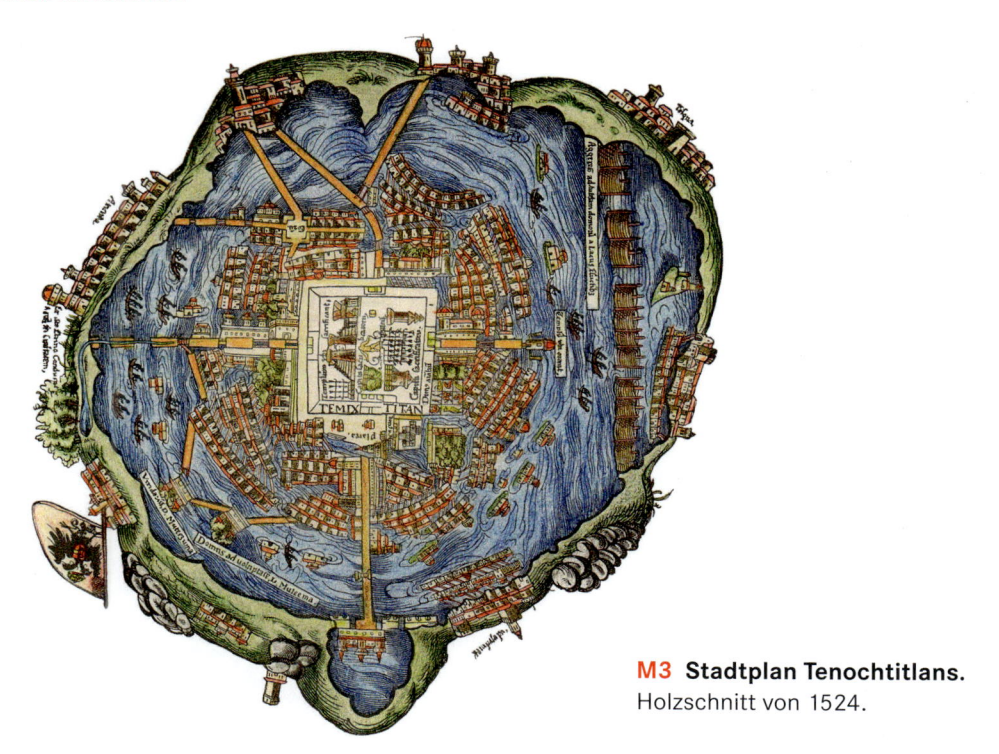

M3 Stadtplan Tenochtitlans. Holzschnitt von 1524.

Im Jahr 1519 landete Hernando Cortez im Auftrag des spanischen Königs an der Atlantikküste des Aztekenreiches, des heutigen Mexiko. Er hatte vom sagenhaften Reichtum der Hauptstadt Tenochtitlan gehört. Was er dort alles sah und was er dort vorfand, war erstaunlich.

M4 Auszüge aus dem Bericht von Hernando Cortez vom 30. Oktober 1520:

Die Hauptstadt Tenochtitlan liegt in einem salzigen See. Sie hat vier Eingänge, die alle über Steindämme führen ... Sie sind etwa zwei Lanzen breit. An einem der Dämme laufen zwei Röhren entlang ... Durch die eine Röhre kommt ein Strom süßen Wassers bis in die Mitte der Stadt. Alle Menschen nehmen davon und trinken es. ... Die Stadt hat viele öffentliche Plätze, auf denen ständig Markt gehalten wird. Dann hat sie noch einen anderen Platz ..., der rundum mit Säulenhallen umgeben ist, wo sich täglich mehr als 60 000 Einwohner treffen: Käufer und Verkäufer von Lebensmitteln, Kleinodien aus Gold, Silber, Blech, Messing, Knochen, Muscheln, Hummerschalen und Federn. Außerdem verkauft man Steine, Bauholz, Kalk und Ziegelsteine ... Es gibt Apotheken ..., es gibt Häuser, wo man für Geld essen kann.

Es gibt in dieser Stadt sehr gute und sehr große Häuser, weil alle großen Herren des Landes ... ihre Häuser in der Stadt haben. Sie wohnen dort eine gewisse Zeit des Jahres. Aber auch sonst gibt es viele reiche Bürger, die gleichfalls sehr schöne Häuser besitzen. Sie alle haben außer sehr schönen großen Gemächern auch sehr hübsche Blumengärten ...

Hernando Cortez: Die Eroberung Mexikos, Tübingen/Basel 1975, S. 911 ff.

4. Beschreibt mithilfe von M3 und M4 die Stadt Tenochtitlan.
5. Vergleicht Tenochtitlan mit einer mittelalterlichen und einer modernen Stadt.
6. Überlegt euch, was nötig war, um eine solche Stadt zu versorgen.
7. Ortet die Stadt Tenochtitlan auf M1. Wie lautet der heutige Name der Stadt?

Was ihr noch tun könnt:
Die folgenden Seiten zur Hochkultur der Azteken (Herrschaft, Schrift und Gesetze, Religion, Kunst) könnt ihr am besten in vier Gruppen bearbeiten. Stellt dann die Ergebnisse der Klasse vor.

Die Spanier staunen über eine andere Welt ◆ Les Espagnols étonnés par un autre monde

Der Staat der Azteken ◆ L'État des Aztèques

1. Informiert euch anhand der Bilder und Texte dieser Seite über die Herrschaft Moctezumas und den Aufbau der aztekischen Gesellschaft.
2. Berichtet euren Mitschülern und Mitschülerinnen davon.

Moctezuma

Moctezuma war der mächtigste Mann im Staat der Azteken: Oberbefehlshaber der Armeen, oberster Priester und oberster Herrscher des gesamten Reiches. Moctezuma lebte im königlichen Palast in Tenochtitlan. Er wechselte täglich die Kleidung und warf sie nach einmaligem Tragen weg.

Die seltenen Auftritte des Königs in der Öffentlichkeit waren immer ein Ereignis. Dabei wurde Moctezuma auf einer Sänfte von hohen Adligen durch die Straßen getragen. Die Vornehmen des Reiches gingen ihm voraus.

Die aztekische Gesellschaft

Moctezuma stand als Herrscher an der Spitze der aztekischen Gesellschaft. Gleich nach ihm kamen die Adligen, die Reichtum und Macht von ihren Familien geerbt hatten. Sie lebten in schönen, zweistöckigen Häusern. Ihre Kleidung war aus Baumwolle gewebt und sie trugen wertvolle Umhänge und Schmuckstücke. Die Adligen halfen dem König bei seinen Regierungsgeschäften. Gruppen für sich bildeten die Priester und Krieger. Die hochgestellten Priester waren alle Adlige, die niedrigeren Priesterstellen standen dem Volk offen. Alle Jungen besuchten nämlich Schulen, in denen sie entweder zu Priestern oder Kriegern ausgebildet wurden.

Nur die Besten konnten diese Berufe ausüben. Die Priester konnten lesen und schreiben. Die Krieger wurden ständig im Kampf trainiert und schützten das Reich vor Angriffen. Wer besonders tapfer war und Gefangene machte, gewann Ansehen und bekam eine bessere Ausrüstung.

Die Bürger bildeten eine weitere Gesellschaftsschicht. Sie lebten in einfachen Häusern und waren z. B. Kaufleute, Goldschmiede, Töpfer, Federwerker (Handwerker, die Federkleidung herstellten), Edelsteinschleifer oder Bauern. Ihre Kleidung war recht einfach und wurde aus Agavefasern hergestellt.

Am Ende der Gesellschaftspyramide befanden sich die Sklaven. Sklave wurde derjenige, der Diebstähle beging, in Armut geriet oder ein Kriegsgefangener war.

M1 Die aztekische Gesellschaft.

Sklaven — Priester — Adlige — Bürger — Krieger — Moctezuma

3. Beschreibt die Kleidung der verschiedenen Bevölkerungsgruppen.
4. Entwerft ein Schaubild, das die Rangordnung im Aztekenreich wiedergibt.

Schrift und Gesetze ◆ Écriture et lois

1. Informiert euch anhand der Bilder und Texte dieser Seite über Schrift und Gesetze bei den Azteken.
2. Berichtet euren Mitschülerinnen und Mitschülern davon.

Rechnen und Schreiben

Die Rechenkunst war bei den Azteken gut entwickelt. Sie hatten ein auf der Zahl 20 beruhendes Zahlensystem. Die Schrift der Azteken war eine Bilderschrift, die aus vielen Zeichen bestand. Die Leser mussten sich die Reihenfolge der Zeichen selbst erschließen. Die Schriften wurden in Büchern gesammelt, die geschichtliche und religiöse Texte, aber auch Steuerlisten enthielten.

M1 Das Zahlensystem der Azteken.

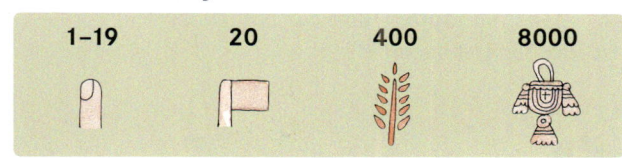

1–19	20	400	8000

M2 Aztekische Tributliste (Steuerliste).

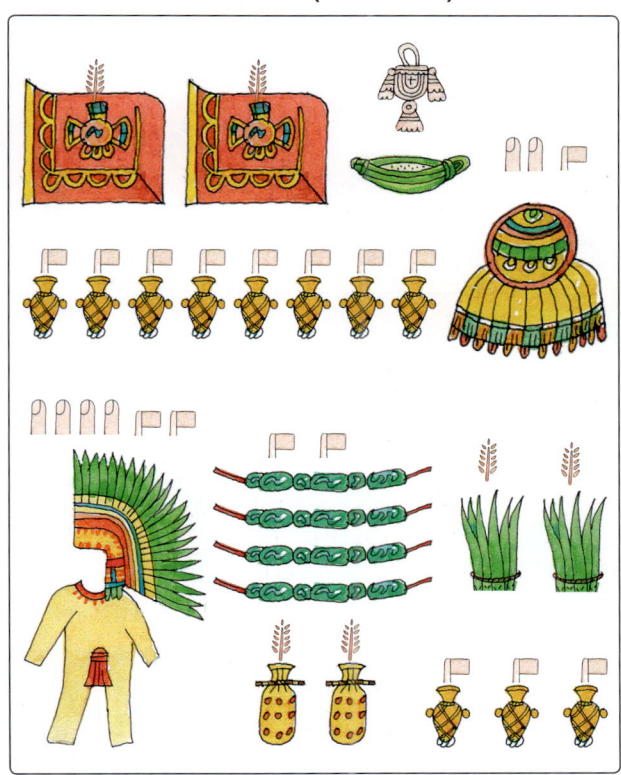

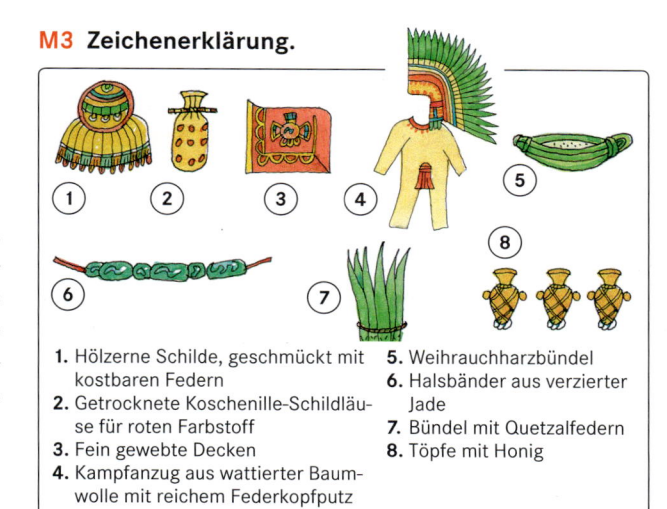

M3 Zeichenerklärung.

1. Hölzerne Schilde, geschmückt mit kostbaren Federn
2. Getrocknete Koschenille-Schildläuse für roten Farbstoff
3. Fein gewebte Decken
4. Kampfanzug aus wattierter Baumwolle mit reichem Federkopfputz
5. Weihrauchharzbündel
6. Halsbänder aus verzierter Jade
7. Bündel mit Quetzalfedern
8. Töpfe mit Honig

3. Entschlüsselt mithilfe von M1 und M3 die Steuerliste in M2. Notiert zunächst die Waren in eurem Heft. Rechnet dann mithilfe von M1 aus, wie viel von der jeweiligen Ware geliefert werden musste.
Ein Tipp: Die Zahlenangaben sind über den Waren abgebildet.

Die Gesetze

Mord
Wer einen Mord begeht, wird mit dem Tode bestraft.

Diebstahl
Wer auf dem Markt einen Diebstahl begeht, kann ebenfalls mit dem Tode bestraft werden.

Trunkenheit
Wer sich in der Öffentlichkeit betrunken zeigt, wird ebenfalls mit dem Tode bestraft.

Körperverletzung
Wer während eines Streites einen anderen verletzt, trägt die Behandlungskosten für einen Arzt.

Kleiderordnung
Nur Adlige dürfen Baumwollkleidung tragen; gewöhnlichen Bürgern ist dies strengstens verboten.

4. Stellt den Taten die angedrohten Strafen gegenüber.

Taten	Strafen
...	...

5. Nehmt Stellung zu den Gesetzen und Strafen. Welche findet ihr sinnvoll, welche nicht?
6. Nennt Länder, in denen es heute noch die Todesstrafe gibt.

Die Spanier staunen über eine andere Welt ◆ Les Espagnols étonnés par un autre monde

Die Religion der Azteken ◆ La religion des Aztèques

1. Informiert euch anhand der Bilder und der Texte über die Religion der Azteken.
2. Berichtet euren Mitschülerinnen und Mitschülern davon.

Die Religion bestimmte das Leben aller Menschen im Aztekenreich. Der große Tempel von Tenochtitlan bildete das Zentrum des religiösen Lebens. Hier wurden auch Menschenopfer dargebracht. Diese Menschenopfer hatten ihren Ursprung in einer Sage: Zu Beginn der Welt mussten sich die Götter opfern, damit die Menschen überleben konnten. Aus Dankbarkeit darüber ehrten die Azteken ihre Götter mit Gebeten und Menschenopfern (◆ le sacrifice humain). Nach ihrem Tod, so die Sage, wurden die geopferten Menschen zu Begleitern des Sonnengottes Huitzilopochtli.

In vielen Tempeln wurden Kammern mit Opfergaben entdeckt. Darin waren meist kleine Steinfiguren, Masken, Menschenschädel, Tierskelette und Meeresmuscheln enthalten.

M1 Der große Tempel von Tenochtitlan. Rekonstruktionszeichnung.

M2 Die wichtigsten aztekischen Götter.

Quetzalcoatl
Gott der Weisheit und der Schöpfung.

Huitzilopochtli
Gott des Krieges, der Sonne und des Volkes.

M3 Menschenopfer. Aus einer zeitgenössischen aztekischen Handschrift.

3. Beschreibt die Tempeldarstellungen in M1 und M3. Was stellt ihr fest?

Ausspracheregeln für die Götternamen:
Quetzalcoatl — kwetz-al-ko-atl
Huitzilopochtli — hui-tsil-o-potsch-tli

Kunst und Kunsthandwerk ◆ Art et artisanat d'art

1. Informiert euch anhand der Bilder und der Texte dieser Seite über die Kunst der Azteken.
2. Berichtet euren Mitschülern und Mitschülerinnen davon.

Die Azteken waren sehr gute Kunsthandwerker. Die Edelsteinschleifer, Töpfer, Goldschmiede, Federwerker und Weber bildeten ihre eigenen Zünfte. Ihre Werkstätten befanden sich am Rand der Stadt.

Die Edelsteinschleifer
Türkise galten bei den Azteken als sehr wertvoll und waren deshalb sehr beliebt. Sie wurden zu Schmuck, aber auch zu Gefäßen, Schatullen und Masken verarbeitet.

M1 Maske des Gottes Quetzalcoatl aus Holz mit Türkismosaik. Foto.

Die Töpfer
Ein weiteres Beispiel für den hohen Entwicklungsstand im Bereich des Kunsthandwerks ist die Töpferei. Auf ihre handgeformten Gefäße ritzten oder stempelten die Azteken Muster und Bilder.

M2 Aztekische Schalen. Foto.

Die Goldschmiede
Besonders hoch entwickelt war bei den Azteken die Goldschmiedekunst. Sie stellten Schmuck und Gegenstände aus Gold, Silber und Platin her. Leider haben die Eroberer in ihrer Goldgier fast alle Goldschmiedearbeiten eingeschmolzen.

M3 Aztekische Goldfigur. Foto.

Die Federwerker
Moctezuma hielt sich zwei große Vogelhäuser, in denen nahezu alle Vogelarten Süd- und Mittelamerikas vertreten waren. Ehe die Vögel in die Mauser kamen, wurden ihnen die Federn ausgerupft. Die Federwerker stellten dann kunstvolle Umhänge und Federkronen für Moctezuma, aber auch für die Adligen her.
Cortez sandte das Original aus Quetzalfedern und Goldscheiben als Teil seiner Beute nach Spanien. Leider ist die Federkrone nicht mehr erhalten.

3. Entwerft eine Maske und malt sie in euer Geschichtsheft.

M5 Quetzalvogel.

M4 Federkrone von Moctezuma. Rekonstruktionszeichnung.

Die neuen Herren ◆ Les nouveaux maîtres
Die Konquistadoren ◆ Les conquistadores

Die Ankunft der „Götter"

M1 Bei der Eroberung Mexikos spielte die Sage von Quetzalcoatl eine große Rolle:
Quetzalcoatl hatte den Menschen den Ackerbau und das Handwerk gebracht. Er lebte vor einigen Hundert Jahren als König der Azteken, bis er vertrieben wurde. „Am Tage der Wiederkehr meiner Geburt werde ich wiederkommen", so hatte er damals gesagt. Das konnte nur das Jahr 1363, 1467 oder 1519 sein. Weiße Boten würden seine Ankunft melden.

Autorentext

Das Eindringen der Spanier wurde Moctezuma mit den Worten gemeldet: „Weiße Männer sind an der Küste gelandet." Moctezuma erschrak. Waren das die Boten Gottes? Er schickte ihnen Gesandte entgegen, die sie zur Umkehr drängen sollten. Doch Cortez ließ sich nicht aufhalten.
Moctezuma hatte von seinen zurückkehrenden Gesandten gehört, dass die Spanier sich ganz in Eisen kleideten und von Hirschen auf dem Rücken getragen würden. Nur ihre Gesichter seien nicht bedeckt und die Haut weiß wie Kalk. Weiß wie das Gesicht Quetzalcoatls.
Cortez verbündete sich mit den Bewohnern der Stadt Tlaxcala. Die Tlaxcalteken waren mit den Azteken verfeindet und unterstützten daher die Spanier in ihrem Eroberungskrieg.
Wenige Tage später erreichte Cortez Tenochtitlan. Moctezuma führte die Spanier in einen Palast und ließ ihnen reiche Geschenke übergeben. Sie aber ließen sich das königliche Schatzhaus zeigen.

M2 Moctezuma begrüßte die Fremden:
O, unser Herr, mit Mühsal hast du es erreicht, ... dass du in deiner Stadt angekommen bist, dass du auf deinem Stuhl Platz nehmen kannst, den ich für dich eine Weile gehütet habe. Das haben uns die Häuptlinge überliefert, dass du kommen wirst, deine Stadt aufzusuchen ... Und jetzt ist es wahr geworden. Du bist zurückgekehrt. Mit Ermüdung hast du es erreicht. Sei nun wohl angekommen! Ruhe dich aus. Besuche deinen Palast.

Bernal Diaz del Castillo, spanischer Krieger, der bei der Eroberung anwesend war. In: Wahrhafte Geschichte der Entdeckung und Eroberung Mexikos, Stuttgart 1965, S. 240.

> Alles Gold rafften die Spanier zu einem Haufen ... An die anderen Kostbarkeiten legten sie Feuer und alles verbrannte. Das ganze Schatzhaus durchwühlten sie, drängten und fragten und griffen nach allem, was ihnen gefiel ... Nur nach Gold hungerten und dürsteten sie.

M3 Ein Azteke berichtet.

1. Überlegt, was Moctezuma meinte, wenn er sagte: „Du bist in deiner Stadt angekommen" (M2).
2. Aus welchen Motiven kamen die Spanier in die Hauptstadt der Azteken?

Konquistadoren	Les conquistadores
Bezeichnung für die spanischen Eroberer Mittel- und Südamerikas.	Aventuriers espagnols partis à la conquête de l'Amérique centrale et du Sud.

Der Aufstand der Azteken

Wenige Tage nach seiner Ankunft ließ Cortez Moctezuma in dessen Palast als Geisel nehmen. Als die Spanier begannen, Tempel zu plündern, Götterbilder umzustürzen und dabei viele Azteken umbrachten, begann ein Aufstand der Azteken gegen die Eindringlinge. Beim Versuch, zwischen seinem Volk und den Eroberern zu vermitteln, wurde Moctezuma getötet. Seinem Nachfolger Cuautemoc gelang es, im Juni 1520 die Spanier aus Tenochtitlan zu vertreiben. Im Sommer 1521 führte Cortez den entscheidenden Angriff gegen Tenochtitlan durch. Fast drei Monate belagerte er die Stadt, sodass die Lebensmittelversorgung zusammenbrach. Außerdem ließ er die Wasserleitung zerstören, die Tenochtitlan mit Trinkwasser versorgte. Als dann auch noch die Pockenepidemie ausbrach, ergaben sich die Azteken. Tausende Frauen, Männer und Kinder wurden getötet, Tenochtitlan wurde dem Erdboden gleichgemacht.

M4 In einer aztekischen Chronik über das Ende Tenochtitlans:
Die Spanier suchten die stärksten und tapfersten Krieger aus. ... Aber auch jüngere, die ihnen als Diener nützlich waren, suchten sie aus. Die Spanier zeichneten sie sofort. Mit heißen Eisen drückten sie ihnen Brandmale auf die Wangen.
P. Knoch: Kolonialismus. Weinheim 1978, S.65.

M5 Aztekischer Angriff auf die in einem Palast eingeschlossenen Spanier. Mexikanische Darstellung aus dem 16. Jahrhundert.

M6 Spanischer Überfall auf Ureinwohner. Kupferstich von Theodor de Bry, 1596.

3. Überlegt, wodurch sich die Einstellung der Azteken gegenüber den Spaniern änderte?
4. Vergleicht M5 und M6. Achtet besonders darauf, wie die Menschen dargestellt sind.
5. Versucht herauszufinden, ob und wodurch die Bilder parteiisch sind.

Die neuen Herren ◆ Les nouveaux maîtres
Die Folgen der Kolonisation ◆ Les conséquences de la colonisation

M1 Die Kolonisation oder: Die Ankunft von Cortez in Veracruz. Gemälde von Diego Rivera, 1930.

M2 Der Dominikanermönch und spätere Bischof in Mexiko, Bartolomé de Las Casas, schrieb ähnliche Briefe wie diesen an den spanischen König:
Eure Majestät,
ich muss Euch von der unmenschlichen Behandlung der indianischen Sklaven durch unsere Landsleute berichten. Verheiratete Frauen und Männer werden getrennt. Sie erhalten von ihren Besitzern nichts zu essen. Weil die Mütter vor Anstrengungen und Hunger keine Nahrung für ihre Säuglinge mehr haben, starben bis jetzt 7000 Kinder im Laufe von drei Monaten. Seuchen wie Pocken, aber auch einfache Krankheiten wie Grippe, Mumps und Masern rafften Tausende von Indianern dahin. Diese Krankheiten waren hier bis zu unserer Ankunft unbekannt.
Eure Majestät, wir müssen dem schamlosen Verhalten unsrer Landsleute Einhalt gebieten. Die Indianer sind Menschen wie wir. Gott hat uns zu ihnen geschickt, damit wir sein Wort dort verkünden und ihre Seelen retten.
Euer ergebenster Diener

Nach: Geschichte in Quellen, Bd. 3, München 1970, S. 69 ff.

1. Beschreibt M1 und bearbeitet die Arbeitsaufträge schriftlich:
   - Notiert fünf Tätigkeiten, die die Indianer verrichten müssen.
   - Beschreibt die Tätigkeiten der Spanier.
   - Findet heraus, wie die Indianer bestraft wurden.
   - Sucht die Situationen, in denen ein Kreuz abgebildet ist. Was bedeutet das Kreuz hier?
   - Welche offenen Fragen ergeben sich für euch aus M1?
2. Notiert die Gründe, die in M2 für die hohe Sterblichkeit unter der mexikanischen Bevölkerung angeführt werden.

Kolonisation
Inbesitznahme überseeischer Gebiete und Unterwerfung der Völker dort durch Europäer.

La colonisation
Prise de possession de territoires d'outre-mer et asservissement de leurs populations par les Européens.

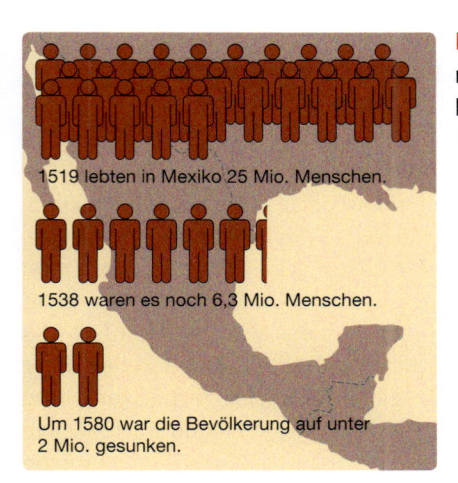

M3 Bevölkerungsentwicklung in Mexiko 1519–1580.

1519 lebten in Mexiko 25 Mio. Menschen.

1538 waren es noch 6,3 Mio. Menschen.

Um 1580 war die Bevölkerung auf unter 2 Mio. gesunken.

Eroberer und Missionare

Mit den Eroberern kamen auch viele Mönche. Sie führten, notfalls mit Gewalt, den christlichen Glauben ein. Das Hauptziel der Spanier war aber nicht die Christianisierung; viel stärker waren sie daran interessiert, möglichst viel Gewinn aus den eroberten Gebieten herauszupressen. Unter unmenschlichen Bedingungen mussten die Indianer in den Bergwerken oder auf den großen Landgütern arbeiten, bis sie zusammenbrachen.

Bartolomé de Las Casas setzte sich für eine bessere Behandlung der indianischen Sklaven ein. Schließlich gelang es, den spanischen König davon zu überzeugen, Gesetze zum Schutz der Indianer zu erlassen.

Goldgier und neues Elend

Die Großgrund- und Bergwerksbesitzer in Mexiko waren auf keinen Fall bereit, auf die Sklavenarbeit der Indianer zu verzichten. Schließlich gab der spanische König dem Druck der Kolonisten nach und hob die „Neuen Gesetze" auf. Er wollte ebenso wenig auf die wertvollen Edelmetalllieferungen aus Mexiko verzichten. Bartolomé de Las Casas machte daraufhin einen anderen Vorschlag: Schwarze Sklaven aus Afrika sollten die Indianer ersetzen. Daraufhin wurden Zehntausende von Afrikanern gefangen genommen und nach Amerika verschleppt.

Reichtum für Spanien – aber kein Wohlstand!

Die Spanier schmolzen nahezu alle aztekischen Gold- und Silberkunstschätze ein. Hinzu kamen die in den Silber- und Goldbergwerken erbeuteten Barren. Alle Edelmetalle wurden mit Schiffen nach Spanien geschafft, wo man Münzen daraus prägte. Dennoch wurde Spanien durch diesen Reichtum kein wohlhabendes Land.

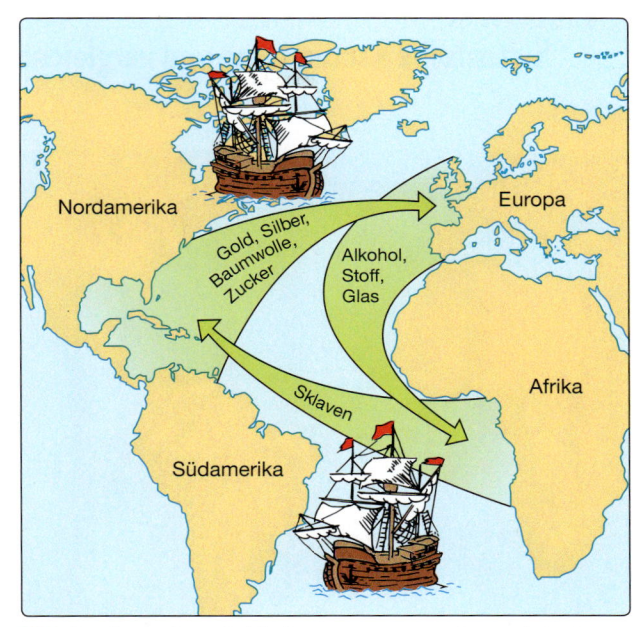

M4 Dreieckshandel (◆ le commerce triangulaire).

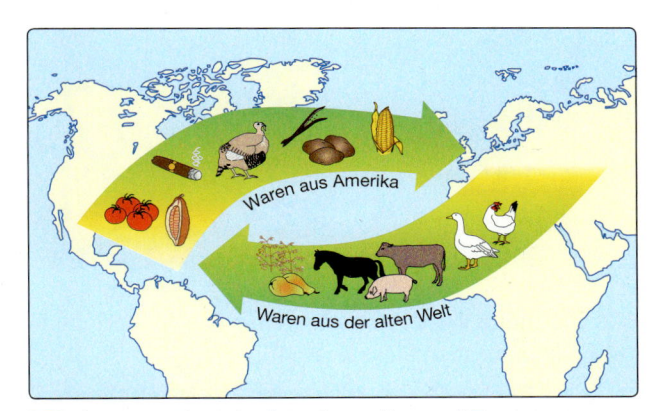

M5 Austausch zwischen Amerika und Europa.

3. Beschreibt die Bevölkerungsentwicklung (M3) für den angegebenen Zeitraum und zieht Schlüsse daraus.

4. Beurteilt den Vorschlag von Las Casas, Sklaven aus Afrika nach Amerika zu holen.

5. Schildert den Ablauf des Dreieckshandels mithilfe von M5.

6. Überlegt, wie sich der Alltag in der alten und neuen Welt durch die neuen Güter veränderte.

Was ihr noch tun könnt:
Euch über den Künstler Diego Rivera informieren.

Arbeitstechnik ◆ Méthode de travail

Historische Karten lesen und vergleichen ◆ Lire et comparer des cartes anciennes

In der Geschichtswissenschaft wird zwischen Geschichtskarten und historischen Karten unterschieden. Geschichtskarten zeigen aktuelle Ergebnisse der Geschichtswissenschaft. Historische Karten dagegen sind in der Vergangenheit entstanden. Sie sind heute nicht mehr aktuell, doch sie geben uns als Quellen Aufschluss über das geografische Wissen vergangener Zeiten, über die technischen Möglichkeiten der Vermessung und über die Absichten der Auftraggeber und Kartenzeichner („Kartografen"). Wie in der Zeit der Entdeckungen und Eroberungen allmählich ein genaueres Bild von der „neuen Welt" entstand, lässt sich durch einen Vergleich von historischen Karten erarbeiten.

M1 Die Londoner-Psalter-Karte (10 x 14 cm) mit Jerusalem als Mittelpunkt der Welt, um 1250.

M2 Die „neue Welt". Holzschnitt des Baseler Kartenzeichners Sebastian Münster, 1540.

M3 TO-Karte nach den Vorstellungen des Isidor von Sevilla (gest. 636). Ältester Kartendruck des Abendlandes, um 1472.

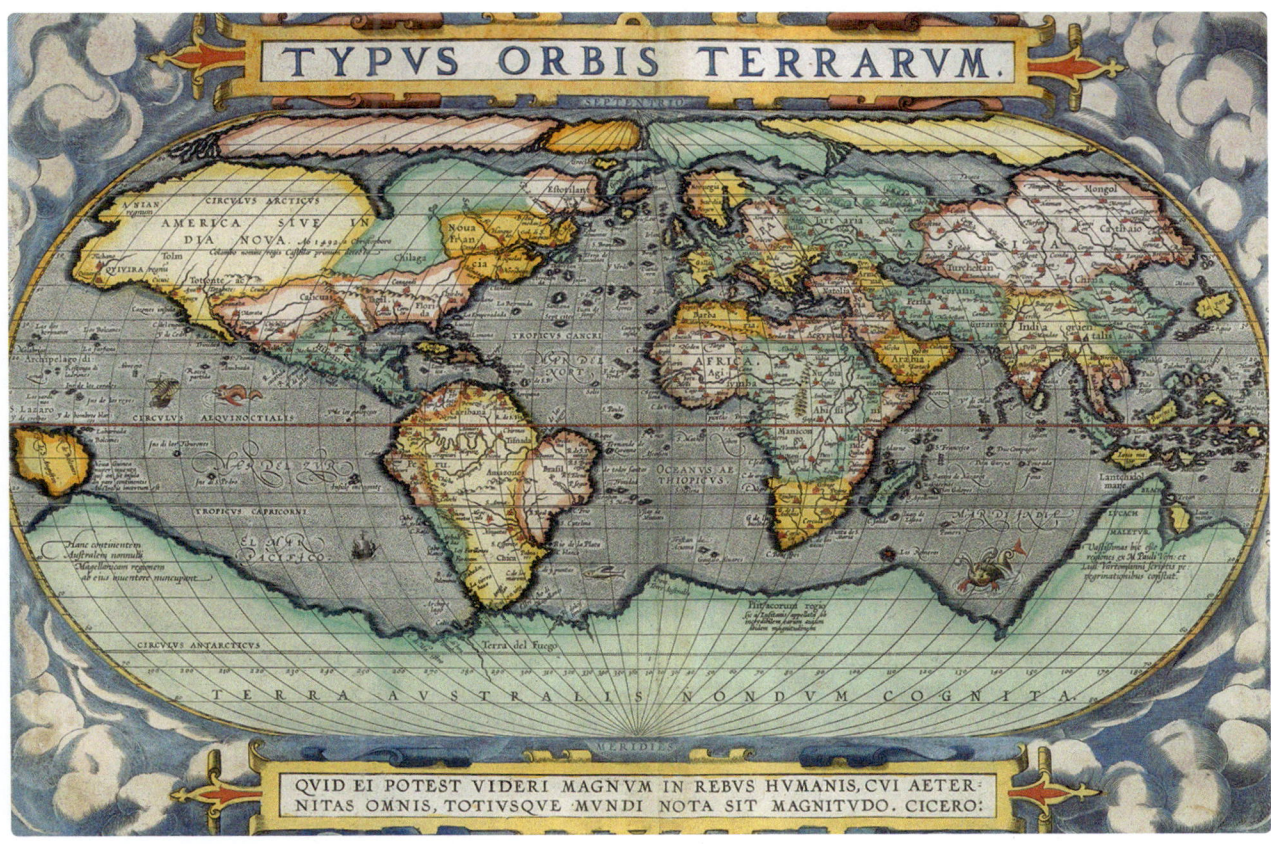

M4 Weltkarte von Abraham Ortelius, 1570.

Historische Karten lesen und vergleichen

1. Schritt: Jede Karte einzeln erschließen

Untersucht jede Karte einzeln:
- Was ist das Thema der Karte (Inhalt, Raum und Zeit)?
- Welche Informationen gibt die Bildunterschrift?
- Ist die Karte genordet?
- Welches Gebiet ist dargestellt, wo ist z. B. Land oder Wasser?
- Welche Zeichen, Symbole, Farben sind zu erkennen? Was könnten sie bedeuten?
- Zu welchem Zweck könnte die Karte angefertigt worden sein; gab es z. B. Auftraggeber?

2. Schritt: Gemeinsamkeiten und Unterschiede feststellen

- Vergleicht die Einzelheiten der Karten, z. B. die Datierung, die Art der Darstellung, das Land-Wasser-Verhältnis, die Küstenverläufe, die Lage von Inseln.

3. Schritt: Ergebnisse auswerten

- Gibt es Veränderungen (z. B. im geografischen Kenntnisstand)?
- Was bedeuten die Veränderungen für das Weltbild in der damaligen Zeit?
- Welche Folgen hatte der veränderte Kenntnisstand (z. B. für die Politik, für die Seefahrt, für die Wirtschaft, die Wissenschaft)?
- Worin unterscheiden sich die hier abgebildeten Karten von unseren heutigen Karten?

1. Bearbeitet die Karten mithilfe der Arbeitsschritte.
2. Erprobt die Arbeitsschritte auch mit der Karte des Arabers Idrisi, S. 37 M4.

Die neuen Herren ... ◆ Les nouveaux maîtres ...
... und ihre Kolonien ◆ ... et leurs colonies

Der europäische Kolonialismus

So wie die Spanier eroberten auch andere europäische Staaten Länder und machten sie zu Kolonien. Dort wurden große Ländereien an Offiziere und Soldaten und an die Kirche übergeben, die den Boden von den Einheimischen bearbeiten ließen. So wurden die Europäer zu Großgrundbesitzern in den Kolonien.

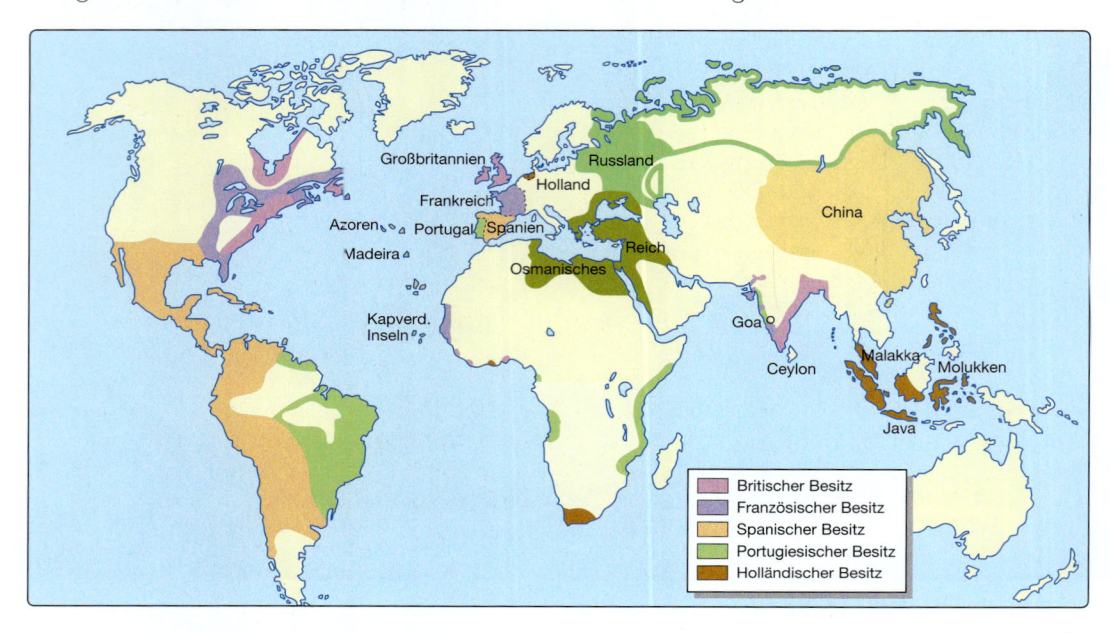

M1 Die Großreiche der Erde um 1760.

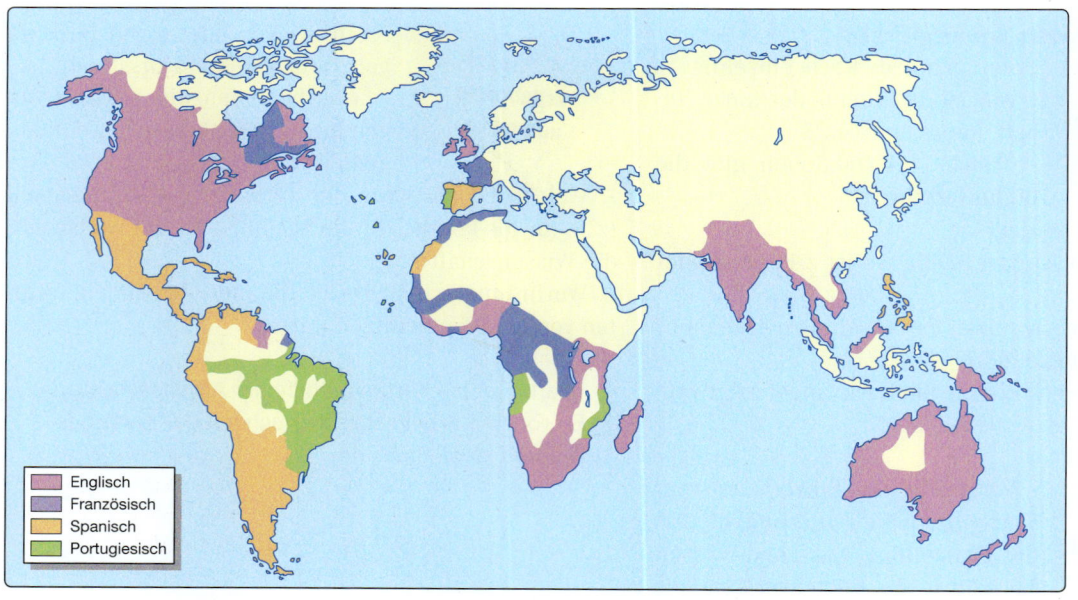

Britischer Besitz
Französischer Besitz
Spanischer Besitz
Portugiesischer Besitz
Holländischer Besitz

M2 Die Ausbreitung der europäischen Sprachen um 1900.

Englisch
Französisch
Spanisch
Portugiesisch

1. Wie hat sich das Leben der Ureinwohner Amerikas, Afrikas und Asiens durch die Entdeckungen und Eroberungen der Europäer wohl verändert?

2. Erläutert, inwiefern diese Veränderungen heute noch sichtbar sind.

Die Rechtfertigung der Herrschaft der Spanier

M3 Eine Historikerin erklärt:

> Es floss viel amerikanisches Gold nach Spanien. Trotzdem blieb die Staatskasse leer, weil Spanien ständig Kriege führte. Nur so konnte es seine Vormachtstellung in Süd- und Mittelamerika verteidigen. Die Spanier mussten mit ihrem Gold Getreide, Textilien, Kupfer und Eisen in anderen europäischen Ländern kaufen. Diese führten dafür aus Asien Waren nach Europa ein. Der Gewinn machte die anderen europäischen Länder reicher als Spanien. Längerfristig verursachte das viele Gold in Europa jedoch eine Geldentwertung.

1. Notiert in einer Tabelle, wie die Personen in M4 bis M7 die Herrschaft der Spanier rechtfertigen.

Person	Rechtfertigung
Papst	…
…	…

2. War die Lebensweise der Spanier wirklich so viel besser als die der Azteken? Begründet eure Antwort.

> **Was ihr noch tun könnt:**
> - Informiert euch in der Schul- oder Stadtbücherei über die Hochkulturen der Mayas und Inkas.
> - Findet heraus, wo und wie die Indianer Nord- und Südamerikas heute leben.

Europäer rechtfertigen ihre Kolonialherrschaft

> Ich bin der Vertreter Gottes auf Erden. Kraft meines Amtes als Oberhaupt der katholischen Kirche schenke ich Portugal und Spanien die Neue Welt, damit sie dort den christlichen Glauben verbreiten. Amen.

M4 Papst Alexander VI.

> Ich bin der mächtigste Herrscher in der Alten und Neuen Welt. In meinem Reich geht die Sonne nie unter! Das Gold der Aztekenherrscher und ihrer blutrünstigen Götter gehört nun der spanischen Krone. Ich bringe den Indianern den wahren Glauben, Gerechtigkeit und Frieden.

M5 Kaiser Karl V.

> Meine Kirche hat gegen den falschen Glauben mit seinen Götzenbildern gekämpft. Dieser Kampf kostete viele uneinsichtige Heiden das Leben. Wir mussten alles Heidnische zerstören, um das Kreuz zu errichten und die Seelen zu retten.

M6 Ein spanischer Mönch.

> Bevor wir Spanier in die Neue Welt kamen, gab es hier nur Wilde. Unsere Aufgabe ist es, diesen Indianern unsere Lebensweise zu bringen. Ganz klar, dass wir denen überlegen sind!

M7 Ein spanischer Großgrundbesitzer aus Mexiko.

Die neuen Herren ◆ Les nouveaux maîtres
Mexiko heute ◆ Le Mexique aujourd'hui

Mexico-City: eine Stadt mit vielen Gesichtern

In Mexiko lebten im Jahr 2007 fast 109 Millionen Menschen, davon sind etwa 75 % Mestizen, 14 % Indigenas und 10 % Weiße. Neben der Landessprache, dem Spanischen, werden in ganz Mexiko noch 62 Indianersprachen gesprochen. Náhuatl (Aztekisch), Maya und Zapotekisch sind die am meisten gesprochenen Indianersprachen. Allein die Metropole Mexico-City hat über 19 Millionen Einwohner.

M1 Mexico-City: In diesem Slum leben rund 300 000 Menschen ohne Zugang zu sauberem Wasser. Foto, 2007.

M2 Kathedrale in Mexico-City. Foto, 2006.

M3 Geschäftszentrum in Mexico-City. Foto, 2007.

M4 Überreste des Templo Mayor. Die 60 Meter hohe Pyramide wurde 1521 nach der Eroberung Tenochtitlans von den Spaniern zerstört.

<u>1.</u> Vergleicht die verschiedenen Fotos miteinander und findet heraus, was sie über die Geschichte Mexikos und das Land von heute aussagen.

Zusammenfassung ◆ Résumé

Das Zeitalter der Entdeckungen

Das 15. Jahrhundert war eine Zeit zahlreicher Entdeckungen und Erfindungen. Weil man sich auf Werte der Antike zurückbesann, heißt die Epoche, die den Übergang vom Mittelalter zur Neuzeit darstellt, Renaissance. In den Mittelpunkt des Denkens rückte der Mensch. Eine der wichtigsten Erfindungen dieser Zeit war der Buchdruck durch Johannes Gutenberg. Diese ermöglichte eine rasche Verbreitung der Ideen Luthers.

Erfunden wurden auch neue Schifffahrtsinstrumente und hochseetaugliche Schiffe. Sie waren die Voraussetzungen für die Entdeckung Amerikas durch Christoph Kolumbus im Jahr 1492.

In Mittel- und Südamerika gab es einige indianische Hochkulturen, z.B. bei den Azteken in Mexiko. Diese Hochkulturen wurden zu Beginn des 16. Jahrhunderts von den Spaniern auf ihrer Suche nach Gold und Reichtümern zerstört. Bemühungen, die Unterdrückung und Ausbeutung der Indianer zu beseitigen, hatten zunächst nur geringen Erfolg. Zwischen 1550 und 1800 wurden vermutlich weit über 30 Millionen Menschen aus Afrika in die Sklaverei nach Amerika verschleppt. Dem Beispiel Spaniens und Portugals folgten bald noch weitere europäische Staaten wie Frankreich, die Niederlande und England.

Der Dreieckshandel brachte den europäischen Staaten hohe Gewinne. Schon bald hielt auch die europäische Lebensweise Einzug in die Kolonien – die „neue Welt" wurde europäisch.

Les Grandes Découvertes

Le 15e siècle est une époque riche en découvertes et en inventions. Puisqu'on veut faire renaître la culture de l'Antiquité, l'époque entre le Moyen Âge et les Temps modernes est appelée la Renaissance. L'être humain est placé au centre de toutes les réflexions. L'imprimerie, inventée par Gutenberg, est une des avancées les plus importantes de cette époque. Cette invention permet une diffusion rapide des idées nouvelles de Luther.

C'est aussi à cette époque qu'on développe de nouveaux instruments de navigation ainsi que des navires capables de naviguer en haute mer. Ce sont là des conditions nécessaires à la découverte de l'Amérique par Christophe Colomb en 1492.

En Amérique centrale et en Amérique du sud il y a de grandes civilisations amérindiennes, comme les Aztèques du Mexique par exemple. Ces civilisations sont détruites au 16e siècle par les Espagnols guidés par la soif de l'or et des richesses. Les efforts faits pour améliorer la situation des Amérindiens opprimés et exploités sont longtemps sans succès. Entre 1550 et 1800 plus de 30 millions de femmes et d'hommes africains sont déportés d'Afrique en Amérique et réduits en esclavage.

Imitant l'exemple de l'Espagne et du Portugal, d'autres États européens, comme la France, les Pays-Bas et l'Angleterre colonisent le Nouveau Monde.

Le commerce triangulaire leur rapporte des profits considérables. Assez rapidement, le mode de vie européen s'impose dans les colonies: le Nouveau Monde est devenu européen.

1450 — Gutenberg erfindet den Buchdruck.

1492 — Kolumbus landet in Amerika.

1521 — Cortez erobert Mexiko.

seit 1550 — Dreieckshandel

Standard-Check ◆ Bilan

Das solltet ihr wissen ◆ Vérifiez vos connaissances

Arbeitsbegriffe

- ✓ Inquisition ◆ l'inquisition
- ✓ Reformation ◆ la Réforme
- ✓ Buchdruck ◆ l'imprimerie
- ✓ Globus ◆ le globe terrestre
- ✓ Zeitalter der Entdeckungen ◆ les Grandes Découvertes
- ✓ Renaissance ◆ la Renaissance
- ✓ Amerika ◆ l'Amérique
- ✓ Dreieckshandel ◆ le commerce triangulaire
- ✓ Kolonisation ◆ la colonisation

Die Erde ist nur einer der um die Sonne kreisenden Planeten.

Was wisst ihr noch?

1. Erklärt den Unterschied zwischen heliozentrischem und geozentrischem Weltbild.
2. Welche Entdeckungen brachten der Seefahrt neue Möglichkeiten?
3. Erklärt, warum die Erfindung Gutenbergs von so großer Bedeutung war.
4. Kolumbus nannte die Einwohner von Guanahani „Indianer" (span. Indios). Warum?
5. Erläutert die Folgen der Entdeckungen für die Ureinwohner der „Neuen Welt".
6. Nennt andere europäische Staaten außer Spanien, die im 16. und 17. Jahrhundert Kolonien gegründet haben. Gebt an, wo sie Kolonien erobert haben.

Tipps zum Weiterlesen

Rupert Matthews: Die großen Entdecker. Die bedeutendsten Expeditionen vom Altertum bis heute. Gerstenberg, Hildesheim 2005

Nicholas Harris: La cité perdue des Mayas. Casterman, Paris 2003

Henri Gougaud: Contes d'Amérique. Seuil jeunesse, Paris 2004

Philippe Nessmann: À l'autre bout de la terre. Le tour du monde de Magellan. Père Castor Flammarion, Paris 2006

Hans Baumann: Der Sohn des Kolumbus. dtv junior, München 2003

Celia Rees: Hexenkind. Arena, Würzburg 2001

Sylvie Baussier, Remo Berselli: Wissen mit Pfiff. Die Renaissance. Fleurus, Köln 2002

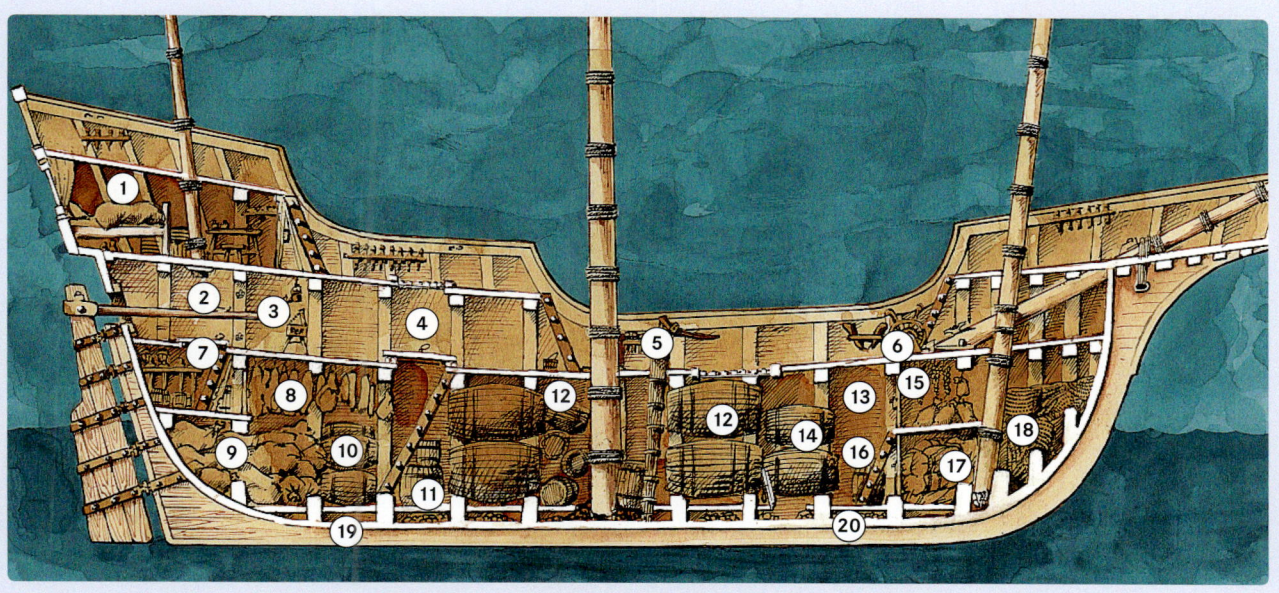

2. Malt den Schiffsquerschnitt in eure Hefte und sortiert zu den Nummern die folgenden Erklärungen: Schiffszwieback; Weinfässer, Entwässerungspumpe, Sammelraum für Kondenswasser, Luke zum Schiffsladeraum; Steuerruder; Ölvorrat; Hebevorrichtung für Anker und Segel; Schiffsladeraum; Abstellkammer für Segel; Kompass; Waffen- und Munitionskammer; Mehlfässer; Pökelfleisch in Fässern; Steine als Ballast; Wasservorrat; Admiralskajüte; getrocknete Hülsenfrüchte in Säcken, Zwiebeln und Knoblauch; Laderaum für Taue; geräucherte und getrocknete Fleischwaren.

Les Grandes Découvertes

Le 15e siècle était une époque riche en découvertes et en ▓. Puisqu'on voulait alors faire renaître la culture antique, l'époque entre ▓ est appelée ▓. L'être humain est placé au centre de toutes les réflexions. ▓, inventée par Gutenberg, était une des avancées les plus importantes de cette époque. Cette invention a permis une diffusion rapide des idées nouvelles de Luther. C'est aussi à cette époque qu'on a développé de nouveaux instruments de navigation ainsi que des navires capables de naviguer en haute mer. C'étaient des conditions nécessaires à ▓ par ▓ en ▓.

En Amérique centrale et en Amérique du sud il y avait de ▓, comme les ▓ du Mexique par exemple. Ces civilisations ont été détruites au 16e siècle par les Espagnols guidés par la soif de l'or et des richesses. Les efforts faits pour améliorer la situation des Amérindiens ▓ ont longtemps été sans succès. Entre 1550 et 1800 plus de 30 millions de femmes et d'hommes africains ont été déportés d'Afrique en Amérique et réduits en ▓.

Imitant l'exemple de l'Espagne et du Portugal, d'autres États européens, comme la France, les Pays-Bas et l'Angleterre ont colonisé le Nouveau Monde. Le ▓ leur rapportait des profits considérables. Assez rapidement, le mode de vie européen s'est imposé dans les ▓ : le Nouveau Monde était devenu européen.

1. Recopiez le texte en le complétant correctement avec les expressions suivantes:
- esclavage
- opprimés et exploités
- Christophe Colomb
- la découverte de l'Amérique
- Aztèques
- la Renaissance
- inventions
- colonies
- le Moyen Âge et les temps modernes
- commerce triangulaire
- L'imprimerie
- 1492
- grandes civilisations amérindiennes

EIN KONTINENT WIRD BESIEDELT
LA COLONISATION D'UN CONTINENT

„Neue freie Welt Amerika"
„L'Amérique: Nouveau Monde, terre de liberté"

1. Beschreibt das Foto auf dieser Doppelseite.
2. Welche Hoffnungen und Ängste hatten wohl die Passagiere auf dem Auswandererschiff?
3. Warum wurde die Freiheitsstatue gerade im Hafen von New York aufgestellt?

Wer mit dem Schiff nach Amerika reist, wird an der Hafeneinfahrt von New York durch die Freiheitsstatue begrüßt, die 1886 als Geschenk des französischen Volkes errichtet wurde. Die Inschrift auf dem Sockel der 95 Meter hohen Statue lautet: „Lasst zu mir kommen eure müden, armen, bedrängten Massen, die danach lechzen, in Freiheit zu atmen." Dem Ruf nach Freiheit und Wohlstand folgten seit dem 18. Jahrhundert Millionen Europäer. In Massen verließen die Menschen ihre Heimat, um sich in Nordamerika, dem „Land der unbegrenzten Möglichkeiten", eine neue Existenz aufzubauen. Ob diese Hoffnungen sich erfüllten, wie die amerikanische Nation entstand und welche Folgen die Besiedlung der „Neuen Welt" für die Freiheit und das Leben ihrer Ureinwohner hatte, das könnt ihr auf den folgenden Seiten erfahren.

Neue freie Welt Amerika ◆ L'Amérique: Nouveau Monde, terre de liberté
Orientierung in Zeit und Raum ◆ Orientation dans le temps et l'espace

Im Jahr 1492 lebten zwei Millionen Menschen auf dem Gebiet der heutigen Staaten USA und Kanada. Die amerikanischen Ureinwohner (◆ les Amérindiens) wurden von den Europäern als Indianer bezeichnet. Ihre Zahl ging durch Epidemien und Indianerkriege ständig zurück, während die Zahl der Einwanderer aus Europa zunahm. Seit dem 17. Jahrhundert kamen außerdem Afrikaner als Sklaven nach Nordamerika. Die Kolonisten eroberten und besiedelten immer größere Teile des Kontinents und verdrängten die „Native Americans".

1. Betrachtet die Bundesstaaten auf M1. Was fällt bei der Grenzziehung auf?
2. Erklärt mithilfe von M1, wie die USA besiedelt wurden.
3. Vergleicht und erklärt die Bevölkerungszusammensetzung von 1492 mit der von heute (M2).

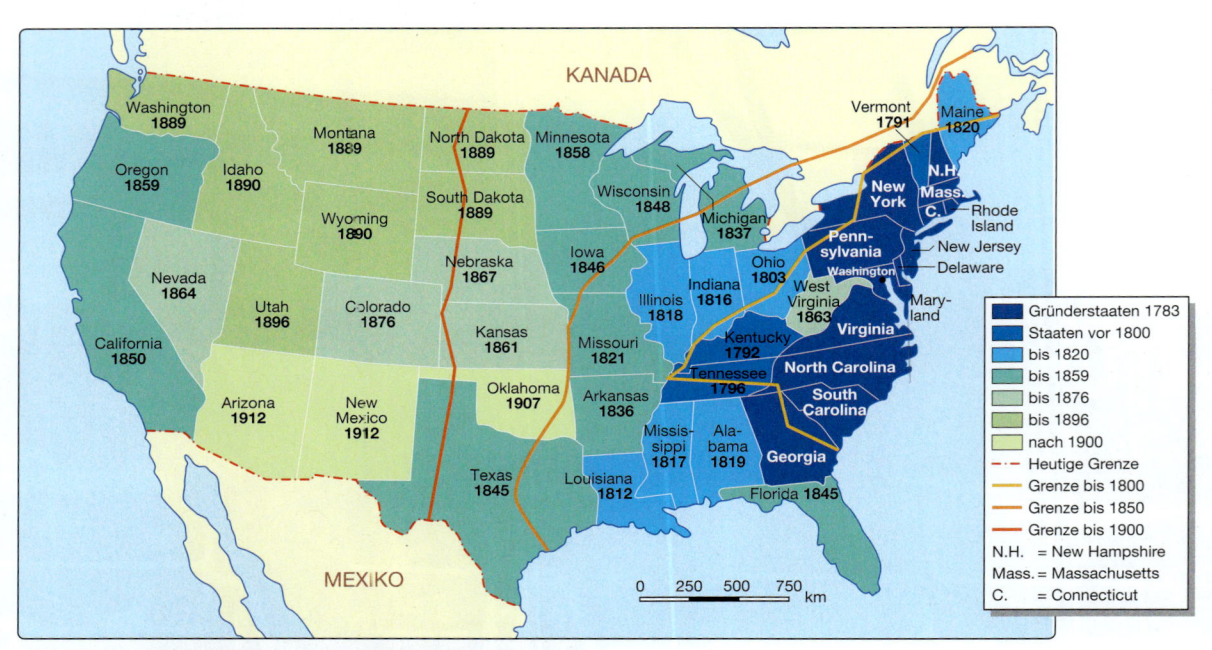

M1 Die territoriale Entwicklung der USA von 1783 bis 1912.

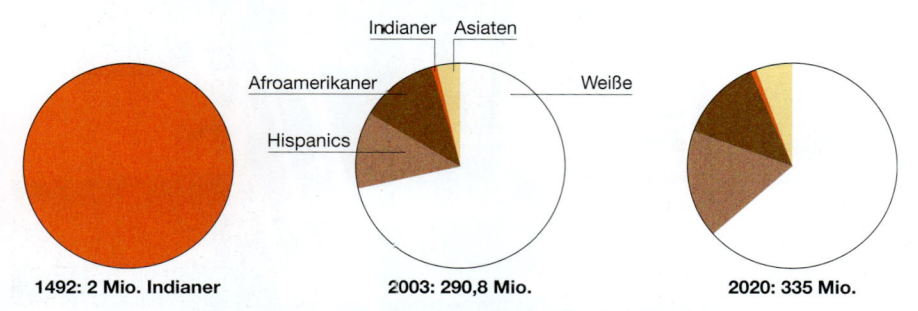

M2 Bevölkerungszusammensetzung der USA im Wandel der Zeit.

1492: 2 Mio. Indianer
2003: 290,8 Mio.
2020: 335 Mio.

Hispanics: spanisch sprechende Einwanderer aus Lateinamerika
Afroamerikaner: meist Nachkommen der afrikanischen Sklaven

M 1 Zeittafel Amerika.

1450

1492: Entdeckung Amerikas durch die Spanier, erste Begegnungen mit den indianischen Einwohnern

1500

1550

1600

1607: Gründung der ersten englischen Siedlungen in Nordamerika
1609–1773: Gründung von 13 englischen Kolonien an der Ostküste Nordamerikas
1619: In Jamestown tagt das erste Parlament nach englischem Vorbild
ab 1619: Einführung der Sklaverei in Nordamerika

1650

1683: Vertrag zwischen William Penn und den Indianern über immerwährende Freundschaft und Frieden

1700

1750

1775–1783: Unabhängigkeitskrieg der Kolonien gegen das englische Mutterland
1776: Die Vereinigten Staaten von Amerika erklären sich für unabhängig.
1787: Verfassung der USA
1789: George Washington wird erster Präsident der USA

1800

1850

1861–1865: Der Bürgerkrieg zwischen Nord- und Südstaaten endet mit dem Sieg des Nordens unter Präsident Abraham Lincoln und dem Verbot der Sklavenhaltung
1890: Mit dem Massaker am „Wounded Knee" enden die Verfolgungen der Indianer. Die Überlebenden müssen künftig in kleinen Reservaten leben

1900

Die Indianer Nordamerikas ◆ Les Indiens d'Amérique du Nord
Einwanderer und Indianer ◆ Immigrants et Indiens

Die Weißen kommen

Im Jahre 1620 landete das englische Schiff Mayflower an der Ostküste Nordamerikas. Die Passagiere gehörten zur religiösen Gruppe der „Pilgerväter", die in ihrer englischen Heimat verfolgt worden war. Den Pilgervätern folgten immer mehr Einwanderer: Bauern, Handwerker, Kaufleute, Dienstboten, Goldsucher oder Abenteurer. Sie alle träumten von einem Leben in Freiheit. Land, Klima und Sprache waren für viele europäische Siedler zunächst eigenartig und fremd. Woher würden sie Nahrung bekommen? Wo sollten sie wohnen? Wo konnten sie sich ansiedeln?
Viele in Nordamerika ansässige Indianerstämme halfen den Europäern. Sie verkauften ihnen Nahrungsmittel und Land zur Besiedlung.

M2 Mayflower. Gemälde aus dem 19. Jahrhundert.

M1 **Über die erste Begegnung mit den Siedlern im Jahre 1805 berichtet der Häuptling Red Jacket aufgrund von Erzählungen seiner Vorfahren:**
... Sie sagten uns, sie seien aus ihrem eigenen Land geflohen aus Furcht vor bösen Menschen und sie seien gekommen, um in ihrer Religion leben zu können. Sie baten um etwas Land. Wir hatten Mitleid mit ihnen. Wir erfüllten ihre Bitte, und sie siedelten unter uns. Wir gaben ihnen Mais und Fleisch. Sie gaben uns dafür das Gift des Alkohols.
Aus: Dies sind meine Worte, hrsg. von Rudolf Kaiser, Münster (Coppenrath Verlag) 1987, S. 21.

M3 **William Penn schließt 1683 mit den Indianern einen Vertrag über immerwährende Freundschaft und Frieden.** Kolorierter Kupferstich, 1775.

1. Betrachtet Bild M2 und M3. Wählt eine Person (Siedler oder Indianer) aus und schreibt auf, was diese Person gedacht oder gefühlt haben mag.
2. Klärt, warum die Indianer den Siedlern halfen. Wie hätten sie auch reagieren können?
3. Beschreibt die Stimmung in Bild M3.
4. Vergleicht M4 mit Fotos von New York heute.

M4 **Die älteste Darstellung der 1626 von holländischen Siedlern gegründeten Stadt Nieuw Amsterdam, dem späteren New York.** Holzschnitt, 1640.

Wer sind die Ureinwohner Nordamerikas?

Sie unterscheiden sich in Aussehen, Sprache, Lebensformen und Gebräuchen so stark wie z. B. Isländer von Sizilianern bei uns in Europa. Wir haben aber für sie nur eine Bezeichnung: Indianer. Während der letzten Eiszeit kamen sie aus Asien auf der Suche nach neuen Jagdgründen in das heutige Amerika. Sie besiedelten im Lauf der Jahrtausende das gesamte Land von Nord nach Süd, von West nach Ost. Dabei passten sie sich hervorragend an die natürlichen Gegebenheiten an. Im 10. Jahrhundert lernten die Indianer als erste Europäer die Wikinger kennen. Ihnen folgten im 15. Jahrhundert Spanier, Briten und Franzosen.

5. Ordnet den Bildern in M5 die passenden Texte aus M6 zu.

6. Legt eine Tabelle über die Lebensgewohnheiten der verschiedenen Stämme an, die in M5 und M6 vorgestellt werden. Unterscheidet zwischen Wohngebieten, Ernährung, Behausung, Waffen und Werkzeugen.

Was ihr noch tun könnt:
Informiert euch genauer über einen Indianerstamm und berichtet darüber in der Klasse.

M5 Kulturen und Lebensformen der nordamerikanischen Indianer.

M6 Indianische Lebensformen.

A Die Indianerstämme des Ostens waren Waldbauern. Sie bauten Mais, Bohnen und Kürbisse an. An den Ufern der größeren Seen ernteten sie wild wachsenden Reis. Sie gingen zur Jagd und sammelten Wildfrüchte. Sie waren die Ersten, die mit den Weißen in Kontakt traten.

B Die Völker im Mittelwesten lebten hauptsächlich in Grubenhäusern oder Hütten aus Binsenmatten. Sie kochten Fisch, Wild und sammelten Früchte.

C Die Stämme des Nordwestens lebten hauptsächlich vom Fischfang. Sie jagten Robben und Wale. Mit großem handwerklichen Geschick bauten sie Holzhäuser und Kanus. Ihre reich geschnitzten Totempfähle sollten sie vor Not und bösen Geistern schützen.

D Im hohen Norden lebten die Indianer in Wigwams, Hütten aus Fellen und Rinde. Sie sammelten Waldfrüchte, jagten und fischten. Eine Gruppe, die Inuit, lebte auf ihren Wanderungen oft in Schneehütten, den Iglus.

E Die in der Prärie, der Graslandschaft, lebenden Stämme wohnten die meiste Zeit des Jahres in festen Hütten und sorgten als Bauern für ihren Lebensunterhalt. Anders die Plains-Indianer. Sie bewohnten die großen Ebenen und zogen mit ihren Zelten, den Tipis, den großen Bisonherden nach. Sie entwickelten sich zu wahren Reitkünstlern, nachdem Spanier und Portugiesen Pferde nach Amerika gebracht hatten.

F Die Indianer des Südwestens betrieben Ackerbau und Viehzucht. Einige Stämme gaben ihren Häusern, den Hogans, einen achteckigen Grundriss. Andere wiederum lebten in Terrassenhäusern, den Pueblos, Lehmbauten, die Wand an Wand und in Etagen übereinander gebaut waren.

Die Indianer Nordamerikas ◆ Les Indiens d'Amérique du Nord
Ein Kind erzählt ... ◆ Un enfant raconte ...

M1 Junger Krieger. Gemälde, 19. Jahrhundert.

1. Wertet die Texte und Abbildungen aus. Unterscheidet dabei nach folgenden Oberbegriffen: Nahrung, Kleidung, Wohnung, Frauen und Kinder, Sprache, Krieg, Religion, Lebensweisheiten.
2. Stellt eure Ergebnisse in geeigneter Form dar (z. B. Plakat, Wandzeitung, Computer-Präsentation). Ihr könnt dazu noch weitere Informationen (z. B. aus dem Internet, aus Büchern) sammeln.

M3 Zwei Büffel, von den Indianern „Tatanka" genannt. Foto.

M2 Unser Stamm gehört zu den Prärie-Indianern. Wir wohnen in Zelten, die wir Tipis nennen, und ziehen den großen Bisonherden nach. Diese Büffel nennen wir „Tatanka", das heißt „wandelnder Berg". Wir essen nicht nur das Fleisch, sondern verwenden auch die Felle für Kleidung, machen daraus Schuhe, Decken und Babytragen. Aus den Hörnern werden Löffel gefertigt. Die Knochen verarbeiten wir zu Messern, Schabern oder Pfeilspitzen. Die Sehnen gebrauchen wir als Bogensaiten oder Nähfäden. Aus dem Fett wird Seife hergestellt. Für uns ist ein Bison das lebende Symbol für die Welt. Jeder Teil des Bisons stellt einen Teil der Schöpfung dar. In letzter Zeit wird es für uns immer schwerer, die Büffel zu jagen. Die weißen Männer schießen sie mit ihren Feuerrohren in großen Massen ab, um uns die Lebensgrundlage zu nehmen. So vertreiben sie die Indianer und ergreifen Besitz von dem Land. Die Vorstellung, dass einem das Land gehört, ist uns ganz fremd. Kann man den Himmel kaufen, die Wärme der Erde, die frische Luft oder den Glanz des Wassers?
Wir Prärie-Indianer leben in Zelten. Andere Völker leben vom Ackerbau und der Viehzucht und können in festen Häusern wohnen, die man Pueblos nennt. Wer ein Tipi besuchen will, muss sich an strikte Regeln halten: Nur wenn die Zelttür offen ist, darf man eintreten. Man wartet, bis man zum Sitzen aufgefordert wird. Wenn man zu einer Feier eingeladen ist, muss man sein Geschirr und Besteck selbst mitbringen. Frauen sitzen niemals mit gekreuzten Beinen, sondern mit seitlich angezogenen Beinen. Beim Gespräch warten die Jungen, bis sie zum Sprechen aufgefordert werden.
Eine Indianerfrau wird Squaw genannt. Die Squaw bereitet die Nahrung zu, fertigt Kleidung an und ist für die Pflege der Zelte und Geräte zuständig. Auch bei der Erziehung der Kinder spielen die Mütter eine bedeutende Rolle. Bei uns lernen die Kinder vom guten Beispiel der Eltern.

M4 Vor dem Tipi. Foto, ca. 1870.

Der Häuptling eines Indianerstammes muss mutig, aber vor allem weise sein, denn nur wenn man seine Ratschläge gut findet, gehorchen ihm die Stammesmitglieder. Meistens geht es zwischen den Stämmen friedlich zu. Aber wenn es darum geht, Jagdgründe zu verteidigen, kann es zum Kampf kommen. Dann legen unsere Männer ihr Kriegszeug an. Einen Kopfschmuck aus Adlerfedern darf nur der tapferste Krieger tragen. Wichtigster und heiligster Besitz des Kriegers ist sein Schild, hergestellt aus der festen Nackenhaut des Bisons und mit persönlichen Zeichen des Kämpfers bemalt. Zur Kriegsausrüstung gehören Pfeil und Bogen und ein Beil, das Tomahawk genannt wird.

Wir glauben, dass in allen Dingen dieser Welt eine Seele, ein Geist wohnt. Der Himmel hat seinen Geist, die Wolken haben Geister, Sonne und Mond haben Geister. Ebenso Tiere, Bäume, Gras, Wasser, Steine, kurz: alles ist beseelt. Diese Geister sind unsere Götter.

Jeder Indianerstamm wählt große, mächtige oder besonders kluge Tiere zu Stammeszeichen, den Totems. Die Kraft dieser Wesen soll auf den Stamm übergehen.

Wichtig sind uns Indianern auch Tanzen, Singen und das Feiern von Festen. Im Tanz bitten wir die Geister um Regen, eine erfolgreiche Jagd oder Kriegsglück. Der Tanz wird von Musikinstrumenten wie Trommeln, Klappern oder Flöten begleitet.

Für die weißen Männer zählt nur, was sie auf Papier aufgeschrieben haben. Für uns ist die Kunst des Redens wichtiger. Indianer erzählen gern Geschichten, und oft wird der zum Häuptling gewählt, der am überzeugendsten reden kann. Um über große Entfernungen Botschaften übermitteln zu können, erzeugen wir mithilfe von Decken oder Fellen Rauchzeichen.

Es gibt keine Sprache, die von allen Indianerstämmen gesprochen wird. Um sich besser unterhalten zu können, unterstützen wir unsere Rede mit Handzeichen und mit typischen Gesichtsausdrücken. Mit dieser Zeichensprache kann man sich gut verständigen.

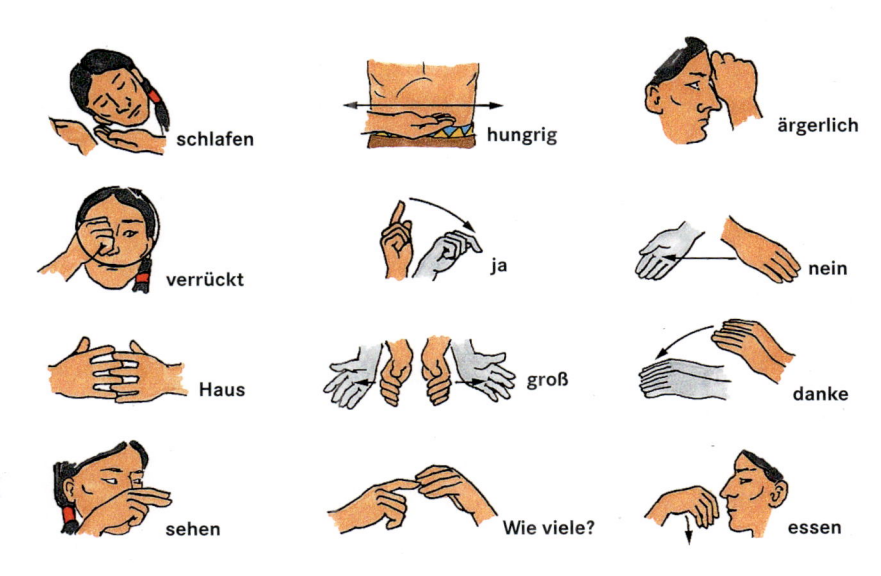

M6 Indianerkinder. Foto.

M5 Die Sprache der Hände.

M7 Red Cloud (1822–1909), Häuptling der Sioux. Foto, 1904.

Arbeitstechnik ◆ Méthode de travail
Spielfilme untersuchen ◆ Analyser des films

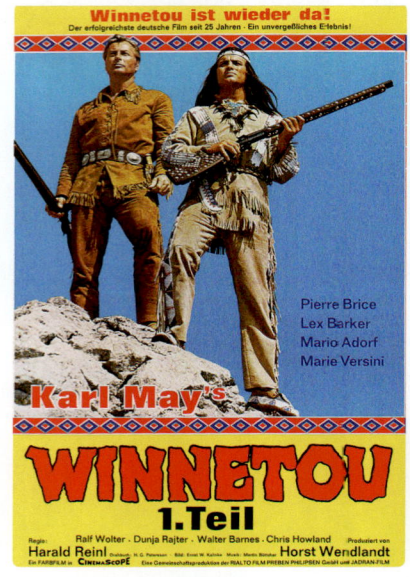

M 1–3 **Filmplakate.**

1. Erzählt von einem euch bekannten Indianer- oder Westernfilm.
2. Schreibt auf, welche Eigenschaften der Indianer und der Weißen in diesen Filmen besonders herausgestellt werden.
3. Berichtet, welche Eigenschaften der Indianer, die ihr in dieser Themeneinheit kennengelernt habt, nicht gezeigt werden.

Spielfilme als geschichtliche Quellen?

Unsere Vorstellungen über geschichtliche Ereignisse oder Personen werden häufig von Spielfilmen geprägt. Es gibt zahlreiche Filme über das Alte Ägypten oder die Römer, über Entdeckungsfahrten oder Kriege. Oft haben diese Filme wenig mit der geschichtlichen Wirklichkeit gemeinsam, sondern folgen eher der Fantasie der Filmemacher, denen es mehr um Spannung, Action, Liebe und Sehnsucht geht.

Vor allem in den 50er- und 60er-Jahren des 20. Jahrhunderts gab es unzählige Spielfilme, die das Leben von braven weißen Farmern, mutigen Cowboys, hinterhältigen oder edlen Indianern schilderten. In Deutschland waren besonders die auf den Romanen von Karl May basierenden Filme mit dem Indianerhäuptling Winnetou und seinem weißen Blutsbruder Old Shatterhand (gespielt von Pierre Brice und Lex Barker) beliebt.

Seit den 1970er-Jahren veränderte sich das Bild von Weißen und Indianern im Film. Die klare Rollenverteilung in Gut und Böse wandelte sich zugunsten einer wirklichkeitsnäheren Aussage. Indianer waren jetzt nicht nur wilde, blutrünstige Rothäute oder edle Naturmenschen, sondern Menschen mit Stärken und Schwächen, die um ihr Überleben kämpften.

Das hervorragendste Beispiel dafür ist der mit sieben Oscars (höchster amerikanischer Preis für Filmproduktionen) ausgezeichnete Spielfilm „Der mit dem Wolf tanzt" (USA 1989/90, Regie und Hauptrolle Kevin Costner). Ein Riesenerfolg beim Publikum war auch der Film „Der Schuh des Manitu" (Deutschland 2002, Regie „Bully" Herbig), der die älteren Karl-May-Verfilmungen ins Komische zog (man nennt das eine „Parodie").

Die folgenden Fragen sollen euch helfen, Spielfilme mit historischem Inhalt genauer zu betrachten und zu analysieren. Fasst eure Auswertung danach in einer Filmkritik zusammen.

1. Schritt
Kurzbeschreibung, Inhalt zusammenfassen

– Wo und wann ist der Film produziert worden?
– Wo und wann spielt die Handlung?
– Soll es um tatsächliche geschichtliche Ereignisse gehen oder ist der Stoff frei erfunden?
– Um welche Gattung (Art) Film handelt es sich? Abenteuer-, Liebes-, Kriegsfilm usw.?
– Inhaltsangabe: Wer sind die Hauptpersonen? Was ereignet sich?

2. Schritt
Wirkung des Films untersuchen

Bildgestaltung: Farbe oder Schwarz-Weiß? Ruhige oder schnell bewegte Bilder? Häufige Nahaufnahmen oder Totale? Wechsel der Blickrichtung (Perspektive)?
Ausstattung: Wie ist die Rollenbesetzung? Aufwand der Szenen (viele Statisten, Bauten, historische Kleidung ...).
Sprache und Musik: Wie ist die Sprache des Films insgesamt (einfach, kompliziert, glaubwürdig, albern, langweilig ...)? Wie ist die Sprache einzelner Personen? Erkennt man den Auftritt einer Person oder den Wechsel der Handlung bereits an der Musik? Wie unterstützt die Musik die Filmhandlung? Wirkt die Musik beruhigend, spannend, lustig, traurig? Wie sind Bilder und Musik aufeinander abgestimmt?

3. Schritt
Auswertung, Beurteilung

– Welche Informationen zum geschichtlichen Thema konnte man aus dem Film gewinnen?
– Sind die Informationen glaubwürdig, stimmen sie mit Informationen aus anderen Quellen überein?
– Sind die Informationen im Film von zentraler Bedeutung oder werden sie nebenbei übermittelt?
– Kann man den Film als „besonders wertvoll", „wertvoll", „weniger wertvoll" oder „fragwürdig" beurteilen? Für welche Altersgruppe ist der Film geeignet? Unterstützt der Film insgesamt die geschichtlichen Erkenntnisse oder vermittelt er ein eher falsches Bild?

4. Vergleicht M4–M6. Wie werden die nordamerikanischen Indianer dargestellt? Welche Darstellung entspricht wohl am ehesten der Wirklichkeit? Begründet eure Antwort.

M4 Szenenfoto aus „Der Schuh des Manitu", 2001.

M5 Szenenfoto aus „Der mit dem Wolf tanzt", 1990.

M6 Szenenfoto aus „Winnetou und das Halbblut Apanatschi", 1966.

Die Unabhängigkeitsbewegung ◆ Le mouvement d'indépendance
Neuengland ◆ La Nouvelle-Angleterre

M1 Die englischen Kolonien in Nordamerika um 1756.

Die ersten Kolonien

Die weißen Siedler (◆ le colon) aus Europa ließen sich zunächst an der Ostküste Nordamerikas nieder. Um das Zusammenleben zu regeln, wurden eigene Verwaltungen gebildet und eigene Gesetze erlassen. Schon im Jahre 1619 trat in Jamestown (Virginia) das erste Parlament nach englischem Vorbild zusammen. Bis 1756 wurden 13 englische Kolonien gebildet. In dem noch dünn besiedelten Land lagen die Orte oft weit voneinander entfernt. Die Wege waren schlecht und unsicher. Deshalb kamen nur selten alle Stimmberechtigten einer Kolonie zusammen. Allmählich ging man dazu über, Vertreter zu wählen, die die notwendigen Entscheidungen und Regelungen zu treffen hatten. Frauen durften an den politischen Versammlungen nicht teilnehmen.

Kolonien und Mutterland hatten verschiedene Interessen: Die Siedler wollten ihre Kolonien entwickeln, der König aber gedachte sich an den Kolonien zu bereichern. Auf alle Produkte, die aus England oder den anderen englischen Kolonien kamen, wurden Zölle erhoben.

1. Schreibt die 13 Kolonien in der Reihenfolge ihrer Gründung auf. Warum befanden sich alle an der Ostküste?
2. Erläutert mithilfe von M2, wie sich England an seinen Kolonien bereicherte.

Parlament	Le Parlement
Gewählte Volksvertretung, die an den politischen Entscheidungen teilnimmt.	Assemblée représentative élue. Elle participe aux décisions politiques.

Rohstoffe
- Roheisen
- Bauholz für Schiffe
- Tabak
- Baumwolle
- Pelze

Fertigwaren
- Tuche
- Tee
- Werkzeuge/Waffen

M2 Austausch von Handelsgütern zwischen den 13 Neuengland-Kolonien und England.

Streit um Steuern und Zölle

In einem siebenjährigen Krieg (1756–1763) eroberte England von Frankreich die nordamerikanischen Gebiete bis zum Missouri und bis nach Kanada. Die Siedler in den Neuengland-Kolonien sollten für die hohen Kriegskosten durch Zölle und Steuern auf Zucker, Kaffee, Wein oder Stoffe aufkommen. Als die Kolonisten noch für Zeitungen, Rechnungen und Verträge eine Stempelsteuer entrichten sollten, kam es zum Streit. Unter dem Motto: „No taxation without representation" (Keine Steuern ohne Vertretung im Parlament) weigerten sie sich, englische Waren zu kaufen und Steuern zu zahlen, solange sie nicht im englischen Parlament vertreten wären.

Zwar verzichtete der englische König nun auf die meisten Abgaben, die Zölle auf Tee aber ließ er bestehen. Da die Kolonisten weiterhin an ihrer Forderung, bei Steuerangelegenheiten im Parlament mitbestimmen zu dürfen, festhielten, spitzte sich die Auseinandersetzung zu. Sie erreichte am 17.12.1773 mit der sogenannten Boston Tea Party ihren Höhepunkt.

Die folgende erfundene Fernsehreportage soll euch zeigen, wie sich das historische Ereignis zugetragen haben könnte. Wir hören dazu unseren Reporter vor Ort, George News:

M3 Die „Boston Tea Party", 1773. Text-Bild-Collage auf der Basis des zeitgenössischen Gemäldes.

> Guten Abend, meine Damen und Herren! Ich befinde mich im Hafen von Boston am Griffins-Kai. Etwas Unglaubliches geschieht hier bereits seit mehr als einer Stunde! Ungefähr fünfzig Personen befinden sich auf den drei englischen Handelsschiffen Dartmouth, Beaver und Elarnor. Sie sehen aus wie Indianer – aber bei näherem Hinsehen entpuppen sie sich als Weiße! Wer sind sie? Warum werfen sie – wie Sie, meine Damen und Herren, am Bildschirm mit eigenen Augen verfolgen können – Hunderte von Teekisten ins Wasser? Warum klatschen alle Zuschauer hier Beifall? Haben Sie eine Erklärung dafür?

> Das ist ein Protest gegen die Teesteuer! Wollen Sie 3 Pence Steuern auf jedes Pfund Tee mehr bezahlen? Ich lasse mir meine Teestunde nicht nehmen!

> Pst – nicht weitersagen! Das sind die „sons and daughters of liberty"!

> Hervorragend!

> Ich bin entsetzt! Da sind Rebellen am Werk! Das muss ich sofort dem königlichen Gouverneur melden!

> Da ist ja der Rechtsanwalt John Hopkins! Mr. Hopkins, darf ich Sie um eine Erklärung bitten?

> Die Vernichtung des Tees ist eine so kühne Tat, dass ich sie als epochemachendes Ereignis betrachten muss! Sie wird notwendigerweise wichtige und dauerhafte Konsequenzen hervorrufen!

Sons and daughters of liberty:
Bewegung, die sich die Befreiung der amerikanischen Kolonien von Großbritannien zum Ziel gesetzt und sich für eine gerechte Behandlung der Siedler in Amerika eingesetzt hatte.

3. Dem englischen König soll die Nachricht von dem Ereignis in Boston mitgeteilt werden. Versetzt euch in die Rolle des Spions und schreibt einen Brief.
4. Überlegt, wie der König auf die Boston Tea Party reagiert haben könnte.
5. Erläutert die Meinung von John Hopkins. Wie denkt ihr darüber?

Die Unabhängigkeitsbewegung ◆ Le mouvement d'indépendance
„Dieses Land ist frei!" ◆ „Ce pays est libre!"

Krieg für die Unabhängigkeit

Die Boston Tea Party war ein Symbol für das Unabhängigkeitsstreben der Kolonien. Der englische König schickte Truppen in seine amerikanischen Kolonien, die Kolonisten gründeten eine Bürgerwehr. So kam es 1775 zum Krieg gegen England. Führende Vertreter der Kolonien, darunter Thomas Jefferson und Benjamin Franklin, veröffentlichten in Philadelphia am 4. Juli 1776 die Unabhängigkeitserklärung (◆ la déclaration d'indépendance).

M1 Aus der Unabhängigkeitserklärung vom 4. Juli 1776:

> Folgende Wahrheiten halten wir für selbstverständlich: Alle Menschen sind gleich geschaffen. Sie sind von ihrem Schöpfer mit unveräußerlichen Rechten ausgestattet. Dazu gehören Leben, Freiheit, Streben nach Glück. Zur Sicherung dieser Rechte sind unter den Menschen Regierungen eingesetzt, die ihre rechtmäßige Macht aus der Zustimmung der Regierten herleiten. Wenn eine Regierungsform diese Zwecke gefährdet, ist es das Recht des Volkes, sie zu ändern oder abzuschaffen und eine neue Regierung einzusetzen.
> Demnach verkünden wir ..., dass diese vereinigten Kolonien freie und unabhängige Staaten sind ..., dass sie losgelöst sind von aller Pflicht gegen die britische Krone, dass jede politische Verbindung zwischen ihnen und dem Staate Großbritannien ein für allemal aufgehoben ist. ...

Allan Nevius: Geschichte der USA, S. 309.

M2 Sturz des Denkmals König Georges III. von England 1776 in New York. Zeitgenössisches Gemälde.

Als Antwort auf den Denkmalsturz erklärte der englische König den rebellierenden Kolonisten den Krieg. Er schickte 280 Kriegsschiffe und 32000 Soldaten nach New York. Es war die größte Flotte, die es zu der Zeit auf der Welt gab. Zahlenmäßig und materiell waren die 8000 bewaffneten amerikanischen Freiheitskämpfer deutlich unterlegen. Und dennoch siegten die Kolonisten! Der entscheidende Vorteil war: Sie kämpften auf eigenem Grund und Boden für ihre Freiheit. Am 3. Februar 1783 musste England die Unabhängigkeit der 13 Kolonien anerkennen.

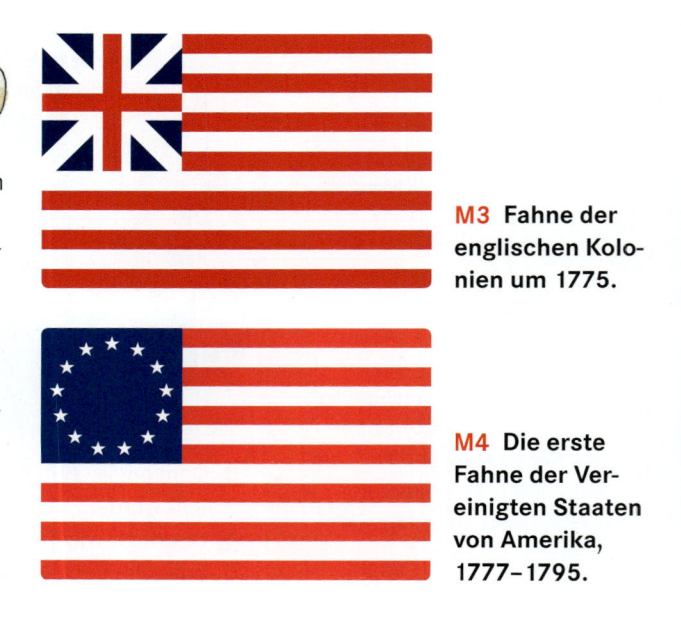

M3 Fahne der englischen Kolonien um 1775.

M4 Die erste Fahne der Vereinigten Staaten von Amerika, 1777–1795.

1. Überlegt zu M1: Welche Rechte werden den Menschen verliehen? Was bedeuten sie im Einzelnen? Von wem bekommen die Menschen die Rechte? Auf welche Weise sollen diese Rechte gesichert werden? Was soll geschehen, wenn die Regierung die Rechte des Volkes nicht beachtet? Warum wird die Urkunde als „Unabhängigkeitserklärung" bezeichnet?
2. Beschreibt M2 und überlegt, was die Menschen mit einem Denkmalsturz ausdrücken wollten.
3. Welche Bedeutung hat das Datum vom 4. Juli heute noch in den USA?
4. Inwiefern kann man sagen, dass die Flagge „Stars and Stripes" (M4) die Geschichte der USA widerspiegelt?

M5 Das folgende Interview, das Präsident George Washington einer Pariser Zeitung gewährte, ist frei erfunden. Aber es entspricht den geschichtlichen Tatsachen:

Exklusiv nur bei uns:
Das Interview mit dem Präsidenten

Paris, 1. Mai 1789: Nach dem Sieg im Unabhängigkeitskrieg gegen England haben sich die Vereinigten Staaten eine Staatsordnung, eine Verfassung, gegeben. Gestern wurde George Washington als erster Präsident der USA vereidigt. Er gewährte unserer Zeitung das folgende Interview:

Zeitung: Mr. Washington, Sie wurden zum ersten Präsidenten der Vereinigten Staaten gewählt. Würden Sie uns Ihre Aufgaben erklären?
Präsident: Als Präsident leite ich die Politik. Ich bin oberster Befehlshaber der Streitkräfte. Ich ernenne die Minister und die Mitglieder des obersten Gerichtshofs.
Zeitung: Woher haben Sie diese Macht?
Präsident: Vom Volk. Genau gesagt wählen die Bürger die Wahlmänner und diese dann den Präsidenten.
Zeitung: In den Vereinigten Staaten leben heute eine halbe Million Sklaven. Können die etwa auch wählen? Und was ist mit den Indianern und Frauen?
Präsident: Nein, noch ist es nicht so weit, dass Sklaven, Indianer oder Frauen wählen dürfen. Aber vielleicht kommt das ja noch eines Tages. Die Verfassung ist jedenfalls offen für Veränderungen.
Zeitung: Wäre es nicht viel einfacher, wenn Sie als gewählter Präsident auch die gesamte Macht im Staat besitzen würden?
Präsident: Mein Herr, Sie sind hier nicht in Frankreich, wo ein König von Gottes Gnaden regiert. Die Vereinigten Staaten sind eine Republik ohne König. Schon in unserer Unabhängigkeitserklärung haben unsere Bürger bestimmte Grundrechte bekommen. Bei uns ist die Staatsgewalt aufgeteilt. Der Kongress macht die Gesetze, ich führe sie aus und bei Streitigkeiten entscheiden die Gerichte.
Zeitung: Woher kommen all diese Ideen?
Präsident (lacht): Verzeihen Sie, wenn ich lache – von Ihnen, aus Frankreich. Schauen Sie einmal in die Bücher von Herrn Rousseau oder Herrn Montesquieu. Dort werden Sie die Antwort finden.
Zeitung: Herr Präsident, wir danken für das Gespräch.

M6 Die Verfassung (◆ la constitution) der USA.

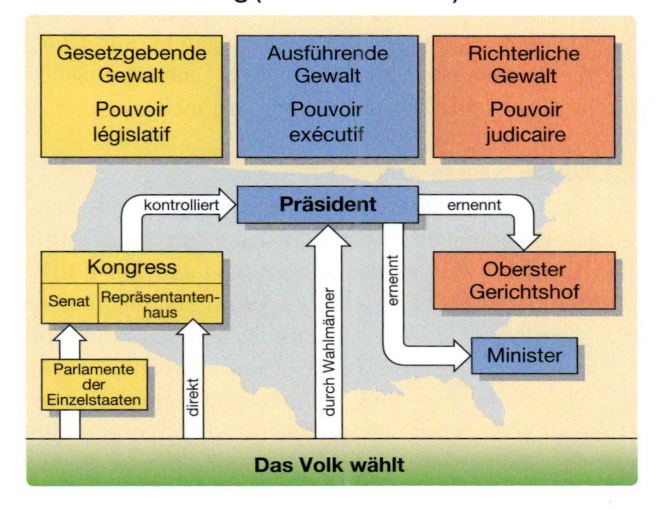

M7 Jean-Jacques Rousseau (1712 bis 1778) schrieb 1762 in seinem Buch „Der Gesellschaftsvertrag": Der Mensch wird frei geboren und überall ist er in Ketten. ... Auf seine Freiheit verzichten heißt, auf seine Menschheit, die Menschenrechte, ja, selbst auf seine Pflichten verzichten ... Eine solche Entsagung ist mit der Natur des Menschen unvereinbar.

Jean-Jacques Rousseau: Der Gesellschaftsvertrag, Stuttgart 1966, S. 30 ff.

M8 Charles de Montesquieu (1689 bis 1755) schrieb 1748 in seinem Buch „Vom Geist der Gesetze": Wenn die gesetzgebende Gewalt mit der ausführenden in einer Person ... vereinigt ist, dann gibt es keine Freiheit. ... Es gibt auch keine Freiheit, wenn die richterliche Gewalt nicht von der gesetzgebenden und von der ausführenden Gewalt getrennt ist.

I. und P. Hartig: Französische Revolution, Stuttgart 1990, S. 13.

5. Lest das Interview mit verteilten Rollen. Vergleicht die Aussagen des Präsidenten mit dem Schaubild M6.
6. Erläutert die Vorstellungen der Philosophen (M7 und M8).
7. Erklärt M6 mithilfe der Arbeitsschritte „Mit einem Schema arbeiten", die ihr im Anhang finden könnt.
8. Informiert euch über Washington, Rousseau und Montesquieu und berichtet darüber in der Klasse.

Freiheit und Gleichheit für alle? ◆ Liberté et égalité pour tous?
Menschenrechte für Indianer? ◆ Droits de l'homme pour les Indiens?

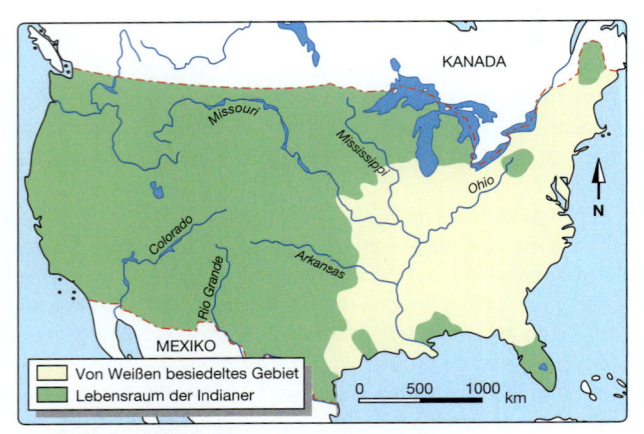

M1 Lebensraum der Indianer um 1850.

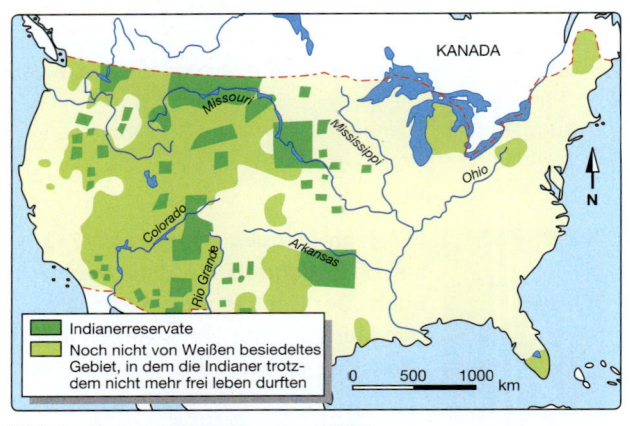

M2 Indianerreservate um 1875.

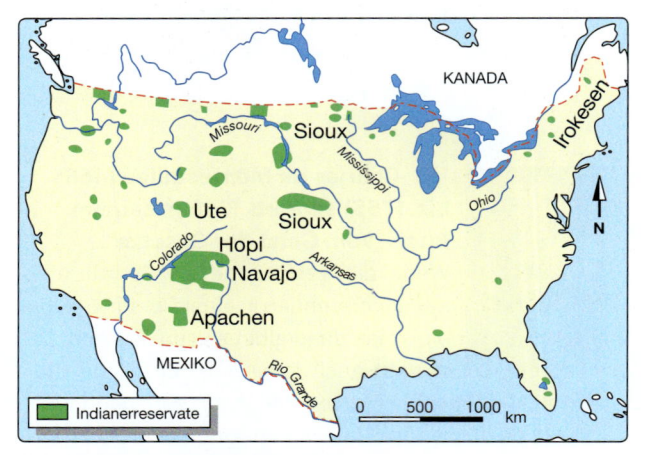

M3 Indianerreservate heute.

Die in der Verfassung der USA garantierten Rechte galten nicht für alle Menschen. Erst nach einem langen Bürgerkrieg bekamen die farbigen Sklaven der Südstaaten ihre Freiheit. Frauen durften erst seit 1920 wählen. Wie wurden die Indianer behandelt?

Go west!
Um 1800 gab es in Nordamerika etwa eine Million Indianer in 500 verschiedenen Stämmen. Sie lebten als Ackerbauern im nordöstlichen Waldland, als Büffeljäger in den Prärien des mittleren Westens oder als Bauern und Hirten im Südwesten. Etwa 100 Jahre später gab es nur noch 200 000 Indianer in den Reservaten.
Was war geschehen?
Immer mehr Europäer kamen als Siedler nach Nordamerika und drangen weiter nach Westen vor. Rücksichtslos wurden die Indianer aus ihren Siedlungs- oder Jagdgebieten vertrieben. Ein Sprichwort der Weißen lautete: „Die Knochen der Indianer müssen den Boden düngen, ehe der Pflug der Weißen ihn öffnen kann." Viele Indianer starben an ansteckenden Krankheiten, die die Siedler einschleppten, oder wurden durch Alkohol abhängig gemacht. Eisenbahnlinien wurden immer weiter nach Westen gebaut. Aus den fahrenden Zügen heraus schossen die Weißen ganze Büffelherden ab. Dadurch besaßen die Indianer keine Nahrungsgrundlage mehr.

Die Indianer wehren sich
1876 schlossen sich die Stämme der Sioux und Cheyenne zusammen und töteten in der Schlacht am Little Big Horn eine Truppe von weißen Soldaten. Aber 1890 wurden bei dem Ort Wounded Knee in Süddakota über 300 wehrlose Männer, Frauen und Kinder der Sioux von Bundestruppen getötet. Durch dieses Massaker wurde der Widerstandswille der Indianer gebrochen. Seither leben sie in abgelegenen und wenig fruchtbaren Gebieten, die man Reservate oder Reservationen (◆ la réserve indienne) nennt.

1. Vergleicht die Karten M1–M3, benennt die Veränderungen und überlegt, worauf sie zurückzuführen sind.
2. Diskutiert die Behandlung der Indianer durch die Weißen. Vergleicht deren Behandlung mit den in der Unabhängigkeitserklärung dargestellten Menschenrechten.

M4 Amerikanischer Fortschritt. Gemälde von John Gast, 1872.

M5 Bildergeschichte. Zeichnung, 1997.

M6 Massengrab für die Toten des Massakers am Wounded Knee. Foto, 1890.

3. Nehmt eine Bildanalyse von M4 vor, indem ihr die auf der entsprechenden Methodenseite vorgeschlagenen Arbeitsschritte anwendet:
   - Erläutert, wie der „Fortschritt" dargestellt wird.
   - Wie könnte die Bilderklärung aus der Sicht der Indianer lauten?
   - Vergleicht dann M4 mit M5 und M6.

Freiheit und Gleichheit für alle? ◆ *Liberté et égalité pour tous?*

Freiheit für Sklaven? ◆ Liberté pour les esclaves?

Sklaven werden wie Vieh behandelt

Seit dem 17. Jahrhundert wurden schwarze Menschen in Westafrika von berufsmäßigen Sklavenjägern eingefangen und nach Nordamerika verschleppt. In den Südstaaten (z. B. Virginia, Georgia) wurden sie auf Sklavenmärkten verkauft, um auf den Baumwoll- oder Tabakfeldern der weißen Farmer harte Arbeit zu leisten.

M1 Aus den Erinnerungen des ehemaligen Sklaven Salomon Northrop, 1835:
… Mr. T. Freeman, Veranstalter des Sklavenmarktes in New Orleans, begab sich am frühen Morgen zu seinem „Vieh". Bei dem gewohnten Fußtritt für die älteren Männer und Frauen und manchem Peitschenknall für die jüngeren Sklaven dauerte es nicht lange, bis alle auf den Beinen waren. Zuerst wurden wir angewiesen, uns sorgfältig zu waschen. Dann wurden wir neu eingekleidet – billig, aber sauber. Darauf wurden wir in einen großen Saal geführt, wo der Markt stattfinden sollte.
… Dann trafen die Kunden ein, um Freemans „neuen Warenposten" zu besichtigen. Freeman ließ uns den Kopf heben, während die Kunden unsere Hände, Arme und Körper abtasteten, uns herumdrehten und sich unsere Zähne zeigen ließen. An diesem Tag wurden die meisten Sklaven verkauft. Ein Mann kaufte auch den kleinen Randall. Seine Mutter Eliza rang die Hände und weinte laut. Sie bat den Mann, sie selbst auch zu kaufen. Der Mann antwortete, dass er dazu nicht in der Lage sei. …

Zit nach: Entdecken und Verstehen, Geschichtsbuch für Rheinland-Pfalz, 1995, S. 10.

M2 Sklaven in Afrika auf dem Marsch zur Küste. Kolorierter Holzstich, 1892.

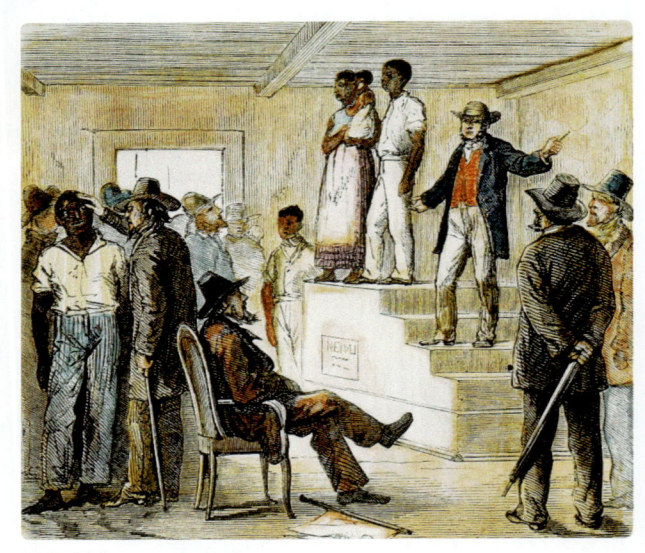

M3 Sklavenversteigerung. Kolorierter Holzstich, um 1800.

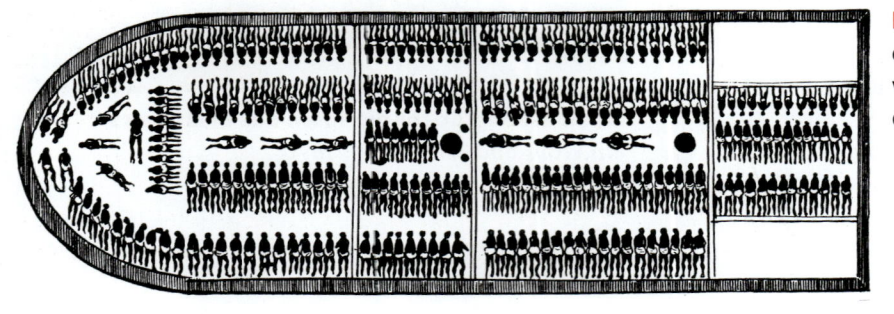

1. Beschreibt mithilfe von M1–M4, wie der Sklavenhandel vor sich ging.
2. Gebt in eigenen Worten wieder, wie die Menschen laut M1 behandelt wurden, und nehmt dazu Stellung.

M4 So wurden die Sklaven auf dem Schiff „Brookes" um 1800 verstaut. Flugblatt von Gegnern der Sklaverei, 1808.

M5 Sklavenfamilie auf einer Baumwollplantage in Georgia. Zeitgenössische Fotografie, um 1860.

M6 Der Lehrer Benjamin West berichtete über die Arbeit auf Reisplantagen in South-Carolina (1778/79):
Es ist üblich, dass ein Mann fünf-, sechs- oder siebenhundert Sklaven besitzt. 100 (Sklaven) braucht man, so heißt es, um eine Plantage gewinnbringend zu bearbeiten. Diese werden von einem Aufseher bewacht, der mit einem breiten Schwert bewaffnet ist, und unter ihm steht ein schwarzer Sklaventreiber, der immer eine Peitsche trägt … Den Sklaven werden pro Jahr (das heißt, wenn sie gute Herren haben) eine kurze Jacke, ein Paar Kniebundhosen aus einem rauen Stoff, den man „Sklavenstoff" nennt, … und ein Paar Schuhe zugestanden. Sie bekommen Getreide, Reis und Erbsen zu essen … Den Dienern, die man im Haus hält, geht es ganz anders als den Feldsklaven. Sie sind vornehm gekleidet und (in guten Familien) gut ernährt, aber sie bekommen ihren vollen Anteil Prügel.

Zit. nach: Willie Rose (Hg.): A Documentary History of Slavery in North America, New York (Oxford University Press), 1976, S. 55f.

M7 Abraham Lincoln (1809–1865), 16. Präsident der USA. Foto.

Der Kampf gegen die Sklaverei

In den Südstaaten der USA waren im 19. Jahrhundert etwa 3,5 Millionen Sklaven auf den Plantagen der weißen Herren beschäftigt. In den nördlichen Staaten entstanden große Industriebetriebe. Hier war die Sklavenhaltung verboten. Die Wahl des Sklavereigegners Abraham Lincoln zum Präsidenten löste 1861 einen blutigen Bürgerkrieg aus, der 1865 mit dem Sieg der Nordstaaten und der Abschaffung der Sklaverei endete. Zwar erhielten die ehemaligen Sklaven 1870 das Wahlrecht, aber in den Südstaaten wurden sie weiterhin als Menschen zweiter Klasse behandelt. 1865 gründeten weiße Rassisten die Organisation Ku-Klux-Klan, die Farbige verfolgte und tötete. Sie war mit dafür verantwortlich, dass 1896 im Süden der USA die Rassentrennung (◆ la ségrégation raciale) eingeführt wurde. Die schwarze Bevölkerung musste eigene Schulen, Restaurants, Hotels und Theater besuchen.

1955 organisierte der farbige Pfarrer Martin Luther King eine gewaltlose Bürgerrechtsbewegung, die sich die Aufhebung der Rassentrennung zwischen Weißen und Schwarzen zum Ziel setzte. Erst 1964 wurde die Rassentrennung durch ein Bürgerrechtsgesetz aufgehoben.

> Ich habe einen Traum, dass meine vier kleinen Kinder eines Tages inmitten einer Nation leben werden, in der man sie nicht nach ihrer Hautfarbe, sondern nach ihrem Charakter beurteilt.

M8 Martin Luther King (geboren 1929, ermordet 1968) nach seiner Rede „I have a dream" 1963 in Washington. Foto.

3. Versucht mithilfe der Materialien M1–M6 den Begriff „Sklaverei" zu erklären.
4. Klärt, gegen welche Aussagen der amerikanischen Unabhängigkeitserklärung die Sklaverei verstößt.
5. Nehmt zum Problem der Sklaverei schriftlich Stellung (z. B. in der Form eines Briefes an den Präsidenten oder eines Zeitungsartikels).
6. Beurteilt, ob der Traum von M. L. King in Erfüllung gegangen ist. Sammelt dazu Informationen zur Situation der Farbigen in den USA heute.

Auswanderung nach Amerika ◆ Émigration en Amérique

„Auf nach Amerika!" ◆ „En route pour l'Amérique!"

M 1 Auswanderer im Zwischendeck eines Segelschiffes. Holzstich, 1849.

Auswanderer erzählen

Ab dem 17. Jahrhundert wanderten immer mehr Menschen aus Europa nach Nordamerika aus. Sie kamen zunächst vor allem aus England, später auch aus Deutschland, Holland, Irland, Italien, Skandinavien und anderen Ländern. Warum verließen sie ihre Heimat? Was erhofften sie sich in Amerika?

> Wir lieben uns. Aber mein Freund ist ein Adliger und ich bin nur die Tochter eines Handwerkers. Deshalb können wir nicht heiraten. Ich wünsche mir ...

> Ich komme vom Niederrhein und gehöre zur Glaubensgemeinschaft der Quäker. Wir leben in unserer Glaubensgemeinschaft sehr einfach. Bei uns herrscht Gewaltfreiheit. Wir lehnen den Waffendienst ab. In Deutschland haben wir nur Schwierigkeiten. Ich hoffe, dass ...

> Ich komme von einem Bauernhof im Ösling. Mein älterer Bruder soll den Hof erben. Als Knecht hat man nichts zu beißen und kommt auf keinen grünen Zweig. In Amerika will ich ...

> In meiner Heimat gibt es keine Freiheit und Gleichheit. Etwas zu sagen haben nur die Fürsten und Reichen. Das einfache Volk muss den Mund halten und Steuern bezahlen. Ich glaube, in der Neuen Welt ...

1. Beschreibt M1 (Personen, Tätigkeiten usw.) und beurteilt die Reiseverhältnisse aus heutiger Sicht.
2. Ordnet die Aussagen der Personen nach politischen, religiösen, wirtschaftlichen und gesellschaftlichen Gründen. Stellt Vermutungen darüber an, welche Wünsche und Erwartungen die einzelnen Personen für das Leben in Amerika haben.

Auswanderung aus Luxemburg

Im 19. Jahrhundert wanderte etwa jeder sechste Luxemburger nach Amerika aus. Von 1841 bis 1891 verließen etwa 72 000 Einwohner unser Land, das etwa 200 000 Einwohner zählte. Luxemburg war ein armes Agrarland mit nur wenigen Industrien. Da man nur schwer Arbeitsplätze finden konnte, erhofften sich die Auswanderer ein besseres Leben in Amerika. Andere fühlten sich auch unfrei, ausgebeutet und in ihren Rechten beschränkt.

Die meisten Auswanderer waren Kleinbauern, Heimarbeiter, Knechte, Tagelöhner und Handwerker. Ein Drittel von ihnen waren Frauen. Durch Werbebroschüren, Reiseagenturen, Plakate von Schifffahrtslinien oder Briefe von bereits ausgewanderten Verwandten wurden vor allem junge Leute dazu ermuntert, in das „Land der unbegrenzten Möglichkeiten" zu kommen, billiges Farmland zu kaufen oder sich in den Großstädten anzusiedeln.

M3 Werbeplakat der Red Star Line, mit der die meisten Luxemburger die Reise über den Atlantik antraten.

M2 Zitiert nach einem Brief von Josephine Welter an ihren Bruder in Luxemburg:
Brooklyn 24. Mai 1857
Lieber Bruder,
Ich thue dir zu wissen dass wir alle glücklich in Amerika angekommen sind. Wir sind den 20ten März von Antwerben abgeschifft und sind den 8. Mai in New York angelandet … Unser Schiffart ist so ziemlich schlecht gewesen wir haben alle Seekrankheit gehabt … Wenn wir keine Nahrungsmittel von uns auf dem Schiff gehabt hätten wäre es uns schlecht genug ergangen den 25. März haben wir großen Sturm gehabt …
Ich bin nicht mit meinen Brüdern ins Land gegangen, ich bin zu New York geblieben ich habe mich auf dem Schiff mit einem Mädchen bekannt gemacht das hat ein Bruder hier in New York … (sie) haben gesagt ich solle bleiben … dem Mädchen sein Bruder will mich heiraten er ist ein Wagner von profession sein Name ist Michel Bodevin von Niederpallen. Ich und das Mädchen wir gehen miteinander bei ein Schneider nähen wir verdienen 2 1/2 Dollar die Woche …

Zit. nach: J. Ensch/C. Hury/J.-C. Muller (Hg.): Die Luxemburger in der Neuen Welt, Bd. 3 der Neuausgabe v. Nicolas Gonner (1889), Esch/Alzette 1985.

M4 Von 1892 bis 1954 kamen 12 Millionen Immigranten auf Ellis Island an. Nach der Registrierung und einer ärztlichen Untersuchung durften sie dann endlich ins „gelobte Land". Foto, 1900.

> **Migration**
> Aus- oder Einwanderung von Menschen aus wirtschaftlichen, politischen oder religiösen Ursachen.
>
> **La migration**
> Émigration ou immigration de populations qui quittent leur pays pour des raisons économiques, politiques ou religieuses.

3. Erklärt den Ausdruck: „Land der unbegrenzten Möglichkeiten."
4. Versucht euch Josephine Welter vorzustellen (Alter …).
5. Versetzt euch in Josephines Rolle und schreibt einen weiteren Brief an ihren Bruder zehn Jahre nach ihrer Auswanderung.

Was ihr noch tun könnt:
– Euch über ausgewanderte Vorfahren erkundigen.
– Eine Auswanderung planen.

Auswanderung nach Amerika ◆ Émigration en Amérique
Leben in der Neuen Welt ◆ Vivre dans le Nouveau Monde

Für Auswanderer.

Von Antwerpen nach New-York sind bei Unterzeichnetem Schiffsplätze, Lebensmittel und Spitalgeld mit einbegriffen, zu folgenden Preisen zu haben:

über 12 Jahre 95 Fr.;
von 8 bis 12 Jahre 75 „
von 1 bis 8 Jahre 65 „

Bei einer gewissen Anzahl von Emigranten werden die Preise noch billiger gestellt.

N. Hahn,
(623) Handelsmann zu Mersch.

M1 Anzeige im Luxemburger Wort, 25.6.1852.

Immöbelversteigerung wegen Auswanderung.

Am Freitag, den 2. October 1868, 4 Uhr Nachmittags wird auf Ersuchen der Wittwe Barbara Biltgen geborne Lehnertz, Eigenthümerin in Heffingen und des Herrn Jean Biltgen, Ackerer in Heffingen in seiner Eigenschaft als Vormund der minderjährigen Kinder der Frau Biltgen zur Versteigerung folgender Immobilien geschritten:

1. Ein Wohnhaus nebst Zubehör, gelegen zu Heffingen;
2. Ein Stück Land, Bann Heffingen, „in den Loeck" 9 Ares 10 Cent;
3. Ein dito, selben Bann und Ort, 21 Ares 40 Cent.;
4. Ein dito, selben Bann, „im Möllenberg", 15 Ares;
5. Ein dito, selben Bann und Ort, 13 Ares 40 Cent.;
6. Ein dito, selben Bann, „für Furels", 21 Ares 80 Cent.;
7. Ein dito, „im Lausbusch", 9 Ares 70 Cent.;
8. Ein dito, „in der Mettelshaecht", 7 Ares 70 Cent.;
9. Ein dito, „bei Muschent" 29 Ares 30 Cent.;
10. Eine Wiese 15 Ares 30 Cent. im Busch.

Die Versteigerung findet statt bei Herrn Gregorius Wirth zu Heffingen.

Fels, den 25. Sept. 1868.
1526 Edm. Heldenstein.

M2 Anzeige im Luxemburger Wort, 1.10.1868.

M3 Aus dem Tagebuch von Johann Weyer, geboren in Oberpallen, dem ersten Ansiedler von Town Belgium:

Im Jahr 1845 bin ich mit meiner Familie, bestehend aus vier Kindern sammt meiner Frau aus Deutschland, im Dorfe Sterpenich aus der Provinz Luxemburg, aus dem Canton Arlon, herausgezogen, hierhin nach Amerika. Wir sind am 15. Mai nach Antwerpen gezogen und sind dort am 25. Mai aufs Schiff gegangen. Wir legten unsere Seereise in 40 Tagen glücklich zurück und landeten am 4. Juli in New York. Die Schifffahrtskosten waren 75 Franken die Person. Und von New York bis Milwaukee in Wisconsin legten wir die Reise in 14 Tagen zurück auf Dampfschiff und Eisenweg. Die Fahrtkosten beliefen sich bis zu 12 Dollars die Person. In Milwaukee wohnten wir vier Wochen und gingen des Tages aus, das Land zu besehen, und fanden dann endlich diese schöne Gegend bei Port Washington, die uns am besten zu sein schien, und kauften uns Land, vom Kongress für 10 Schilling den Acker. Wir waren auch dieses Jahr die ersten Ansiedler in der Gegend und im Herbst 1846 zählten wir bereits 60 deutsche Familien. Meine Geräthschaften, Arbeitsgeschirr, etwas Möbel und dergl. kosteten mich $160, dazu kamen noch 6 Kühe für $14–$15 das Stück, ein Joch Ochsen für $50, und ein Wagen für $58 und Lebensmittel für den Anfang $150.

Luxemburger Gazette, Dubuque/Iowa, 24. März 1896

M4 Mit roh behauenen Baumstämmen errichteten die Einwanderer ihre ersten Häuser. Foto von François Martin.

1. Beschreibt die Etappen von der Auswanderung bis zur Ansiedlung in Amerika mithilfe von M1–M4 (Aufbruch, Überfahrt, Ankunft, Weg ins Landesinnere und Lebensbedingungen in der Neuen Welt).
2. Stellt Vermutungen darüber an, wie die Auswanderer an das nötige Geld kamen, um die Überfahrt zu bezahlen und Land zu erwerben.
3. Berichtet, wie die Auswanderer ihre neue Heimat erleben. Welche positiven und negativen Erfahrungen haben sie bereits gemacht?

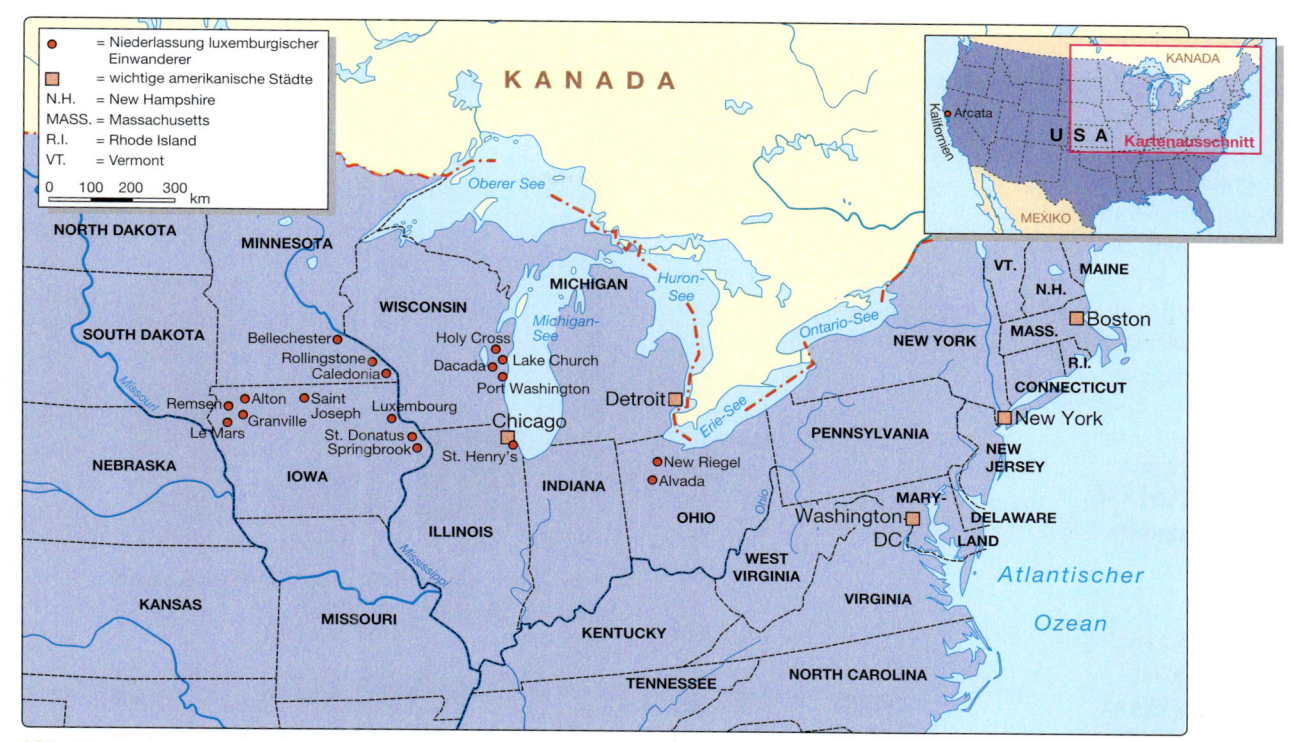

M5 Niederlassungen der luxemburgischen Einwanderer in den Vereinigten Staaten. Nach Jean-Claude Muller.

Die Luxemburger Auswanderung in Zahlen

Im 19. Jahrhundert wanderte etwa jeder sechste Luxemburger nach Amerika aus. Vor allem in der zweiten Hälfte des Jahrhunderts stieg die Zahl der Nordamerika-Auswanderer beträchtlich. Vier Auswanderungsphasen lassen sich unterscheiden:

1828: Auswanderungen nach Brasilien. Die Zahl der Auswanderer betrug weniger als 1000. Viele „Brasilianer" kehrten arm in die Heimat zurück.

1830–1845: Auswanderungen in die nordamerikanischen Staaten New York und Ohio.

1845–1860: Auswanderungen nach Chicago und in die östlichen Teile der Staaten Wisconsin und Iowa und ins Mississippi-Tal.

1860–1900: Auswanderungen in die westlichen Teile der Staaten Wisconsin und Iowa, nach Nord- und Süd-Dakota.

nach 1900: Einige Luxemburger lassen sich in Kanada nieder.

4. Schreibt eine erfundene Lebensgeschichte eines Auswanderers/einer Auswanderin aus Luxemburg vom Entschluss, das Land zu verlassen, bis zur Niederlassung in Nordamerika.

Edward Steichen, Fotograf

Édouard Jean Steichen, geb. 1879 in Bivange, wanderte 1881 mit seiner Familie nach Amerika aus. Als Edward Steichen wurde er einer der bekanntesten Fotografen der USA. Berühmtheit erlangte er durch seine Fotoausstellung „Family of Man", die heute in Clervaux zu besichtigen ist.

Hugo Gernsback, Erfinder, Autor und Herausgeber

Hugo Gernsbacher, geb. 1884 in Luxemburg, wanderte 1905 in die USA aus. Dort veröffentlichte er 1926 „Amazing Stories", die erste Science-Fiction-Zeitschrift der Welt. Gernsback gilt damit als Vater der Science Fiction.

M6 Bekannte Amerikaner mit Luxemburger Wurzeln.

Arbeitstechnik ◆ Méthode de travail
Diagramme lesen und erstellen ◆ Lire et dessiner des graphiques

Diagramme „lesen"

Diagramme sind zeichnerische Darstellungen von Zahlenangaben. Die häufigsten Formen sind Säulendiagramm (◆ le graphique en bâtons), Kurvendiagramm (◆ le graphique en courbe) und Kreisdiagramm (◆ le graphique circulaire). Die folgenden Schritte können euch helfen, Diagramme zu lesen.

1. Schritt – Äußere Merkmale bestimmen
– Um welche Art von Diagramm handelt es sich? Was ist das Thema (Überschrift)?

2. Schritt – Inhalte klären
– Was genau ist im Diagramm dargestellt?
– Für welchen geografischen Raum gelten die Angaben?
– Welcher Zeitraum ist erfasst?
– Welche Zahlen (absolute oder in Prozenten) sind ablesbar?
– Um welche Maßeinheiten handelt es sich?
– Welche Aussagen lassen sich aus den Angaben des Diagramms formulieren?

3. Schritt – Deuten
– Welche möglichen Erklärungen gibt es zu der dargestellte Information?
– Gibt es vielleicht Bezüge zu anderen Informationen?

<u>1.</u> Erprobt die Arbeitsschritte 1–3 an einem Beispiel (M1–M3).

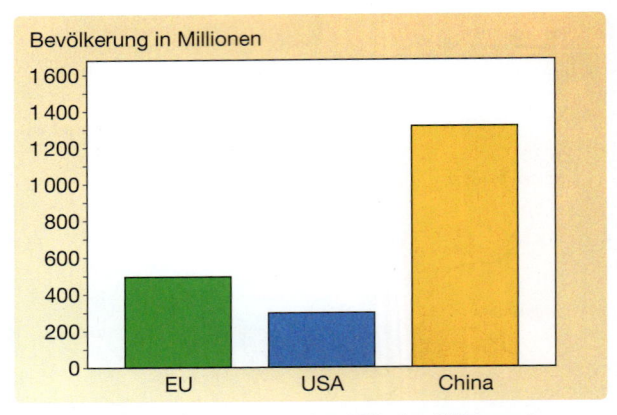

M1 Bevölkerungszahlen der EU, der USA und Chinas im Vergleich (2007).

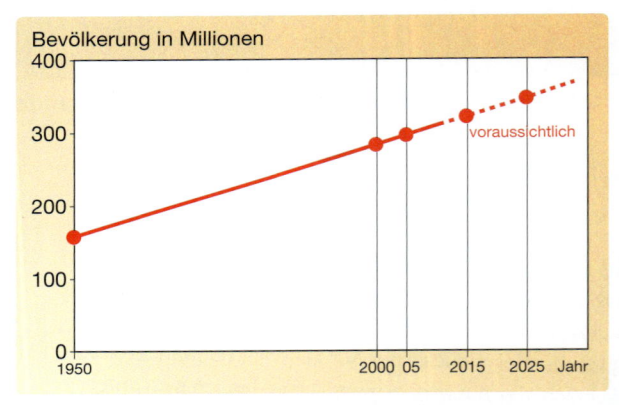

M2 Bevölkerungsentwicklung der USA von 1950 bis 2025.

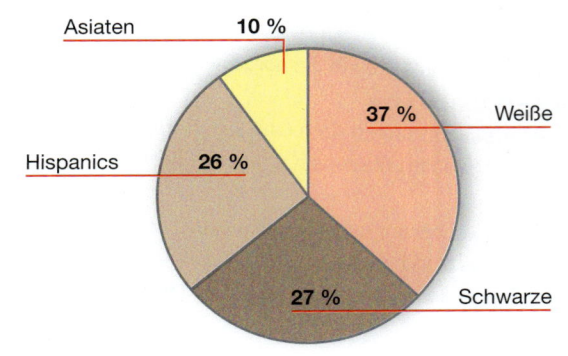

M3 Zusammensetzung der Bevölkerung New Yorks, 2007.

Ein Diagramm erstellen

M4 Entwicklung des Eisenbahnnetzes in den USA (1850–1910):

Jahr	1850	1860	1880	1890	1910
Länge in km	15 000	50 000	150 000	270 000	400 000

1. Erstellt ein Diagramm, das die Entwicklung des Eisenbahnnetzes in den USA im angegebenen Zeitraum darstellt.

1. Schritt — Äußere Merkmale bestimmen
– Wählt eine passende Diagrammart aus (Säulen- oder Kurvendiagramm).

2. Schritt — Achsen zeichnen
– Zeichnet eine waagerechte und eine senkrechte Achse ein.

3. Schritt — Achsen einteilen
– Teilt die Achsen gleichmäßig ein, sodass der kleinste und der größte Wert auf die Achse passen. Wählt dabei Abstände wie z. B. 1 cm, 5 mm oder eine Kästchenbreite, die sich leicht einzeichnen lassen.

4. Schritt — Achsen beschriften
– Beschriftet die Achsen (Name, Wert, Einheit).

5. Schritt — Säulen beziehungsweise die Kurve zeichnen
– Beim Säulendiagramm: Zeichnet mit Bleistift zu den Werten passende Säulen. Die Säulen sollen gleich breit sein.
– Beim Kurvendiagramm: Verbindet die Punkte zu einer Kurve.

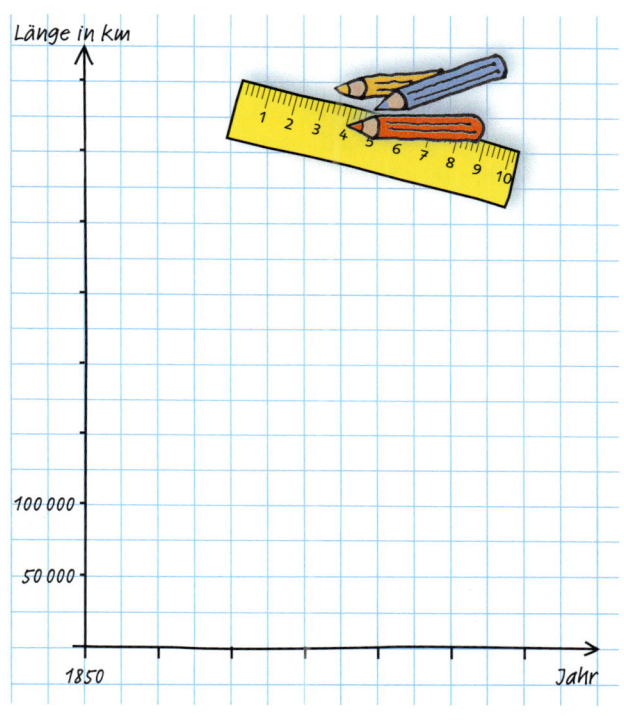

M5 Ein Beispiel für die Aufgabe 1.

M6 Fläche der Kolonialgebiete folgender europäischer Länder in km² (1760):

Europäische Länder	Kolonialgebiete in km² (1760)
Spanien	12 298
Portugal	8 500
Großbritannien	3 153
Frankreich	65

2. Erstellt ein Diagramm, das die Fläche der Kolonialgebiete ausgesuchter europäischer Länder im Jahr 1760 darstellt.

Amerika – L'Amérique
USA heute – Les États-Unis d'aujourd'hui

Arnold Schwarzenegger
Er wurde am 30. Juli 1947 in der Nähe von Graz in Österreich geboren, wo er auch aufwuchs. Seine Karriere als Bodybuilder begann er in Europa und wurde 1967 in London zum „Mister Universum" gewählt. In den 1970er-Jahren ging er als Bodybuilder und Filmschauspieler nach Kalifornien und wurde 1984 mit seiner Rolle als „Terminator" weltweit als Filmschauspieler bekannt. Seit 1983 ist er Staatsbürger der USA. Am 7. Oktober 2003 gewann er die Gouverneurswahlen im US-Bundesstaat Kalifornien, 2007 wurde er wiedergewählt.

Jennifer Lopez
Sie wurde am 24. Juli 1970 in New York als Tochter puerto-ricanischer Einwanderer geboren. Schon als Teenager trat sie in Musicals als Tänzerin auf.
Nach einem Schauspielstudium und kleineren Rollen in US-amerikanischen Fernsehserien begann 1995 ihre internationale Filmkarriere in Hollywood.
Daneben ist sie auch eine sehr erfolgreiche Pop-Sängerin – ihre Alben erobern regelmäßig die Spitze der US-amerikanischen und internationalen Charts.

M1 Bürger der USA.

M2 Ein Zaun, der bis in den Pazifik hineinreicht, trennt die Grenze zwischen Mexiko und den USA.
Rechts am Zaun hängt eine Informationstafel, auf der die Namen der Menschen verzeichnet sind, die bei dem Versuch, die Grenze in Richtung Kalifornien zu überqueren, ums Leben gekommen sind. Foto.

> Mein Name ist Conchita, ich stamme aus einer Kleinstadt in Mexiko. Mit 17 bin ich in die USA gekommen, damit meine Tochter in den USA aufwächst und es später besser hat. Seitdem arbeite ich illegal als Putzfrau bei Amerikanern. Ich verstehe kaum Englisch. Das Geld reicht kaum für mich und meine Tochter, jeden Tag bete ich, dass keine von uns krank wird, denn wir sind nicht versichert. Jeden Tag habe ich Angst, dass wir wieder nach Mexiko abgeschoben werden.

M3 Foto einer jungen Einwanderin aus Mexiko. Foto.

1. Warum spricht man bei den USA von einem Land von Einwanderern? Erklärt den Ausdruck „Melting Pot".
2. Inwiefern beeinflussen die USA heute unseren Alltag?

Was ihr noch tun könnt:
Eine Wandzeitung zum Thema: „Typisch Amerikanisch" herstellen.

Zusammenfassung ◆ Résumé

Amerika – ein Kontinent wird besiedelt

Zahlreiche Menschen, die in Europa religiös oder politisch unterdrückt wurden oder in wirtschaftliche Schwierigkeiten geraten waren, wanderten nach Amerika aus. Virginia wurde die erste von insgesamt 13 englischen Kolonien in Amerika. Die Auswanderer nahmen das Risiko einer strapaziösen und gefährlichen Reise auf sich, um sich eine neue Heimat zu suchen. Die gemeinsamen Bemühungen um die Bewältigung der zahlreichen Probleme ließen die Einwanderer schon bald zu einer neuen amerikanischen Nation zusammenwachsen.

England versuchte, seine Staatskasse auf Kosten der Kolonien aufzufüllen. Als die Kolonien sich dagegen wehrten (Boston Tea Party) und stärkere Mitspracherechte verlangten, schickte England Truppen nach Amerika. Es kam zum Krieg, der von 1775 bis 1783 dauerte. Bereits am 4. Juli 1776 erklärten die Kolonien ihre Unabhängigkeit vom Mutterland. Im Jahr 1787 gaben sich die 13 Gründerstaaten eine eigene Verfassung, in die erstmals das Prinzip der Gewaltenteilung aufgenommen wurde.

Um für die vielen Einwanderer genügend Land zu haben, wurden die Gebiete im Westen der USA immer mehr erschlossen. Die hier lebenden Indianer wurden meist gewaltsam vertrieben und zwangsweise in Reservationen umgesiedelt. Noch schlimmer erging es den Sklaven, die man aus Westafrika einführte. 1865 wurde die Sklaverei in den USA verboten, die Rassentrennung hingegen existierte in den Südstaaten bis 1964.

L'Amérique – la colonisation d'un continent

Un grand nombre de gens, opprimés pour des raisons religieuses ou politiques en Europe ou se trouvent en grandes difficultés économiques, émigrent en Amérique. La Virginie est la première des 13 colonies anglaises en Amérique. Les émigrants acceptent les risques d'un voyage fatigant et dangereux afin de trouver une nouvelle patrie. Leurs efforts pour résoudre les nombreux problèmes qu'ils rencontrent, les rapprochent les uns des autres. Ceci contribue à la naissance de la nouvelle nation américaine.

L'Angleterre tente de remplir les caisses de l'État en exploitant ses colonies. Les colonies s'y opposent (Boston Tea Party) et demandent plus de droits. L'Angleterre envoie alors des troupes en Amérique; c'est le début d'une guerre qui dure de 1775 à 1783. Le 4 juillet 1776 déjà les colonies déclarent leur indépendance. En 1787, les 13 États-fondateurs se donnent une constitution qui pour la première fois garantit le principe de la séparation des pouvoirs.

Comme les nombreux immigrants ont besoin de terres, les régions de l'ouest sont progressivement colonisées. Les Indiens sont le plus souvent chassés brutalement et déplacés vers des réserves.

Le sort des esclaves, qu'on fait venir d'Afrique de l'Ouest, est encore pire. L'esclavage n'est interdit aux États-Unis qu'en 1865, tandis que la ségrégation raciale continue à exister dans les États du Sud jusqu'en 1964.

1607 – Engländer gründen die erste Kolonie.

1775–1783 – Nordamerikanischer Unabhängigkeitskrieg

1789 – Verfassung der USA tritt in Kraft.

1865 – Die Sklaverei bleibt bis 1865 bestehen.

Standard-Check ◆ Bilan
Das solltet ihr wissen ◆ Vérifiez vos connaissances

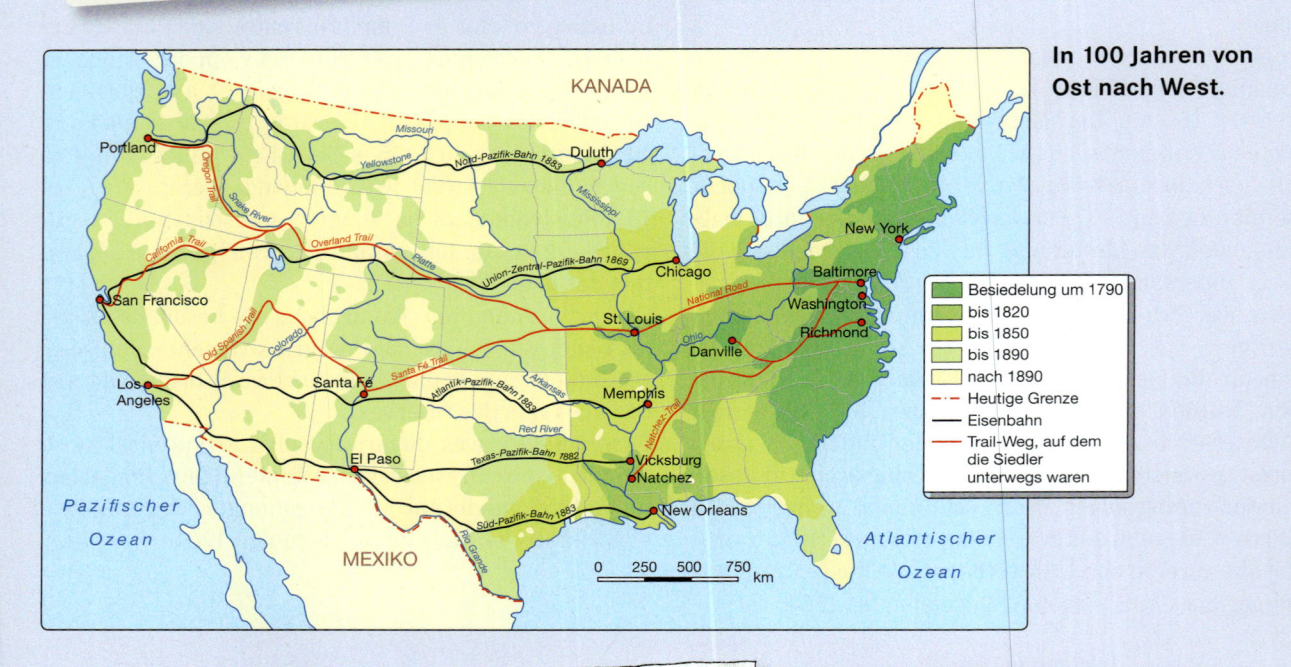

Arbeitsbegriffe

- ✓ Neuengland-Kolonien ◆ les colonies de la Nouvelle-Angleterre
- ✓ Unabhängigkeitserklärung ◆ la déclaration d'indépendance
- ✓ Verfassung ◆ la constitution
- ✓ „Native Americans" ◆ les Amérindiens
- ✓ Reservat/Reservation ◆ la réserve indienne
- ✓ Sklaverei ◆ l'esclavage
- ✓ Migration ◆ la migration
- ✓ Parlament ◆ le parlement

In 100 Jahren von Ost nach West.

Legende:
- Besiedlung um 1790
- bis 1820
- bis 1850
- bis 1890
- nach 1890
- Heutige Grenze
- Eisenbahn
- Trail-Weg, auf dem die Siedler unterwegs waren

Tipps zum Weiterlesen

Louisa May Alcott: Little Women, Penguin Group, 2004

Betty Sue Cummings: Feuer über Virginia. Erzählte Geschichte, dtv-junior, München 2002

Arlene Hirschfelder: Die Geschichte der Indianer Nordamerikas. Gerstenberg, Hildesheim 2001

Emilie Beaumont, Cathy Franco: Le Far West – à la conquête de l'Ouest. Coll. La Grande Imagerie, Fleurus, 2007

Patricia Latour: De l'esclavage à la liberté, Le temps des cerises, 2000

Stuart Murray: Der Wilde Westen. Mythos und Wirklichkeit. Gerstenberg, Hildesheim 2002

Was wisst ihr noch?

1. Aus welchen europäischen Staaten kamen die ersten Siedler?
2. Aus welchen Gründen wanderten viele Luxemburger nach Amerika aus?
3. Nennt Gründe, warum sich die Siedler gegen das Mutterland England auflehnten.
4. Warum wurden Sklaven von berufsmäßigen Sklavenhändlern hauptsächlich in die Südstaaten verkauft?
5. Aus welchen Gründen kam es zum Bürgerkrieg zwischen den Nord- und Südstaaten?

M1 Junger Krieger. Gemälde.

M2 Armut in einem Indianerreservat. Foto, 1994.

1775

1789

1. Vergleicht die beiden Abbildungen M1 und M2 und erklärt, welche Entwicklungen stattgefunden haben.
2. Warum veränderten die 13 Vereinigten Staaten von Nordamerika im Jahr 1789 das Aussehen ihrer Flagge aus dem Jahr 1775?
3. Die Freiheit des Menschen ist immer dann bedroht, wenn zu viel Macht in der Hand eines Einzelnen vereint ist. Der französische Philosoph Montesquieu schlug deshalb vor, die Macht im Staat aufzuteilen. Wie wurde dieser Gedanke der „Alten Welt" in der „Neuen Welt" umgesetzt?
4. Vergleicht die Abbildungen M4 und M5 und erläutert, was sich zwischen 1836 und 1960 verändert hat.

M3 Freiheitsstatue im New Yorker Hafen. Foto.

M4 Gesichter der Sklaverei. Flugschrift gegen die Sklaverei, 1836.

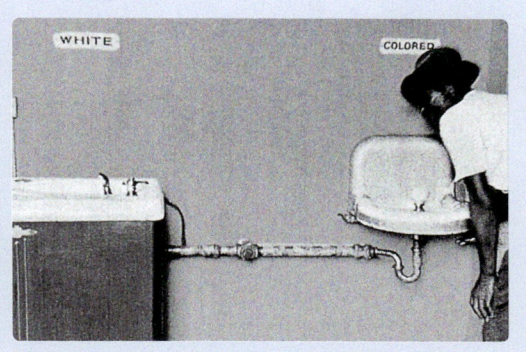

M5 Rassentrennung in den USA, um 1960.

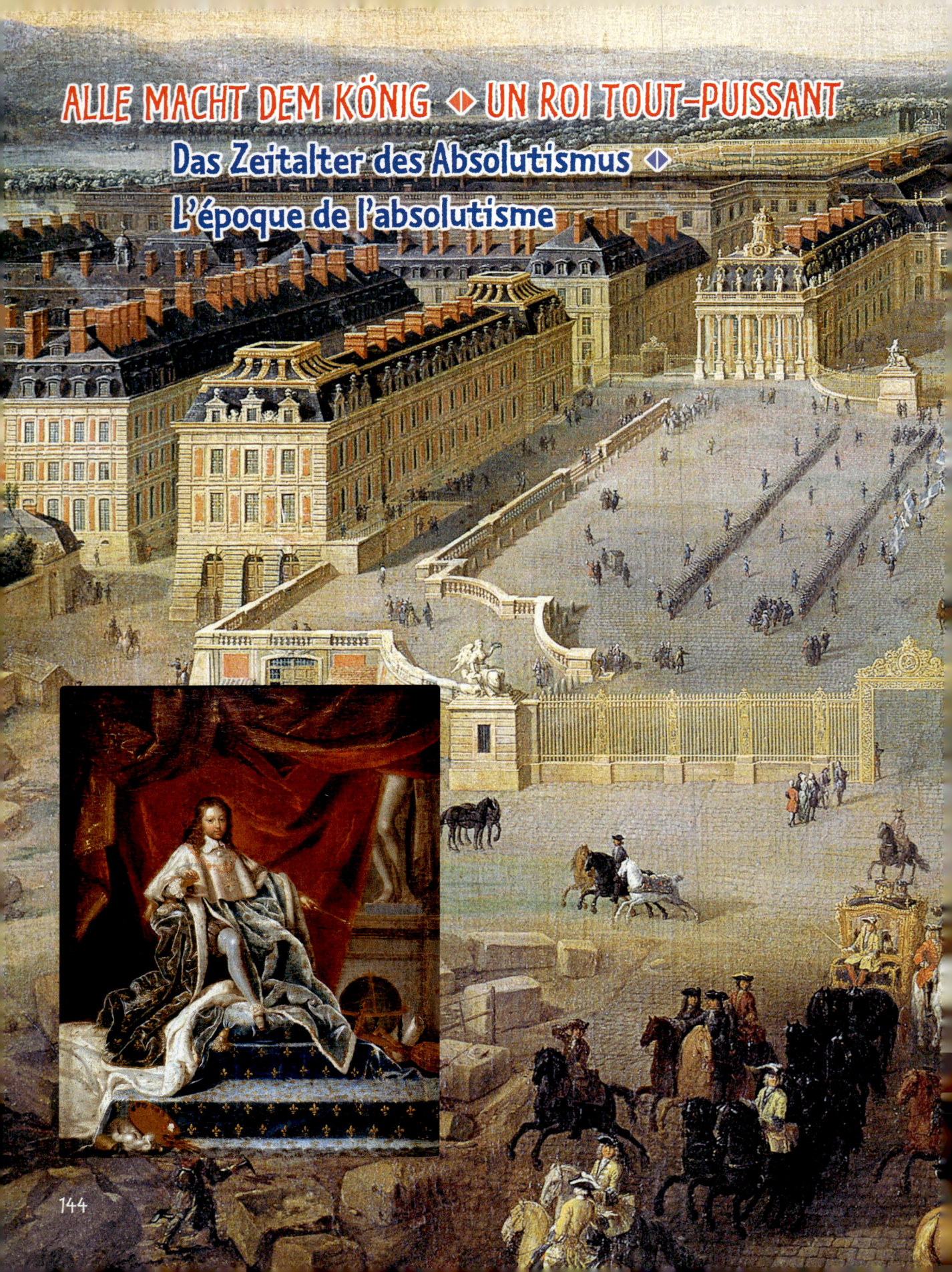

ALLE MACHT DEM KÖNIG ◆ UN ROI TOUT-PUISSANT
Das Zeitalter des Absolutismus ◆ L'époque de l'absolutisme

Das Bild links zeigt den zehnjährigen französischen König Ludwig XIV. (◀▶ Louis XIV). Als Erwachsener ließ er sich zwischen 1661 und 1689 in Versailles bei Paris einen prächtigen Herrschaftssitz – eine Residenz – errichten. Sein Schloss und seine als Absolutismus bezeichnete Regierungsform wurden zum Vorbild für die Fürsten und Könige aus ganz Europa.

1. Beschreibt das Schloss Versailles und zeichnet einen vereinfachten Grundriss (Vogelperspektive). Tragt darin folgende Begriffe ein: Hauptflügel, Seitenflügel, Schlosshof, Mauer, Zaun (Mehrfacheintragungen möglich).
2. Beschreibt die kleinen Bilder und notiert Fragen, die sich für euch beim Betrachten ergeben.

Das Zeitalter des Absolutismus ◆ L'époque de l'absolutisme
Orientierung in Zeit und Raum ◆ Orientation dans le temps et l'espace

Versailles – Vorbild für den Schlossbau in Europa

Fast jeder König oder Fürst versuchte, aus seinem Regierungs- und Wohnsitz ein „kleines Versailles" zu machen. Das Leben am Hof der „kleinen Sonnenkönige" ahmte den französischen Stil nach.

Champagner und Austern zum Frühstück, Maskenbälle, Theater, Jagd und Feuerwerk, teure Möbel, Kutschen, Kleider und Frisuren: Wer konnte sich diesen Luxus leisten? Welche Macht hatte der König? Woher kam das Geld für eine solche Pracht? Wie lebten die einfachen Menschen in dieser Zeit?

Diese Fragen soll dieses Kapitel beantworten.

M1 Der Peterhof bei St. Petersburg in Russland. Sommerresidenz der Zaren, um 1730.

Absolutismus	L'absolutisme
Regierungsform, bei der der Monarch (König, Fürst) die alleinige Staatsgewalt besitzt.	Forme de gouvernement où le pouvoir du monarque (roi, prince) est absolu, n'est soumis à aucun contrôle.

Residenz	La résidence
Wohn- und Amtssitz eines Staatsoberhauptes.	Lieu où habite et travaille un chef d'État.

M2 Absolutistische Staaten in Europa um 1750.

M3 Schloss Augustusburg in Brühl, vollendet 1768.

M4 Stadtansicht von Karlsruhe, 1721.

1. Vergleicht die Abbildungen M1, M3 und M4 mit der Abbildung auf S. 144/45. Was fällt euch auf?
2. Sucht mithilfe der Karte weitere Residenzstädte.

M5 Zeittafel Absolutismus.

1600

1648 Ende des Dreißigjährigen Krieges

1650

1659 Die südlichen Teile Luxemburgs fallen an das Königreich Frankreich
1661 König Ludwig XIV. übernimmt die Staatsgeschäfte in Frankreich
1682 Ludwig XIV. bezieht das Schloss von Versailles

1684 –1698 Luxemburger Festung unter französischer Herrschaft

1700

1715 – 1774 Ludwig XV. ist französischer König

1750

1774 –1791 Ludwig XVI. ist französischer König

1789 Die Französische Revolution beendet den Absolutismus in Frankreich

1800

Arbeitstechnik ◆ Méthode de travail
Bilder lesen ◆ Lire des images

1701 erhielt der Maler Hyacinthe Rigaud den Auftrag, ein Porträt Ludwigs XIV. anzufertigen. Der König war damals 53 Jahre alt und hatte in Europa eine führende Stellung errungen. Das lebensgroße Bild (279×190 cm) sollte weniger die Person als vielmehr, seine königliche Macht demonstrieren. Das Bild hat zahlreiche Nachahmungen gefunden.

Hinweise auf einige Bilddetails:

Allongeperücke (allonger = verlängern)

Spitzenkragen

Orden des Heiligen Geistes

Mantel aus Hermelinpelz (innen) und Brokat mit goldenen Lilien (Wappen des Königshauses)

Thron

Schwert Karls des Großen

Zepter

Spitzenwäsche

Krone

Seidenstrümpfe

Schuhe mit Absatz

M1 Ludwig XIV., König von Frankreich (1638–1715). Gemälde von Hyacinthe Rigaud, 1701.

Unser Wissen über die Vergangenheit gewinnen wir oft aus Bildern.

Die folgenden Fragen werden euch helfen, Bilder auszuwerten:

1. Schritt – Bild betrachten
– Wie wirkt das Bild als Ganzes auf euch? Welche Einzelheiten sprechen euch besonders an, was findet ihr interessant, schön, hässlich, abstoßend, lächerlich usw.?

2. Schritt – Bild beschreiben
– Welche Daten des Bildes sind bekannt (Name des Künstlers, Bildtitel, Entstehungszeit)?
– Gibt es einen Mittelpunkt, einen Vorder- und Hintergrund?
– Was ist dargestellt (Thema, Anordnung der Personen, Gegenstände usw., Farben, Helligkeit)?

3. Schritt – Bild deuten
– Was will der Künstler ausdrücken?
– Zu welchem Zweck wurde das Bild geschaffen?
– Was versteht ihr nicht? Wozu braucht ihr weitere Informationen?
– Was lernt ihr aus dem Bild über geschichtliche Ereignisse oder Hintergründe?
– Welche offenen Fragen ergeben sich aus dem Bild?

1. Betrachtet, beschreibt und deutet das Bild Ludwigs XIV. (M1) mithilfe der dargestellten Arbeitstechnik. Vergleicht es anschließend mit M2 auf dieser Seite.

M2 Kaiserin Maria Theresia von Österreich, u. a. Herzogin zu Luxemburg (1717–1780). Gemälde von Martin van Meytens, ca. 1750.

Das Zeitalter des Absolutismus ◆ L'époque de l'absolutisme
Leben bei Hofe ◆ La vie à la cour

M1 Der König wird angekleidet. Farblithographie von Maurice Leloir, 19. Jahrhundert.

M2 „Vive l'étiquette" ou: „La fin tragique d'un monarque absolu." Comiczeichnung.

Sprechblasen M2:
- « N'osez pas toucher à sa chemise!! C'est mon privilège! »
- « Une ficelle ordinaire? Allez chercher immédiatement une corde en soie et en brocart d'or! »

Hofzeremoniell

Das Schloss Versailles war das Zentrum Frankreichs. Hier lebte der König, umgeben von seinem Hofstaat, der aus Tausenden von Adligen bestand. Es gab rauschende Feste mit Musik und Feuerwerken, Jagden, Theateraufführungen und Festessen. Der König selbst und die meisten Adligen seines Hofstaates heirateten nicht aus Liebe, sondern aus Standesinteressen. Es war üblich, sich eine Mätresse (Geliebte) zu halten. Das morgendliche Aufstehen und Ankleiden des Königs war ein Staatsereignis. Am Hof herrschte eine strenge Etikette. Das waren Verhaltensregeln und Umgangsformen, die die Rangordnung der Adligen berücksichtigten.

1. Beschreibt die Stationen des Zeremoniells nach M3 und fügt hinzu, was in der Erzählung noch fehlt (beachtet dazu M1 und M5).
2. Erstellt eine Tabelle zum Tagesablauf des Königs (M3).
3. Klärt, worin der Witz von M2 besteht.
4. Beschreibt M4 und macht einen virtuellen Spaziergang durch Versailles. Schildert eure Erlebnisse.

M3 Der Herzog von Saint-Simon berichtet in seinen „Erinnerungen" (1740–1755 geschrieben):

Um 8 Uhr früh weckte der erste Kammerdiener den König. Der König nahm Weihwasser und sprach ein Gebet. Inzwischen waren die Prinzen ... und danach einige Vertreter des höchsten Adels eingetreten ... Es kamen die vier Minister, die Vorleser, die Apotheker, Ärzte, Silberbewahrer, einige Offiziere und Kammerdiener. Nachdem der König eine kleine Perücke aufgesetzt hatte, erschienen die Kammerherren. Sofort traten die Kirchenfürsten, Gesandten, Marschälle und andere Würdenträger ein, denen ... der breite Schwarm der Höflinge folgte. Der König zog sein Nachthemd aus und übergab die Reliquien, die er während der Nacht auf dem bloßen Leibe trug, dem ersten Kammerdiener. Er verlangte sein Taghemd. Dies war der Höhepunkt der Zeremonie. Das Recht, dem König das Hemd zu reichen, stand dem Bruder des Königs zu; wenn er abwesend war, den Söhnen und Enkeln des Königs. War der König angezogen, betrat er das anliegende Gemach. Dort hielt er Rat mit den Ministern.

Nach: Theodor Steudel: Der Fürstenstaat, Berlin 1933, S. 1 ff.

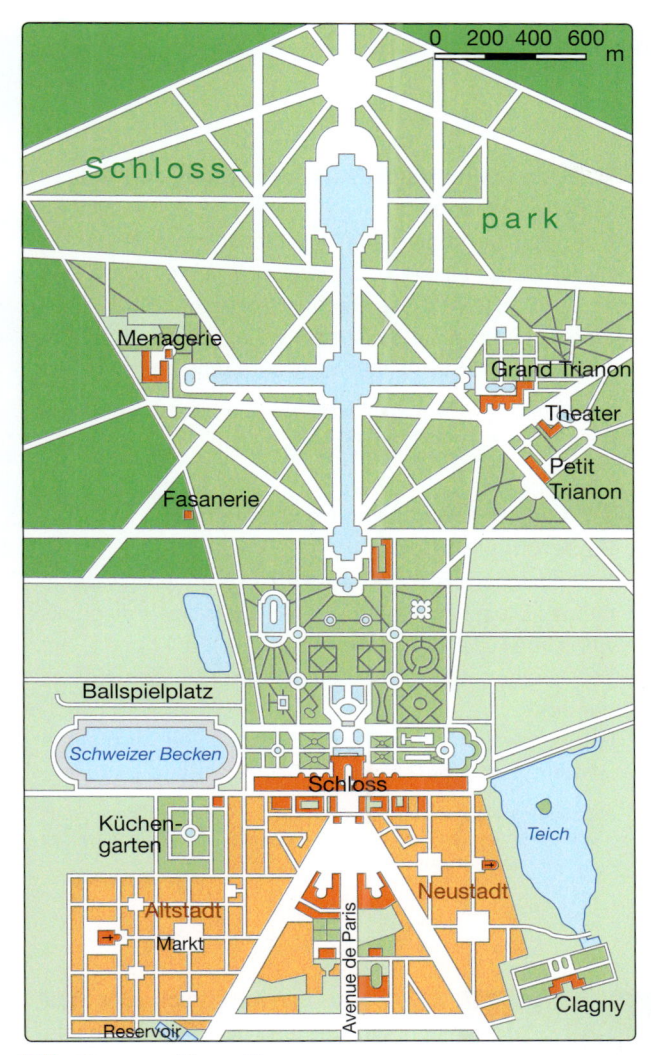

M4 Plan von Versailles.

M5 Schlafzimmer des Königs. Foto.

Eine Prinzessin am Hofe Ludwigs XIV.

1671 heiratete die in Heidelberg geborene Prinzessin Elisabeth Charlotte (1652–1722), genannt Liselotte von der Pfalz, Philipp von Orléans, den Bruder des Königs. Es war eine unglückliche Ehe an der Seite eines Mannes, der sie nicht liebte. Durch das Schreiben von über 5000 Briefen versuchte sie, ihre Einsamkeit und Langeweile zu vergessen.

> **M6** Aus den Briefen der Prinzessin Liselotte von der Pfalz (sprachlich vereinfacht):
>
> … Den Morgen bis um drei nachmittags waren wir auf der Jagd, danach, wenn wir von der Jagd kamen, kleidete man sich anders an und ging hinauf zum Spiel, dort blieb man bis um sieben Uhr abends, von da ging man in die Komödie, welche um halb elf aus war, alsdann ging man zum Nachtessen, vom Nachtessen zum Ball, welcher bis drei Uhr morgens währte und dann zu Bett.
>
> Alle jungen Leute … sind schrecklich verdorben und allen Lastern ergeben, Lügen und Betrügen fehlt ihnen nicht und sie meinen, es wäre ihnen eine Schande, wenn sie ehrliche Leute wären; was sie aber tun, ist saufen, verführen und Wüsteneien sagen und wer am ungeschicktesten unter ihnen ist, davon halten sie am meisten und der ist am besten geachtet.
>
> Nach: Helmuth Kiesel (Hrsg.): Briefe der Lieselotte von der Pfalz, Frankfurt 1981, S. 64–66.

5. Stellt den Tagesablauf der Prinzessin anhand von M6 in einer Zeitübersicht dar.
6. Erklärt, was die Prinzessin an den jungen Leuten auszusetzen hatte.

Frankreich zur Zeit des Absolutismus ◆ La monarchie absolue en France

„Der Staat bin ich!" ◆ „L'État c'est moi!"

M1 Medaille Ludwigs XIV. von 1674. Die Umschrift „Nec pluribus impar" heißt übersetzt: „Keiner kommt ihm gleich."

M2 Über seine Herrschaftsauffassung schrieb Ludwig XIV. selbst:
Gott, der die Könige über die Menschen gesetzt hat, wollte, dass man sie als seine Stellvertreter achte, und er selbst hat sich das Recht vorbehalten, über ihren Wandel zu urteilen. Es ist sein Wille, dass, wer als Untertan geboren ist, willenlos zu gehorchen hat.

Aus: Ludwig XIV., Memoiren, hrsg. von Leopold Steinfeld, Basel/Leipzig 1931, S. 271.

M3 Ludwig XIV. schrieb im Jahr seines Regierungsantritts:
Ich habe mich entschlossen, keinen Premierminister in meinen Dienst zu nehmen …, nichts ist unwürdiger, als wenn man auf der einen Seite alle Funktionen, auf der anderen Seite nur den leeren Titel des Königs bemerkt …
Ich wollte die oberste Leitung ganz allein in meinen Händen zusammenfassen.

Aus: Ludwig XIV., Memoiren, S. 21–35 (zit. nach: A. Moser: Das Werden einer neuen Zeit. Staat und Gesellschaft im Zeitalter des Absolutismus, Stuttgart 1972, S. 48).

<u>1.</u> Beschreibt M1 und M4 und stellt Vermutungen darüber an, warum König Ludwig XIV. die Sonne als Sinnbild (Symbol) seiner Herrschaft wählte.

Der Sonnenkönig

1661 übernahm Ludwig XIV. von Frankreich, der „Sonnenkönig"(◆ le roi-soleil), die Regierung. Kaum im Amt, ließ er seine Minister und Räte zu sich kommen und teilte ihnen mit, dass er zukünftig alle wichtigen Entscheidungen im Staat selbst treffen wolle. Er wollte allein und unabhängig von anderen herrschen und soll einmal gesagt haben: „Der Staat bin ich!"

<u>2.</u> Erklärt den Ausspruch „Der Staat bin ich!" und den Begriff „Absolutismus" mithilfe dieser Doppelseite.

<u>3.</u> Klärt, wie in M2 die Herrschaft des Königs gerechtfertigt wird.

M4 Ludwig XIV. ließ sich gerne als Sonne darstellen. Er übernahm sogar diese Rolle beim Ballett. Szene aus dem Spielfilm „Le roi danse", 2000.

Exklusiv nur bei uns:
Das Interview mit dem König

Pariser Zeitung: Majestät, Ihr seid heute der bedeutendste König von Europa. Wie ist es Euch gelungen, diese Machtposition zu erringen?

Der König: Durch harte Arbeit! Ich bin morgens früh aufgestanden und habe den ganzen Tag über am Schreibtisch gesessen. Ich war immer über alles unterrichtet, wusste jederzeit über die Stärke und Ausbildung meiner Armee Bescheid. Verhandlungen mit fremden Gesandten habe ich selbst geführt. Ich habe viele Stunden damit zugebracht, Briefe zu lesen und zu beantworten. Ich bestimmte die Einnahmen und Ausgaben des Staates und ließ mir von meinen Mitarbeitern die Rechnungen vorlegen.

Pariser Zeitung: Wie ist es Euch gelungen, die Machtansprüche der französischen Adligen auszuschalten?

Der König: Ich holte sie an meinen Hof in Versailles. Da waren sie nicht nur unter meiner Kontrolle, sondern gaben für Kleidung, Perücken, Kutschen und Parfüm so viel Geld aus, dass sie froh waren, wenn ich ihnen eine Stellung als Beamter oder Offizier übertrug.

Pariser Zeitung: Früher wurden die Soldaten nach einem Krieg wieder entlassen. Ihr, Majestät, aber habt die Soldaten ständig unter Waffen gehalten. Würdet Ihr unseren Lesern erklären, wozu dieses ständig verfügbare Heer nötig war?

Der König: Ihr meint das stehende Heer? Ja, da kann man die Soldaten viel besser ausbilden und sie ständig zur Verfügung halten. Ich konnte so leichter Kriege führen und war auch gegen Aufstände im Innern Frankreichs gut gerüstet.

Pariser Zeitung: Aber das war doch sicher alles sehr teuer?

Der König: Gewiss, aber bedenkt doch: Was ist ein absoluter König ohne eine Armee? Schließlich habe ich viele Kriege erfolgreich geführt. Außerdem haben viele Unternehmer in Frankreich an den Waffen und der Ausrüstung für das Heer auch gut verdient.

Pariser Zeitung: Das Heer, der Bau von Versailles, die teuren Hofbälle oder Feuerwerke – all das kostete doch unglaublich viel Geld – woher kam das?

Der König: Von den Steuern der Untertanen natürlich! Mein Finanzminister hatte die Idee, mit dem Kaufpreis für Waren zugleich Steuern einzuziehen. So konnten die Staatseinnahmen praktisch verdoppelt werden.

Pariser Zeitung: Und wer sorgte dafür, dass Eure Befehle auch beachtet wurden?

Der König: Ich ernannte treue Staatsdiener zu Beamten. Sie bekamen von mir ein festes Gehalt und führten dafür meine Befehle aus.

Pariser Zeitung: Majestät, wir danken für das Gespräch.

M5 Dieses Interview, das König Ludwig XIV. 1715 einer Zeitung gewährte, ist frei erfunden. Aber es entspricht den geschichtlichen Tatsachen.

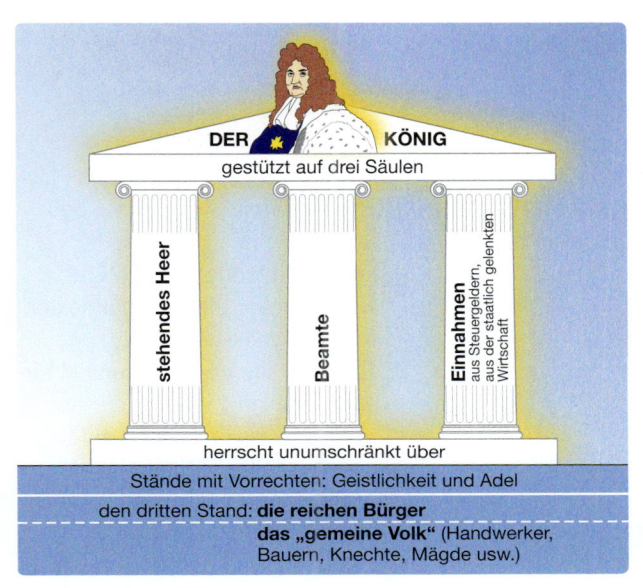

4. Klärt, welche Arbeiten der König nach eigener Aussage zu erledigen hatte.

5. Erklärt M6 mithilfe des Interviews (M5).

Vorrechte | **Les privilèges**
Besondere Rechte (Privilegien), z. B. Steuerfreiheit. | Droits, avantages particuliers, p. ex. exemption d'impôt.

DER KÖNIG
gestützt auf drei Säulen
- stehendes Heer
- Beamte
- Einnahmen, aus Steuergeldern, aus der staatlich gelenkten Wirtschaft

herrscht unumschränkt über

Stände mit Vorrechten: Geistlichkeit und Adel
den dritten Stand: **die reichen Bürger**
das „gemeine Volk" (Handwerker, Bauern, Knechte, Mägde usw.)

M6 Die absolutistische Staatsordnung.

Was ihr noch tun könnt:
Eine Diskussion zwischen Franzosen verschiedener Herkunft über die Rolle des Königs nachspielen.

Frankreich zur Zeit des Absolutismus ◆ La monarchie absolue en France
Wie wird der Staat reich? ◆ Comment enrichir l'État?

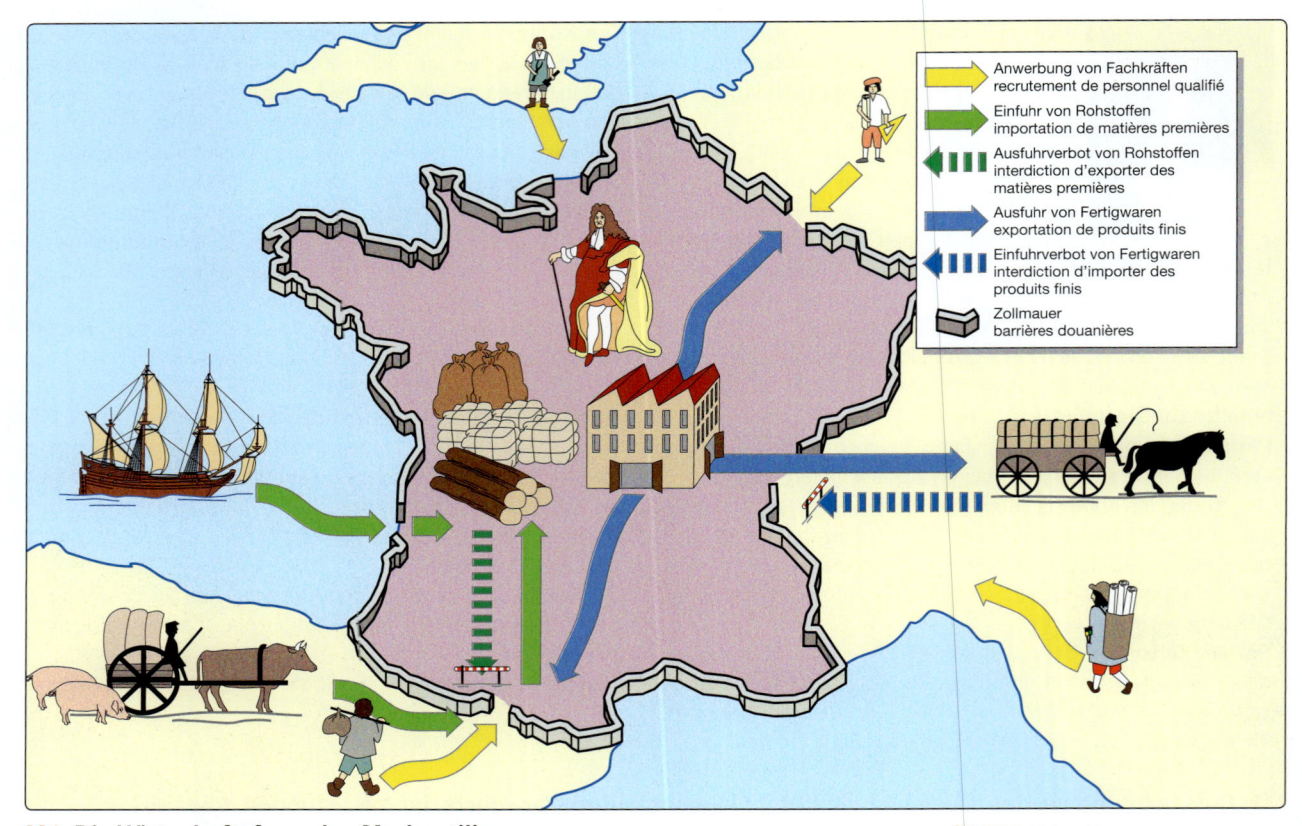

Legende:
- Anwerbung von Fachkräften / recrutement de personnel qualifié
- Einfuhr von Rohstoffen / importation de matières premières
- Ausfuhrverbot von Rohstoffen / interdiction d'exporter des matières premières
- Ausfuhr von Fertigwaren / exportation de produits finis
- Einfuhrverbot von Fertigwaren / interdiction d'importer des produits finis
- Zollmauer / barrières douanières

M1 Die Wirtschaftsform des Merkantilismus.

Der König in Geldnot

Als Jean Baptiste Colbert, der Sohn eines bürgerlichen Tuchhändlers, vom König zum Finanzminister ernannt wurde, war die Staatskasse leer. Das Schloss Versailles, die Vergnügungen bei Hofe, die Beamten und vor allem die Kriege kosteten Unmengen von Geld. Colbert erkannte schnell, dass die normalen Steuereinnahmen niemals ausreichen würden, um die hohen Ausgaben des Königs zu decken. Um den immer neuen Geldforderungen nachkommen zu können, versuchte er, ein neues Wirtschaftssystem, den Merkantilismus, umzusetzen.

Jahr (◆ année)	Einnahmen (◆ recettes)	Ausgaben (◆ dépenses)	Defizit (◆ déficit)
1670	70 483 834	77 307 798	6 823 964
1690	106 642 985	149 319 381	42 676 396
1710	36 432 745	225 847 281	189 414 536

M2 Der französische Staatshaushalt (◆ le budget de l'État).
Nach: Alain Guéry, in: Annales, 33, 1978.

Zoll Abgabe für Waren, die in ein Land importiert werden.
Droits de douane Somme qu'on doit payer pour pouvoir importer une marchandise dans un pays.

1. Erstellt mithilfe von M2 ein Säulendiagramm.
2. Beschreibt anhand von M2, welche finanziellen Probleme der französische Staat hatte.
3. Tragt mithilfe der Abbildung M1 in eine Liste ein:
   - alles, was von Colbert gefördert wurde (linke Spalte),
   - alles, was von Colbert verboten wurde (rechte Spalte).
   Erläutert die einzelnen Maßnahmen.

Der Merkantilismus

Frankreich importierte billige Rohstoffe; diese wurden von französischen Handwerkern zu Fertigwaren verarbeitet und anschließend ins Ausland verkauft. Um den Handel innerhalb Frankreichs zu erleichtern, wurden Maße, Gewichte und Münzen vereinheitlicht. Außerdem ließ Colbert zahlreiche Straßen und Kanäle bauen. Um die Ausfuhr von Rohstoffen und die Einfuhr von Fertigwaren zu verhindern, wurden an den Grenzen hohe Zölle verlangt.

Da die kleinen Handwerksbetriebe nicht in der Lage waren, Fertigwaren in höherer Stückzahl zu produzieren, förderte Colbert den Aufbau von Manufakturen; das waren handwerkliche Großbetriebe. Hier arbeiteten viele Menschen. Die Arbeit war in Einzelschritte zerlegt und jeder Arbeiter machte nur einen Handgriff. So konnten sie sich spezialisieren und schneller arbeiten. In diesen Großbetrieben wurden dadurch mehr Waren hergestellt als in den alten Handwerksbetrieben. Trotz dieser Neuerungen wurde der Schuldenberg des französischen Königs immer größer.

> Meine Aufgabe ist es, den Draht zu ziehen, ein anderer richtet ihn ein, ein Dritter schneidet ihn ab, ein Vierter spitzt ihn zu, ein Fünfter schleift ihn am oberen Ende, damit der Kopf angesetzt wird. 18 Leute arbeiten an der Herstellung einer Stecknadel. So stellen wir 12 Pfund Stecknadeln am Tag her.

M5 Ein Arbeiter einer Stecknadelmanufaktur erzählt.

M3 Rasiermessermanufaktur. Kupferstich von Le Roy, um 1750.

M4 Werkstatt eines Flaschenschmieds. Buchminiatur, um 1508.

4. Übertragt die folgende Übersicht ins Heft und kreuzt das jeweils Zutreffende an:

	Werkstatt	Manufaktur
Wenige Beschäftigte	...	...
Viele Beschäftigte	...	...
Großer Arbeitsraum	...	...
Kleiner Arbeitsraum	...	...
Einzelanfertigung	...	...
Massenanfertigung	...	...
Keine Arbeitsteilung	...	...
Arbeitsteilung	...	...

5. Beschreibt M3 und M4. Sucht Gemeinsamkeiten und Unterschiede.
6. Ein Pfund Stecknadeln enthielt über 4000 Nadeln mittlerer Größe. Rechnet aus, wie viele Nadeln jeder Mitarbeiter nach M5 an einem Tag herstellen konnte.

Europa im Zeitalter des Absolutismus ◆ L'Europe à l'époque de l'absolutisme
Der König führt Krieg ◆ Le roi fait la guerre

Frankreich soll Größe zeigen

Eine wichtige Stütze des französischen Königtums bildete das Heer (◆ l'armée). Ein großer Teil der Staatsausgaben diente dem Aufbau eines stehenden Heeres. Es wurde also nach Beendigung eines Krieges nicht mehr wie im Mittelalter aufgelöst und im Kriegsfall erneut angeworben, sondern blieb unter Waffen. Damit stand es dem König immer zur Verfügung. Es bildete ein Machtinstrument in der Hand des Königs. Unter Ludwig XIV. wuchs das Heer von 45 000 auf 480 000 Mann.

Ludwig XIV. wollte Frankreich auf Kosten von anderen Ländern vergrößern. Das schwache Spanien grenzte nicht nur im Süden an Frankreich, sondern auch im Norden und Nordosten. Dort lagen die Spanischen Niederlande, in etwa das heutige Belgien, und Luxemburg. Während seiner 54-jährigen Regierungszeit führte Ludwig XIV. 29 Jahre Krieg. Dabei verloren etwa 1,2 Millionen Menschen ihr Leben.

M1 Ein Historiker berichtet:
Teile des Herzogtums Luxemburg waren schon 1659 an Frankreich gefallen, nämlich die südlichen Gebiete um Diedenhofen (Thionville), Montmédy, Marville und Damvillers. 1684 nahmen die französischen Soldaten dann auch die Hauptstadt Luxemburg nach längerer Belagerung ein. Frankreich behielt Luxemburg nur 14 Jahre lang. Als sich Frankreichs Gegner gegen Ludwig XIV. verbündeten, musste der Sonnenkönig viele seiner Eroberungen, unter anderem auch Luxemburg, wieder abtreten (1698).

Autorentext

M2 Texte aus dem 17. Jahrhundert berichten von den Grausamkeiten, die an der Luxemburger Bevölkerung begangen wurden:
Die Armee zog von einem Dorf zum anderen, alles plündernd, raubend und verderbend. Ebenso trafen an die 7000 Polen zu Pferde bei Diedenhofen ein, welche kreuz und quer das Land durchstreiften, nach Gutdünken hausten, Kirchen, Schlösser und Dörfer einnahmen, ausplünderten, arme Bauersleute jämmerlich misshandelten und ermordeten, unmenschliche Tyrannei und unerhörte Grausamkeiten verübten, die Schlösser Sassheim, Fischbach und die Dörfer Canach, Wormeldingen gänzlich niederbrannten und in Asche legten. Das Landvolk war in die festen Städte und in die Wälder geflüchtet.

Nach: Jakob Grob: Eustach von Wiltheims historische Werke.
In: Ons Hémecht, Luxemburg, 1904.

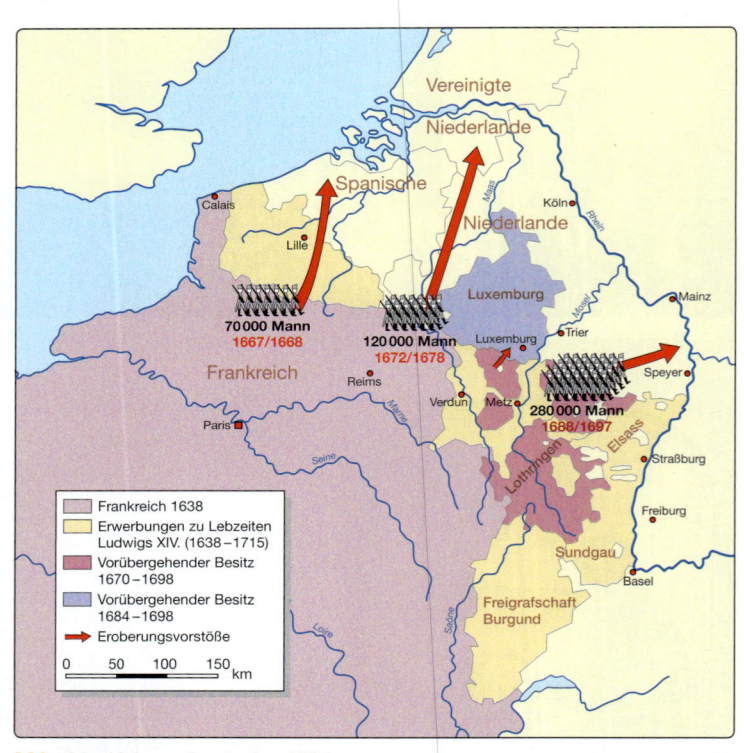

M3 Die Kriege Ludwigs XIV.

1. Warum vergrößerte Ludwig XIV. seine Armee?
2. Spielt eine Diskussion zwischen dem Finanzminister und dem König nach, in der es um eine Vergrößerung des Heeres geht.
3. Erkundigt euch über die Eroberungen Ludwigs.

Vauban und die Festung Luxemburg

An den Grenzen im Norden und Osten des Reiches ließ Ludwig XIV. zahlreiche Festungen (◆ la forteresse) anlegen. So kam Ludwigs Festungsbaumeister Vauban auch nach Luxemburg, um die Festung noch weiter auszubauen. 1687 besucht der König selbst die Stadt, um sich diese zeigen zu lassen.

An die 300 Festungen ließ Vauban nach dem gleichen Muster errichten. Alle anderen befestigten Plätze mussten jedoch verschwinden: So wurden die mittelalterlichen Mauern der kleinen Städte wie Bastogne, Diekirch, Echternach und Grevenmacher zerstört, genau wie die Burgen mancher Adliger.

M4 **Stadtplan von Luxemburg nach den Arbeiten Vaubans.**
Im Original ist der Stadtplan nicht nach Norden ausgerichtet (genordet). Ende 17. Jahrhundert.

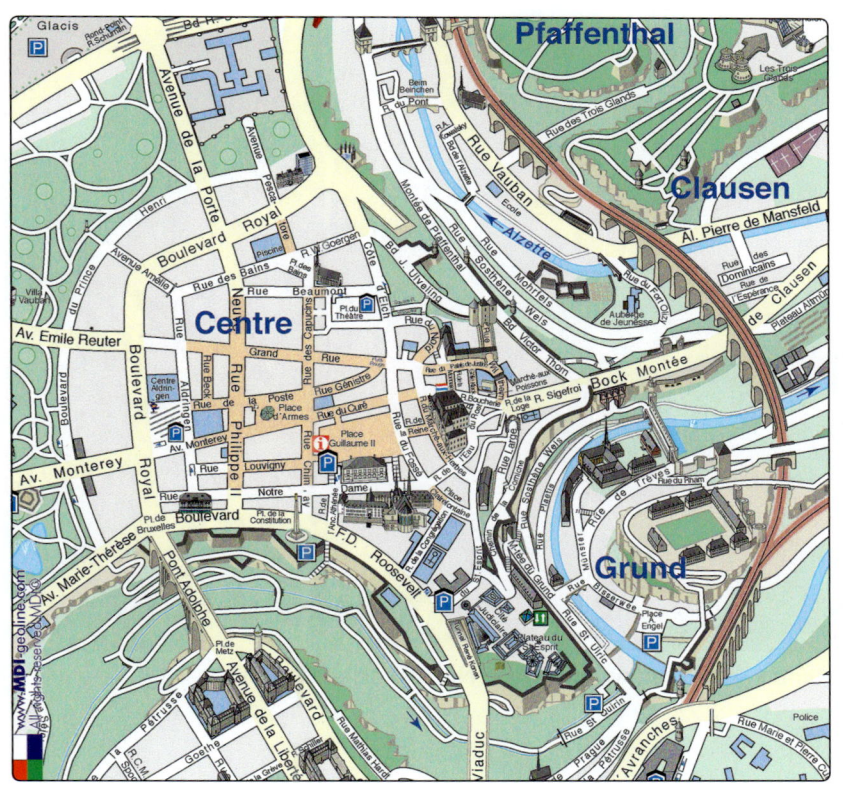

M5 **Stadtplan von Luxemburg 2008.**

4. Vergleicht beide Stadtpläne miteinander. Beschreibt die Entwicklung der Stadt Luxemburg.
5. Forscht nach, warum man Luxemburg als das „Gibraltar des Nordens" bezeichnet.
6. Vergleicht M4 und M5. Welche von Vauban errichteten Bauten stehen heute noch? Welche Funktion haben sie heute?
7. Versucht bekannte Plätze (Kathedrale, Glacis, Boulevard Royal ...) auf beiden Plänen zu orten.
8. Beschreibt die Form, die Vauban der Stadt Luxemburg gab. Welchem Zweck diente sie wohl?

> **Was ihr noch tun könnt:**
> – Eine Tour durch die Stadt Luxemburg planen, bei der ihr vor allem die Festungsbauten Vaubans besichtigt.
> – Euch über andere von Vauban befestigte Städte erkundigen.

Europa im Zeitalter des Absolutismus ◆ L'Europe à l'époque de l'absolutisme

Nichts als Hunger und Elend ◆ Faim et misère

Untertanen werden verkauft

Durch die rege Bautätigkeit der Landesherren nahm die Verschuldung der kleinen Länder rasch zu. Um die leeren Staatskassen aufzufüllen, gingen manche Fürsten dazu über, junge Männer ihres Landes als Soldaten zu verpachten oder zu verkaufen.

Einen derartigen Vertrag schloss Herzog Karl Eugen von Württemberg im Jahr 1752 mit Frankreich. Er verpflichtete sich, Frankreich im Kriegsfall 6000 Mann Fußsoldaten zu stellen. Dafür erhielt er jedes Jahr 65 000 Gulden. Im Jahr 1784 stellte der Herzog für die Niederlande das „Kapregiment" auf, das in den niederländischen Kolonien in Afrika und Fernost Dienst tun sollte. Insgesamt 3200 Soldaten gelangten nach Übersee, 2300 fielen, viele blieben in der Ferne; nur ungefähr 100 Männer kehrten zurück. Der Herzog erhielt für diese Soldaten 400 000 Gulden; das war genau die Summe, die er brauchte, um seinen Geburtstag feiern zu lassen.

M1 In einem Brief schreibt einer der Soldaten an seine Mutter:

Liebe Mutter,
der Abschiedstag ist da. Gestern noch reichte ich Euch ein letztes Mal die Hand, sah Brüder und Schwestern weinen. Nun aber müssen wir stark sein. Wir sollen über Land und Meer ins ferne Afrika fahren, weil wir für die Niederlande Dienst tun müssen. Und warum das alles? Weil in der Staatskasse unseres geliebten Herzogs die Gelder fehlen, mit denen er sein rauschendes Leben finanzieren kann. ...

Lebt wohl

Autorentext

M2 Soldaten, von ihren Fürsten an England verpachtet, werden nach Nordamerika verschifft. Anonymer Stich, 18. Jahrhundert.

1. Erklärt, warum der Briefeschreiber seine Heimat verlassen muss.
2. Überlegt, was der Soldat wohl über den Herzog gedacht hat.

Ungerechtigkeit und Armut

Während große Teile des europäischen Adels versuchten, den französischen König in seiner Pracht nachzuahmen, lebten die meisten Menschen in großer Armut. Schließlich brauchten auch die Geistlichen und Adligen keine Steuern zu zahlen und lebten meist von den Abgaben der Bauern.

Um die Kosten für die zahlreichen Kriege tragen zu können, um ein stehendes Heer und die vielen Schlossbauten ihrer Herren zu finanzieren, wurden immer höhere oder neue Steuern erhoben. Konnte ein Bauer nicht zahlen, holten die Steuereintreiber das Vieh aus dem Stall. Bei Missernten drohten Hunger und Tod. Zwar kamen in den Städten einige Bürger, etwa Kaufleute und Manufakturbesitzer, zu Reichtum und Ansehen. Sie konnten sich Ämter oder sogar Adelstitel kaufen. Die große Masse der Bevölkerung aber lebte in Armut als Bauern oder Tagelöhner auf dem Land.

M3 Bauernfamilie. Gemälde von Louis Le Nain, 1642.

M4 Über die Situation nach einer Missernte berichtete der Bischof von Beauvais 1694:
Eine große Zahl von Armen stirbt in Stadt und Land. Sie sind durch Hunger und Elend entkräftet. Um ihren Hunger ein wenig zu stillen, leben die meisten dieser Armen von ekelerregenden Dingen wie toten Katzen... Ein anderer Teil nährt sich von Wurzeln und Kräutern... Noch andere graben das Saatgut wieder aus. Alles das bringt tödliche und ansteckende Krankheiten hervor...

Pierre Goubert: Ludwig XIV. und zwanzig Millionen Franzosen, Berlin 1973, S. 27.

3. Vergleicht die Materialien M3 bis M5 mit Bildern über das Leben des Adels im Zeitalter des Absolutismus. Nennt Unterschiede.
4. Erklärt, was Menschen dazu bringt, Katzen zu essen (M4).
5. Überlegt, was ein armer französischer Bauer wohl seinem König mitzuteilen hätte. Schreibt einen Beschwerdebrief.

M5 Bettler. Gravur von Jacques Callot, 1622.

Europa im Zeitalter des Absolutismus ◆ L'Europe à l'époque de l'absolutisme
Leben im Barock ◆ Le baroque

- Hochfrisur
- Korsett (frz. corselet)
- Reifrock, „panier" genannt

- Allongeperücke
- Halsbinde (Vorläuferin der Krawatte)
- festgeknöpfter breiter Ärmelaufschlag
- frackähnliches Sakko
- Kniebundhose

M1 Kleidung adliger Frauen und Männer im Zeitalter des Barock.

Königliche Lockenpracht

Ludwig XIV. hatte nicht nur die politische Macht, er bestimmte auch die Mode und das kulturelle Leben im Stil des Barock. Ludwig führte am französischen Hof die Perücke ein – böse Zungen behaupteten, um seine Kahlköpfigkeit zu verdecken. Die „Allongeperücke" verlieh Würde und Autorität. Teurere Perücken bestanden aus Menschenhaar, billigere aus Pferdehaar. Die arbeitende Bevölkerung trug keine Perücken, da diese zu teuer und bei der Arbeit nur hinderlich gewesen wären.

Blasse Haut galt nicht nur bei Frauen, sondern auch bei Männern als vornehm. Als Kontrast und um Hautflecken und Schmutz zu überdecken – Baden und Waschen galten nämlich als ungesund – benutzten selbst Männer Rouge als Make-up sowie Schönheitspflästerchen in verschiedensten Formen.

Typisch war auch die Kniebundhose, die „Culotte". Der gut gekleidete Herr hatte häufig einen Spazierstock oder einen Degen bei sich.

M2 Königin Marie Antoinette in Versailles. Szenenfoto aus dem Film „Marie Antoinette", 2006.

<u>1.</u> Beschreibt die Bilder genauer.
<u>2.</u> Vergleicht mit der Mode von heute.

Zusammenfassung ◆ Résumé

Absolutismus

Unter dem französischen König Ludwig XIV. (1643–1715) hatten die Stände kein Mitspracherecht. So konnte er eine unumschränkte, absolute Herrschaft ausüben. Äußeres Zeichen der Machtfülle war das Schloss in Versailles. Bau und Unterhalt dieses Schlosses, das aufwendige Leben am Hofe des Königs sowie die Bezahlung der Beamten und Kriege erforderten ungeheure Summen. Für die immensen Staatsausgaben entwickelte Finanzminister Colbert das Wirtschaftssystem des Merkantilismus. Als Ludwig XIV. starb, hinterließ er dennoch ein stark überschuldetes Land.

Überall in Europa entstanden nach dem Vorbild von Versailles prächtige Schlösser, die die Macht und den Reichtum ihrer Erbauer zeigen sollten, während der Großteil der Bevölkerung in Armut lebte.

Den Baustil dieser Zeit nennt man Barock. Als Barock bezeichnet man aber nicht nur den Bau-, sondern den gesamten Lebensstil der gehobenen Bevölkerungsschicht während des Absolutismus: die Kleidung, das Benehmen und die Musik dieser Zeit.

L'absolutisme

Sous Louis XIV (1643–1715), roi de France, les trois ordres ne participent pas au pouvoir. Il peut donc exercer un pouvoir absolu, sans limites. Le château de Versailles symbolise le pouvoir royal. La construction et l'entretien de ce château, la vie de cour très coûteuse ainsi que les salaires des fonctionnaires et le financement des guerres nécessitent des sommes d'argent colossales. Pour faire face à ces dépenses considérables, Colbert, ministre des finances développe le système du mercantilisme. À la mort de Louis XIV, le pays est néanmoins gravement surendetté.

Partout en Europe on construit des châteaux magnifiques d'après le modèle de Versailles. Ces résidences représentent le pouvoir et la richesse des souverains, tandis que la majorité de la population vit dans la pauvreté.

Le style architectural de l'époque est appelé baroque. Ce terme ne s'applique pas seulement à l'architecture mais aussi au mode de vie des couches sociales les plus aisées: leurs vêtements, leurs manières et leur musique.

1643–1715 Louis XIV, Roi de France

1661–1689 Bau von Versailles

1684 Französische Truppen erobern die Festung Luxemburg.

17.–18. Jh. Armut in Europa

Standard-Check ◆ Bilan

Das solltet ihr wissen ◆ Vérifiez vos connaissances

Arbeitsbegriffe

- ✓ Absolutismus ◆ l'absolutisme
- ✓ Residenz ◆ la résidence
- ✓ Etikette ◆ l'étiquette
- ✓ Ständegesellschaft ◆ la société d'ordres
- ✓ Merkantilismus ◆ le mercantilisme
- ✓ Zoll ◆ les droits de douane
- ✓ Ludwig XIV. ◆ Louis XIV

Was wisst ihr noch?

1. Was bedeutet der angebliche Ausspruch Ludwigs XIV.: „Der Staat bin ich"?
2. Beschreibt die französische Ständegesellschaft unter Ludwig XIV.
3. Wodurch unterscheidet sich die Manufaktur vom mittelalterlichen Handwerksbetrieb?

Tipps zum Weiterlesen

Christian Heinrich, Bruno Le Normand: Le château de Versailles. Édition Gallimard, Paris 2006

Jean-Christian Petitfils: Louis XIV expliqué aux enfants. Seuil, Paris 2007

Alexandre Dumas: Les trois mousquetaires. Easy Readers. Ernst Klett Verlag, Stuttgart 2003

L. Rowland-Warne: Kleidung und Mode: Von der Toga bis zur Mode der Punks. Gerstenberg, Hildesheim 2006

Die visuelle Weltgeschichte der Neuzeit. Gerstenberg, Hildesheim 2003

1. Wenn du das Rätsel lösen kannst, bist du ein Absolutismus-Experte. Vervollständige die Lücken.

1	G					
2			P			
3					L	
4			I			
5					Ö	
6						S

1. Von wem leitete der absolute Herrscher seine Macht ab?
2. Krone, ? und Schwert waren Symbole der königlichen Macht.
3. Um seine Macht und seinen Reichtum zu zeigen, ließ Ludwig XIV. das Schloss ? erbauen.
4. Ludwig XIV. heißt auf Französisch ?.
5. Ludwig XIV. wurde auch ? genannt.
6. Die Wirtschaftspolitik des Absolutismus nennt man ?.

Die vier Säulen des Absolutismus

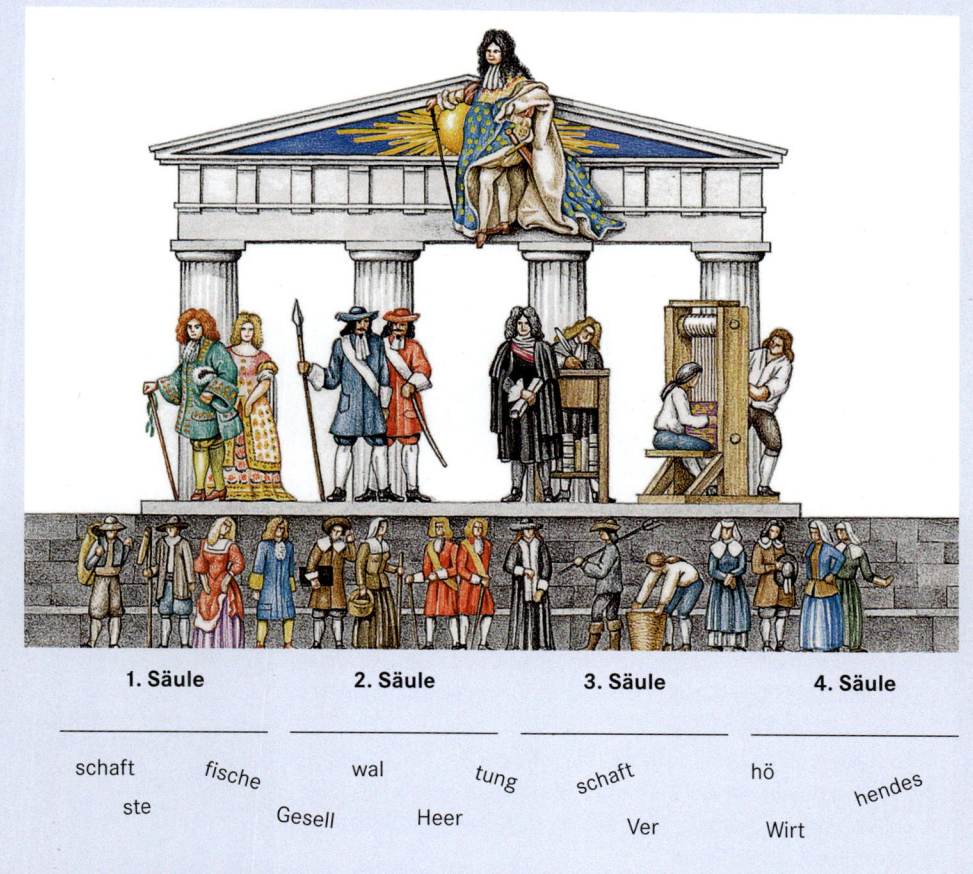

2. Füllt das Schaubild aus, indem ihr die richtigen Begriffe einsetzt. Die unten stehenden Silben und Bilder helfen euch dabei. Streicht die Silbe durch, sobald ihr sie verwendet habt.

1. Säule	2. Säule	3. Säule	4. Säule
_____	_____	_____	_____

schaft   fische   wal   tung   schaft   hö   hendes
ste   Gesell   Heer   Ver   Wirt

3. Beschreibt die Abbildungen links und arbeitet die Unterschiede zwischen den einzelnen Ständen heraus.

ALLE MACHT DEM VOLK ◆ LE PEUPLE AU POUVOIR
Die Französische Revolution und ihre Folgen ◆ La Révolution française et ses conséquences

Am 21. Januar 1793 wurde Ludwig XVI. auf der Place de la Révolution hingerichtet. Damit schien das Zeitalter der absolutistischen Monarchie in Frankreich endgültig vorüber zu sein. Nach der Revolution, die im Jahr 1789 begann, sollte Frankreich fortan eine Republik sein und das Volk das Sagen haben.
Aber schon wenige Jahre nach der Hinrichtung des Königs wurden die Errungenschaften der Revolution von einem neuen Herrscher, Napoleon, infrage gestellt. 1804 krönte sich Napoleon selbst zum ersten französischen Kaiser.

1. Beschreibt das große Bild und diskutiert über euren ersten Eindruck.
2. Wie konnte es dazu kommen, dass die Menschen es wagten, sich gegen den König zu erheben und ihn sogar hinzurichten?
3. In welchem Gegensatz dazu steht das kleine Bild?

Die Französische Revolution und ihre Folgen ◆ La Révolution française et ses conséquences

Orientierung in Zeit und Raum ◆ Orientation dans le temps et l'espace

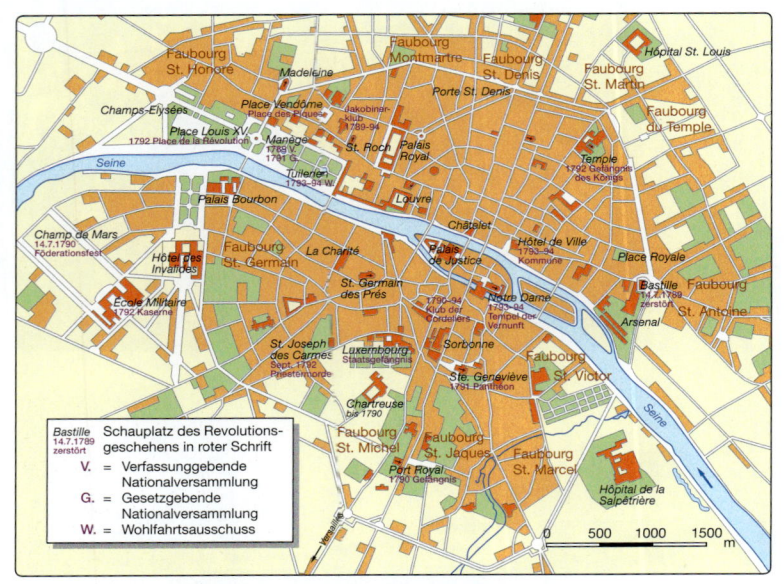

Die Bastille als Symbol

Der Sturm auf die Bastille am 14. Juli 1789 gilt als Beginn der Französischen Revolution. Der 14. Juli ist heute noch der französische Nationalfeiertag. Man kann immer noch einige Gebäude und Plätze in Paris besichtigen, die in der Revolutionszeit eine Rolle gespielt haben. Die Bastille jedoch, das damalige Staatsgefängnis, wurde von den Revolutionären zerstört. Lediglich Teile ihrer Fundamente sind in der Metrostation Bastille zu sehen.

Was brachte die Menschen in Paris dazu, mit Waffengewalt das verhasste Staatsgefängnis zu erstürmen? Welche Folgen hatte dieser Vorgang? Davon handelt dieses Kapitel.

M1 Paris zur Zeit der Französischen Revolution.

M2 Die Place de la Concorde, zur Zeit der Revolution die Place de la Révolution. Foto, 2007.

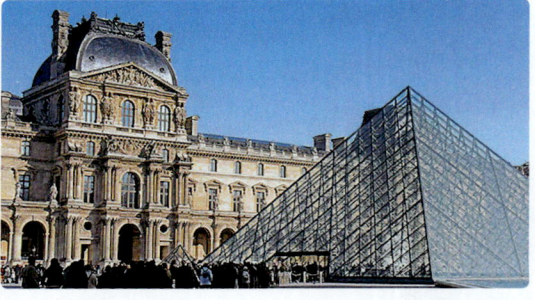

M4 Das Musée du Louvre, früher der Königspalast. Foto, 2007.

Revolution	La Révolution
Zumeist gewaltsamer Umsturz der politischen oder gesellschaftlichen Ordnung.	Changement brusque de l'ordre politique ou social, souvent accompagné de violences.

M3 Die Metrostation Bastille. Foto, 2008.

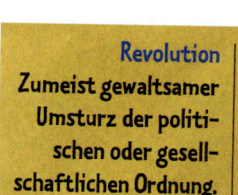

1. Überlegt, warum ausgerechnet die Bastille zerstört wurde.
2. Ordnet den aktuellen Fotos M2–M4 die Lage auf dem Stadtplan M1 zu. Was hat sich wohl seit der Revolution verändert?
3. Vergleicht M1 mit einem heutigen Stadtplan von Paris. Was fällt euch auf?

M5 Zeittafel Französische Revolution.

1785

1789: Sturm auf die Bastille
Erklärung der Menschen- und Bürgerrechte
1790

1793: Hinrichtung Ludwigs XVI.
Frankreich wird Republik
1793–1794: Zeit der Schreckensherrschaft (La Terreur)

1795
Eroberung Luxemburgs durch französische Truppen

1799: Sturz der Regierung durch General Napoleon Bonaparte
1800

1804: Napoleon krönt sich selbst zum Kaiser

1805
1806: Eroberung weiter Teile Europas durch die Truppen Napoleons

1810

1815
Vernichtende Niederlage Napoleons in der Schlacht von Waterloo
Neuordnung Europas auf dem Wiener Kongress

Die Französische Revolution ◆ La Révolution française
Der Absolutismus gerät in die Kritik ◆ L'absolutisme est critiqué

Der König feiert

1776 wurde Ludwig XVI., der Urenkel des Sonnenkönigs, König von Frankreich. Wie sein Urgroßvater war Ludwig XVI. ein absolutistischer Herrscher.

Durch zahlreiche Kriege und die Verschwendung am Hof von Versailles hatte der junge König einen total verschuldeten Staat übernommen. Dennoch gab auch er das Geld mit vollen Händen aus. Ludwig XVI. ging lieber auf die Jagd, als mit seinem Finanzminister über eine Verbesserung der Lage zu beraten. Die Unzufriedenheit wuchs. Schon erschienen die ersten Protestschriften (◆ les cahiers de doléances) gegen die Verschwendung am Hof.

M2 Der dritte Stand trägt die Lasten. Zeitgenössischer Stich. Inschrift auf dem Stein: taille, impôts, corvées (◆ Kopfsteuer, Steuern, Frondienste).

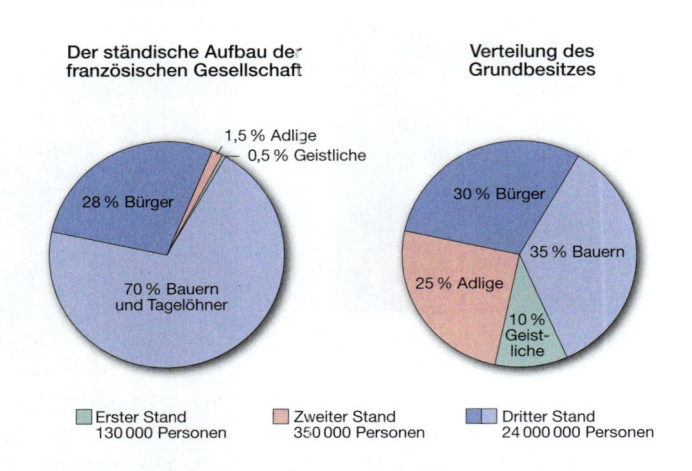

Der dritte Stand trägt die Lasten

Seit Jahrhunderten war die Bevölkerung Frankreichs in Stände eingeteilt. Dem ersten Stand gehörten die höheren Geistlichen (Klerus) an. Der Adel (z.B. Freiherren, Grafen) bildete den zweiten Stand. Diesen 600 000 Menschen standen 24 Millionen Einwohner des dritten Standes gegenüber. Es konnten Professoren, Anwälte oder Ärzte, Handwerker oder Soldaten sein. Aber die Masse des dritten Standes lebte als Bauern oder Tagelöhner auf dem Land.

Die Angehörigen des ersten und zweiten Standes genossen besondere Rechte (Privilegien). Sie waren weitgehend von der Zahlung der Steuern befreit und bei der Vergabe hoher Staatsämter in der Armee, in der Verwaltung oder Kirche bevorzugt. Der dritte Stand hatte die Steuerlast zu tragen. Immer wieder kam es durch Missernten zu Hungersnöten. 1789 verdiente ein Handwerker 20–30 Sous pro Tag. Ein Vierpfundbrot kostete aber schon 14,5 Sous. Wie sollte man da noch seine Familie ernähren?

Der ständische Aufbau der französischen Gesellschaft
- 1,5 % Adlige
- 0,5 % Geistliche
- 28 % Bürger
- 70 % Bauern und Tagelöhner

Verteilung des Grundbesitzes
- 30 % Bürger
- 35 % Bauern
- 25 % Adlige
- 10 % Geistliche

Erster Stand 130 000 Personen · Zweiter Stand 350 000 Personen · Dritter Stand 24 000 000 Personen

M1 Bevölkerungsverteilung und Landbesitz um 1780.

1. Zeichnet ein Säulendiagramm, an dem deutlich wird, wie viele Personen zu den drei Ständen gehörten (M1).
2. Erklärt, auf welche Missstände M1 hinweist.
3. Beurteilt, wogegen in M2 protestiert werden soll.
4. Schreibt (als Bauer, Tagelöhner oder Handwerker) einen Protestbrief an den König.

M3 Café der Patrioten. Zeitgenössische Zeichnung.

Sprechblasen:
- Die göttliche Ordnung hat die Macht eben ungleich verteilt.
- Frechheit!
- Der Mensch ist frei geboren und überall ist er in Ketten!
- Sie gaben sich die Mühe, auf die Welt zu kommen. Das ist die einzige Arbeit Ihres ganzen Lebens.
- In Amerika habe ich für die Freiheit gekämpft. Aber hier ist alles noch beim Alten.

5. Beschreibt M3 und lest die Texte aus den Sprechblasen laut vor. Gestaltet eine ähnliche Szene als Rollenspiel. Haltet euch dabei an folgende Rollenanweisungen:

Rollenkarte 1
François, Bauernsohn, 25 Jahre alt, hitzköpfig
- **Einstellung:** Adlige sind alle Verbrecher.
- **Ziel:** Jeder soll hinziehen können, wohin er will, keine Heiratserlaubnis notwendig, weniger Dienste und Abgaben.

Rollenkarte 2
Herr Maral, Rechtsanwalt, 35 Jahre alt, gebildet, klug
- **Einstellung:** So wie es ist, kann's nicht bleiben.
- **Ziel:** Abschaffung der Stände und der Vorrechte, will politisch mitreden können.

Rollenkarte 3
Graf von A., 60 Jahre alt, eingebildet, herablassend
- **Einstellung:** Alles soll so bleiben, wie es ist.
- **Ziel:** Adel ist etwas Besonderes, zahlt keine Steuern, Bauern müssen Dienste und Abgaben leisten.

Rollenkarte 4
Amelie, Marktfrau, 30 Jahre alt, aufbrausend
- **Einstellung:** Frauen sind Männern rechtlos ausgeliefert.
- **Ziel:** Frauen dürfen bei der Heirat mitreden, müssen gleiche Rechte haben wie die Männer.

Kritik

Einige Angehörige des dritten Standes waren zu Reichtum und Ansehen gekommen. Sie besaßen oft mehr Bildung als die Adligen oder Geistlichen. Dennoch hatten sie keinerlei politischen Einfluss. In den Salons der wohlhabenden Bürger, in Cafés und bald auch auf offener Straße diskutierten sie die Schriften der Philosophen wie Rousseau oder Montesquieu.

Die Ideen der Philosophen sollten dazu dienen, das Dunkel der Unwissenheit und der Vorurteile aufzuklären. Man spricht daher von der Zeit der Aufklärung (◆ le temps des lumières). Soldaten, die unter der Führung des französischen Generals Lafayette im amerikanischen Unabhängigkeitskrieg gekämpft hatten, verbreiteten die Ideen von Freiheit und Gleichheit in ihrer Heimat.

Die Staatskrise

Im Jahr 1788 stand Frankreich vor dem Ruin. Die Schuldenlast des Staates hatte sich in den letzten 15 Jahren verdreifacht. Die Ausgaben überstiegen seine Einnahmen bei weitem. Mehr als die Hälfte der Ausgaben musste für die Tilgung der Staatsschulden aufgewendet werden. Die meisten Bauern, Handwerker oder Tagelöhner waren völlig verarmt und konnten keine höheren Abgaben aufbringen. Aber die Adligen und Geistlichen weigerten sich, auf ihre Vorrechte zu verzichten. Was sollte nun werden?

6. Überlegt: Welche Menschen des dritten Standes könnten zu Reichtum und Ansehen gekommen sein? Wodurch könnten sie das erreicht haben?
7. Fasst die Missstände in Frankreich 1788 in Stichworten zusammen.

Die Französische Revolution ◆ La Révolution française
Die Revolution beginnt ◆ Le début de la Révolution

M1 Die Eröffnung der Generalstände am 5. Mai 1789 in Versailles. Gemälde von Auguste Couder (1790–1873), 1839.

Von den Generalständen zur Nationalversammlung

Am 5. Mai 1789 zogen je 300 Vertreter des ersten und zweiten Standes und 600 Vertreter des dritten Standes feierlich in das Schloss Versailles ein. Erstmals seit über 150 Jahren hatte der König die Generalstände einberufen. Der Adelsstand und die Geistlichen hatten prächtige Gewänder angelegt. Die Vertreter des dritten Standes kamen in der vorgeschriebenen schwarzen Kleidung. Aus ganz Frankreich brachten sie über 40 000 Protestbriefe mit. Darin war von Not und Unterdrückung die Rede. Aber der König und der Finanzminister sprachen vom Staatsbankrott und von neuen Steuern. Darüber sollten die Stände getrennt beraten und abstimmen. Dabei sollte jeder Stand über eine Stimme verfügen.
Die Abgeordneten des dritten Standes forderten gemeinsame Beratungen und eine Abstimmung nach Köpfen. Schließlich erklärten sie sich zur „Nationalversammlung".

M2 Der Geistliche Emmanuel Joseph Graf Sieyès, der eigentlich dem ersten Stand angehörte, schlug sich auf die Seite des dritten Standes. Im Januar 1789 veröffentlichte er folgende Broschüre:

> QU EST-CE QUE
> LE TIERS-ETAT?
>
> Le plan de cet Ecrit est assez simple. Nous avons trois questions à nous faire.
>
> 1°. Qu'est-ce que le Tiers-Etat? Tout.
> 2°. Qu'a-t-il été jusqu'à présent dans l'ordre politique? Rien.
> 3°. Que demande-t-il? A y devenir quelque chose.

1. Beschreibt M1 und vermutet, welche Gruppe jeweils den ersten, den zweiten und den dritten Stand bildet.

2. Erklärt die Aussage von Sieyès in M2: „Qu'est-ce que le Tiers-Etat? Tout."

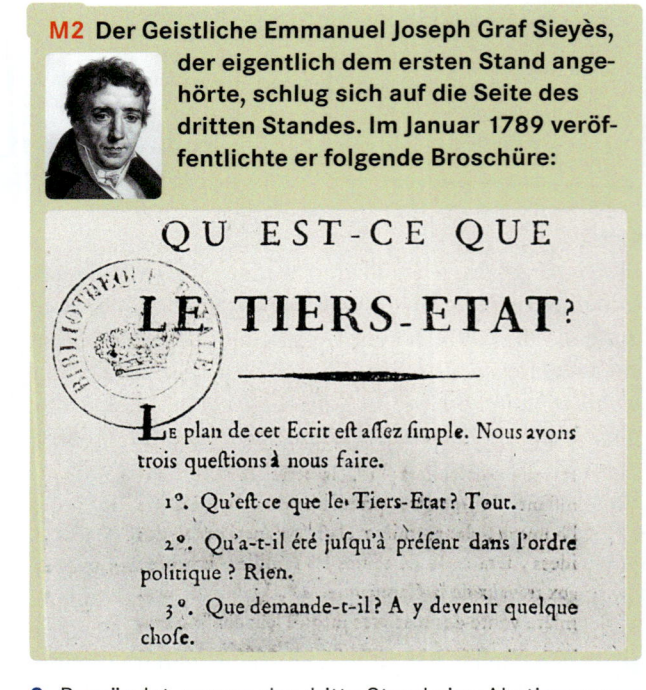

3. Begründet, warum der dritte Stand eine Abstimmung nach Köpfen und eine gemeinsame Beratung der drei Stände forderte.

M3 Schwur im Ballhaus am 20. 6. 1789. Gemälde von Jacques-Louis David (1748–1825), um 1791.

Der Ballhausschwur

Als der König den Sitzungssaal sperren ließ, zogen die Abgeordneten in eine Ballspielhalle (◆ la salle du Jeu de paume) um. Hier legten am 20. Juni 1789 Vertreter aller Stände den Schwur (◆ le sermon) ab, nicht eher auseinanderzugehen, bis Frankreich eine neue Staatsordnung – eine Verfassung – erhalten würde. Der König musste nachgeben und die neue Nationalversammlung anerkennen.

4. Vergleicht die Bilder M1 und M3. Beschreibt Räume, Kleidung, Menschen, Bewegungen und Handlungen.
5. Erstellt eine Tabelle und ordnet den Bildern folgende Begriffe zu: Bewegung, Veränderung, Dynamik, Stillstand, Ordnung, Chaos, laut, leise, getrennt, vereint, Ruhe, Unruhe, Leben, Bewegungslosigkeit, alt, neu. Findet weitere Begriffe und ergänzt eure Tabelle.
6. Erklärt: Welche Folgen ergeben sich für einen absolut herrschenden Monarchen, wenn eine Verfassung den Bürgern Rechte garantiert?
7. Findet heraus, was der Karikaturist in M4 zum Ausdruck bringen wollte.

M4 Das Erwachen des dritten Standes. Karikatur, 1789.

Generalstände	Les États généraux
Versammlung der Vertreter der drei Stände. Sie hatte vor allem das Recht der Steuerbewilligung.	Assemblée des représentants des trois ordres. Elle avait notamment le droit d'accorder de nouveaux impôts.

Nationalversammlung	L'Assemblée nationale
Versammlung von gewählten Abgeordneten, die die ganze Nation vertritt. Diese Versammlung hat die erste Verfassung erarbeitet.	Assemblée de députés élus représentant la nation. Cette assemblée a élaboré la première constitution.

Die Französische Revolution ◆ La Révolution française
Der Sturm bricht los ◆ La tempête commence

Bastille gestürmt
Wachmannschaft und Kommandant bestialisch getötet

Paris, 14. Juli 1789. Gestern kam es am Pariser Staatsgefängnis, der Bastille, zu einer mehrstündigen gewaltsamen Auseinandersetzung zwischen der Wachmannschaft und einer aufgebrachten Menschenmenge, die mit der grausamen Ermordung der Wachsoldaten und des Kommandanten endete.

Seit Wochen und Monaten schon werden die etwa 500 000 Menschen der Hauptstadt nur unzureichend mit Lebensmitteln versorgt. Zeitweise herrscht Hunger! Mehrere tausend Menschen hatten sich am Vormittag bereits Gewehre und sogar Kanonen beschafft und waren gegen Mittag zur Bastille gezogen, die in den Augen vieler Franzosen das Unrechtsregime Ludwigs XVI. symbolisiert.

Die Menschen misstrauen dem König! Zwar hat er die Nationalversammlung offiziell anerkannt, gleichzeitig stehen aber unter seinem Befehl 20 000 Soldaten in der Nähe von Paris bereit, jederzeit in die Hauptstadt einzumarschieren. Niemand in der Hauptstadt kann die Lage genau einschätzen.

Angeheizt wurde die Situation von immer wieder aufkommenden Gerüchten über Folterungen und grausame Geschichten über langjährige Haftzeiten. Der Hass der Menge richtete sich gegen die Wachmannschaft des Gefängnisses.

Nach mehrstündigen Feuergefechten handelte der Kommandant freien Abzug für seine Leute und sich selbst aus und übergab der Menschenmenge die Bastille. Dennoch erschlugen die Belagerer den Kommandanten und die Wachmannschaft. Die Köpfe der Ermordeten trug man anschließend als Zeichen des Triumphs durch die Straßen von Paris.

Die Köpfe des ermordeten Kommandanten und der Wachmannschaft wurden auf Lanzen gespießt durch Paris getragen.

M1 So hätte eine Zeitung über den Beginn der Französischen Revolution berichten können.

Die Erstürmung der Bastille gilt als Beginn der Französischen Revolution. Der 14. Juli ist heute noch der französische Nationalfeiertag.

Was ihr noch tun könnt:
Informiert euch darüber, wie heute in Frankreich der 14. Juli gefeiert wird.

1. Schüler einer achten Klasse haben den „Sturm auf die Bastille" als Zeitungsreportage gestaltet. Wie sind sie vorgegangen (Überschrift, Sprache, Bilder …)?
2. Beschreibt die Bilder in M1.
3. Erzählt die Ereignisse aus der Perspektive eines Franzosen, der am Sturm auf die Bastille beteiligt war, und aus der Sicht des Kommandanten vor seiner Ermordung.
4. Beurteilt das Verhalten des Kommandanten und das der Menschenmenge.

M2 Bauern stürmen das Schloss ihres Grundherrn. Illustration.

Der Sturm auf die Bastille

Nach dem Sieg der Abgeordneten über den König griff das Volk von Paris zu den Waffen und eroberte am 14. Juli 1789 das verhasste Staatsgefängnis, die Bastille. Es war ein Sieg der Freiheit gegen die Unterdrückung.

Die Revolution ergreift das Land

Die Nachricht von der Erstürmung der Bastille verbreitete sich wie ein Lauffeuer in ganz Frankreich. Sie löste vor allem bei den Bauern große Freude aus. Seit Monaten hatten sie auf die Beantwortung ihrer Beschwerdebriefe gehofft. Nichts war geschehen! Die Erstürmung der Bastille war für sie das Zeichen, jetzt ebenfalls zu handeln. Die Bauern verweigerten die weitere Zahlung von Abgaben und Steuern. Sie bewaffneten sich mit Sensen, Dreschflegeln, Mistgabeln und Jagdgewehren und zogen zu den Herrenhäusern ihrer Grundherrn. Dort forderten sie die Herausgabe der Urkunden, in denen ihre Dienste und Abgaben festgelegt waren. Verweigerten die Grundherren diese, holten die Bauern sie sich mit Gewalt und verbrannten sie. Oft kam es zu blutigen Auseinandersetzungen, bei denen der adlige Grundherr getötet wurde.

Um die Bauern zu beruhigen, beschloss die Nationalversammlung, sofort zu handeln, und schaffte die Leibeigenschaft ab.

M3 Beschlüsse der Nationalversammlung aus der Nachtsitzung vom 4. auf den 5. August 1789:
1. Die Leibeigenschaft wird abgeschafft.
2. Die Gerichtsbarkeit des Grundherrn wird beseitigt.
3. Die Sonderrechte für die Jagd ... werden aufgehoben.
5. Mit Beginn des Jahres 1789 sind alle Bürger gleich steuerpflichtig.
6. Alle Bürger werden zu Ämtern in Staat und Heer zugelassen. Der Ämterkauf wird abgeschafft.

Zit. n. Geschichte in Quellen, hg. v. Wolfgang Lautemann u. a., Bd. 4, München 1981, S. 197 f.

5. Besprecht, was in M2 dargestellt ist. Spielt eine kurze Szene: Bauern verlangen vom Grundherrn die Herausgabe von den Urkunden, auf denen ihre Abgaben und Frondienste festgelegt waren. Der Grundherr weigert sich.

6. Erklärt den Zusammenhang zwischen den Revolten auf dem Land und den Beschlüssen der Nationalversammlung.

7. Erklärt die Behauptung: Die Beschlüsse dieser Sitzung bedeuten das Ende für die alte Gesellschaftsordnung (M3).

Arbeitstechnik ◆ Méthode de travail
Karikaturen deuten ◆ Analyser des caricatures

M1 „So kann es nicht weitergehen." Zeitgenössischer Stich.

Die folgenden Arbeitsschritte können euch helfen, eine Karikatur zu deuten.

1. Schritt Beschreibung
- Schreibt alles auf, was euch beim Betrachten der Karikatur auffällt. Notiert auch, was euch unverständlich ist, und formuliert Fragen.
- Beschreibt genau, was ihr seht: Personen, Tiere, Gegenstände...
- Wie sind Personen, Tiere oder Gegenstände abgebildet: übertrieben groß/klein, dick/dünn, aggressiv, gefährlich usw.?
- Gibt es einen Text zu der Karikatur?

2. Schritt Bedeutung
- Stellt Vermutungen an: Was könnten die dargestellten Personen und Gegenstände bedeuten? Legt eine Tabelle an:

Personen/Gegenstände	Bedeutung
...	...

Die meisten Menschen im 18. Jahrhundert konnten weder lesen noch schreiben. Deshalb wurde die Kritik am Absolutismus nicht nur in Büchern geäußert, sondern auch in Zeichnungen zum Ausdruck gebracht. Solche Zeichnungen werden Karikaturen genannt. Es gab sie schon seit dem 16. Jahrhundert, aber jetzt kamen sie richtig in Mode.

Karikaturen zeigen Personen, Ereignisse oder Zustände häufig in übertriebener, verzerrter Darstellung, die oft (aber nicht immer) komisch wirkt und den Betrachter zum Lachen bringt. Dabei geht es dem Zeichner darum, seine Meinung zu einem Sachverhalt darzustellen. Eine Karikatur beschreibt nicht nur, sondern urteilt. Um verstanden zu werden, bedienen sich Karikaturisten bestimmter Stilmittel. Dazu gehört häufig die Übertreibung, z. B. von körperlichen Eigenschaften bestimmter Personen (übergroße Ohren, lange Nasen usw.). Oft werden historische Personen (z. B. Könige), Figuren aus Sagen oder Märchen („Hans im Glück") oder Tiere (z. B. „Roude Léiw", „Berliner Bär") als Symbolfiguren herangezogen, um eine Sache zu verdeutlichen.

3. Schritt Kontext und Absicht des Karikaturisten
- Auf welches Ereignis/welche Situation bezieht sich die Karikatur? Tauchen bekannte Personen auf?
- Was will der Karikaturist zeigen?
- Wie bezieht er Stellung zu dem dargestellten Ereignis/der dargestellten Situation?

4. Schritt Beurteilung
- Wie beurteilt ihr das dargestellte Ereignis/die dargestellte Situation?
- Wie beurteilt ihr die Darstellung des Ereignisses/der Situation?
- Seid ihr der gleichen Meinung wie der Karikaturist?

M2–3 „Hoffentlich ist bald Schluss." Kolorierte Radierungen, 1789.

M4–5 „Ich wusste doch, dass wir auch noch an die Reihe kommen." Kolorierte Radierungen, 1789.

1. Die vier Abbildungen stammen aus dem Jahr der Französischen Revolution, 1789. Klärt die Zugehörigkeit der abgebildeten Figuren zu den drei Ständen.
2. Vergleicht die Vorgänge auf den Abbildungen: Welcher grundlegende Wandel hat hier stattgefunden?
3. Nennt die Ursachen für diese veränderte Rollenverteilung.

Die Französische Revolution ◆ La Révolution française
Freiheit, Gleichheit, Brüderlichkeit ◆ Liberté, égalité, fraternité

1. Les hommes naissent et demeurent libres et égaux.
2. Le but de toute association politique est la conservation des droits de l'Homme. Ces droits sont la liberté, la propriété, la sûreté, et la résistance à l'oppression.
3. Le principe de toute Souveraineté réside essentiellement dans la nation.
4. La liberté consiste à pouvoir faire tout ce qui ne nuit pas à autrui.

1. Die Menschen werden frei und gleich an Rechten geboren und bleiben es.
2. Der Zweck jedes politischen Zusammenschlusses ist die Bewahrung der Menschenrechte. Diese Rechte sind Freiheit, Eigentum, Sicherheit und Widerstand gegen Unterdrückung.
3. Der Ursprung der Herrschaft liegt beim Volk.
4. Die Freiheit besteht darin, alles tun zu können, was einem andern nicht schadet.

M1 Die Erklärung der Menschen- und Bürgerrechte (◆ Déclaration des droits de l'homme et du citoyen). Gemälde von Le Barbier, 1789. Die Figur links: „France"; rechts: „Gesetz".

Alle Menschen haben Rechte

Am 26. August 1789 wurden die Menschenrechte feierlich verkündet. Sie sollten für alle Menschen gelten. Bisher galten in Europa für die Geistlichen, den Adel, die Bauern und die Tagelöhner unterschiedliche Rechte. Es ergab sich die Notwendigkeit, die Macht des Königs durch eine Verfassung einzuschränken; diese Regierungsform nennt man konstitutionelle Monarchie. Man trennte nun zwischen gesetzgebender, ausführender und richterlicher Gewalt.

1. Beschreibt M1 und erklärt die dargestellten Symbole.
2. Erklärt die Bedeutung der einzelnen Menschen- und Bürgerrechte in M1.
3. In einigen Artikeln wird die zuvor geforderte Freiheit der Menschen wieder eingeschränkt. Begründet die Einschränkungen anhand von Beispielen.
4. Inwiefern bedeuten die Abschaffung der Privilegien und die Schaffung einer Verfassung das Ende des Absolutismus?

Konstitutionelle Monarchie
Staatsform, in der die Macht des Königs durch eine Verfassung eingeschränkt wird.

La monarchie constitutionelle
Forme de gouvernement dans lequel le pouvoir du roi est limité par une constitution.

M2 Zug der Frauen von Paris nach Versailles am 5. Oktober 1789. Zeitgenössische Darstellung.

M4 Olympe de Gouges. Porträt.

Auf nach Versailles!

Am Morgen des 5. Oktober 1789 versammelten sich viele wütende Frauen vor dem Rathaus. In Paris war das Brot knapp und teuer geworden. Außerdem erzählte man sich, der König ließe in Versailles Truppen aufmarschieren, um die Revolution zu beenden. Die Frauen stürmten das Rathaus und bewaffneten sich. 6000 Frauen zogen nach Versailles. Hier tagte die Nationalversammlung; die Frauen unterbrachen die Redner und forderten Brot für alle und einen festgesetzten niedrigen Preis. Als der König von der Jagd zurückkehrte, rief jemand: „Der König nach Paris! Der König nach Paris!" Der König gab nach und fuhr mit seiner Familie nach Paris. Im Triumphzug kehrten die Frauen nach Paris zurück; sie hatten bewiesen, dass sie handeln konnten und die Politik mitbestimmen wollten.

M3 Olympe de Gouges verfasste 1791 die „Erklärung der Rechte der Frau und der Bürgerin":
Artikel 1: Die Frau ist frei geboren und bleibt dem Mann gleich an Rechten.
Artikel 2: Ziel und Zweck jedes politischen Zusammenschlusses ist der Schutz der natürlichen und unveräußerlichen Rechte sowohl der Frau als auch des Mannes. Diese Rechte sind: Freiheit, das Recht auf Eigentum, Sicherheit und besonders das Recht auf Widerstand gegen Unterdrückung.

Zit. nach: Paul Noack: Olympe des Gouges, München 1992, S. 164 ff.

M5 Lebensgeschichte:
Wer war Olympe de Gouges?
Sie wurde 1748 in Südfrankreich geboren; schon mit 16 heiratete sie. Als ihr Mann starb, zog sie nach Paris. Sie besaß keine Schulbildung, trotzdem arbeitete sie als Journalistin und schrieb Artikel zum Tagesgeschehen. Als 1791 nur die Männer das Wahlrecht bekamen und nicht die Frauen, schrieb sie Flugblätter, in denen sie gegen diese Ungerechtigkeit protestierte. Auf die Veröffentlichung der Menschenrechte reagierte sie scharf: Es war von „Menschen" die Rede, aber nur die Männer gemeint. So schrieb sie die „Erklärung der Rechte der Frau und Bürgerin".
Olympe de Gouges wurde den Machthabern zu gefährlich, sie ließen sie 1793 mit dem Fallbeil (◆ la guillotine) hinrichten.

Verfassertext

5. Vergleicht M3 mit der Erklärung der Menschenrechte.
6. Was ändert sich für Männer und Frauen, wenn sie gleiche Rechte haben?

Was ihr noch tun könnt:
Informiert euch, wo heute noch Menschenrechte verletzt werden. Stellt die Ergebnisse der Klasse vor.

Die Französische Revolution ◆ La Révolution française
Es lebe die Republik! ◆ Vive la République!

> Allons enfants de la Patrie,
> Le jour de gloire est arrivé!
> Contre nous de la tyrannie
> L'étendard sanglant est levé!
> Entendez-vous dans les campagnes
> Mugir ces féroces soldats?
> Ils viennent jusque dans vos bras
> Égorger vos fils et vos compagnes!
> Aux armes citoyens, formez vos bataillons!

M1 Die Nationalgarde zieht in den Krieg. Gemälde von Leon Cogniet, 1836.

Revolution und Krieg

Die europäischen Staaten außerhalb Frankreichs wurden von Königen und Fürsten regiert. Sie fürchteten, dass sich die Ideen der Revolution auch in ihren Ländern ausbreiten könnten. Viele französische Adlige, die ins Ausland gegangen waren, verstärkten die feindselige Haltung gegenüber Frankreich. Um einer Kriegserklärung der verbündeten Fürsten zuvorzukommen, beschloss die französische Nationalversammlung 1792, mit dem Krieg zu beginnen. Jetzt erfasste eine nationale Begeisterung die Franzosen. Mit dem Ruf „Das Vaterland ist in Gefahr" meldeten sich Zehntausende von Franzosen freiwillig zu den Waffen. Zu Beginn des Krieges waren die Berufsarmeen der verbündeten Österreicher und Preußen überlegen. Aber dann eroberte die französische Revolutionsarmee Belgien, das Rheinland und stieß bis Frankfurt am Main vor. Am 7. Juni 1795 wurde die Festung Luxemburg nach einer Belagerung von sechs Monaten eingenommen.

1. Beschreibt M1. Achtet besonders auf die Mimik und Gestik der Soldaten und Zuschauer. Welche Stimmung soll das Bild vermitteln?
2. Lest den Text der „Marseillaise" (erstmals in Marseille gesungen, heute die Nationalhymne Frankreichs) laut vor. Wozu sollte das Lied auffordern? Nehmt Stellung zum Text.
3. Überlegt, wofür die Freiwilligen Frankreichs und wofür die Söldner der Gegner kämpften.

Republik	La république
Staat ohne Monarch. Das Volk, ein Teil des Volkes oder seine Stellvertreter wählen die Regierung und das Staatsoberhaupt.	État sans monarque. Le peuple, une partie du peuple ou ses députés déterminent le gouvernement et le chef de l'État.

M2 Hinrichtung Marie Antoinettes am 16. Oktober 1794. Kupfergravur von Helman nach Monnet.

Der König auf der Flucht

1791 war die absolute Macht des Königs durch eine Verfassung stark eingeschränkt worden. Er musste sich jetzt an die von der Nationalversammlung beschlossenen Gesetze halten und war nicht mehr der oberste Richter. Ludwig XVI. wollte sich nicht damit abfinden. Er nahm Kontakt zu französischen Adligen auf, die jetzt im Ausland lebten. In der Nacht vom 20. Juli 1791 floh der König mit seiner Familie, wurde aber kurz vor der deutschen Grenze erkannt und als Gefangener nach Paris zurückgebracht.

Die Hinrichtung des Königs

Mit dem Beginn des Krieges gegen die verbündeten Fürstenheere stand der König unter dem Verdacht, mit den Feinden gemeinsame Sache zu machen. Als der feindliche Oberkommandierende damit drohte, Paris zu zerstören, falls der königlichen Familie etwas zustoßen würde, stürmten Revolutionäre das Stadtschloss des Königs. Bei den Gefechten mit der königlichen Leibgarde kamen 400 Menschen ums Leben. Jetzt wurde der König für abgesetzt erklärt. Bei dem Prozess gegen ihn stimmte eine knappe Mehrheit für die Todesstrafe. Am 21. Januar 1793 wurde Ludwig XVI. hingerichtet. Frankreich war nun eine Republik, ein Staat ohne König.

4. Beschreibt M2.
5. Lest die Äußerungen der Menschen in M3 laut vor. Zu welchen Bevölkerungsgruppen gehören die dargestellten Personen? Welche Meinung würdet ihr unterstützen, welche lehnt ihr eher ab?
6. Diskutiert das Problem der Todesstrafe am Beispiel der Hinrichtung Ludwigs XVI. und aus heutiger Sicht.

Ich bin ein Gegner der Todesstrafe. Aber er war gegen die Revolution. Ludwig musste sterben, weil das Vaterland leben muss.

Ludwig war doch unschuldig. Hoffentlich bekommen diese Königsmörder bald ihre gerechte Strafe. Aber wer wird jetzt regieren?

Uns Bauern ging es vor der Revolution wirklich schlecht. Aber darf man einen König köpfen? Das ist gegen Gottes Gebote.

Er hat es nicht besser verdient. Der König hat uns bis aufs Blut ausgepresst. Jetzt kommen wir an die Macht.

M3 Stimmen zur Hinrichtung des Königs.

Die Französische Revolution ◆ La Révolution française
Freiheit durch Terror? ◆ La liberté par la terreur?

Die Herrschaft der Jakobiner

Der Krieg bedrohte Frankreich von außen. Die Lebensmittel wurden knapp und das Geld verlor seinen Wert. In dieser schwierigen Situation riss die Gruppe der Jakobiner (benannt nach ihrem Versammlungsort, dem Kloster St. Jakob) unter Führung von Maximilien Robespierre die Macht an sich. Die Jakobiner setzten 1793 ein „Gesetz gegen die Verdächtigen" durch. Als verdächtig galten alle Personen, die sich durch ihr Verhalten oder durch ihre Beziehungen, ihre mündlichen oder schriftlichen Äußerungen als Feinde der Freiheit zu erkennen gaben. Jetzt hatte ein Angeklagter, der als Verdächtiger vor dem Revolutionsausschuss stand, kaum eine Chance. Meistens lautete das Urteil: Tod durch die Guillotine. Fast täglich wurden mehrere hundert Todesurteile vollstreckt. Die Schreckensherrschaft der Jakobiner kostete etwa 35 000 Menschen das Leben.

M1 Maximilien Robespierre sagte in einer Rede am 5. Februar 1794 über die Grundsätze seiner Politik: 
Bezwingt die Feinde der Freiheit durch Terror und ihr habt recht, denn ihr seid die Gründer der Republik.

M2 Der Revolutionär Camille Desmoulins hatte in einer Rede am 24. Dezember erklärt: 
Ihr wollt eure Feinde mit der Guillotine austilgen. Hat man je einen größeren Wahnsinn gesehen? Könnt ihr einen Einzigen auf dem Schafott umbringen, ohne euch unter seinen Verwandten oder Freunden zehn Feinde zu machen?

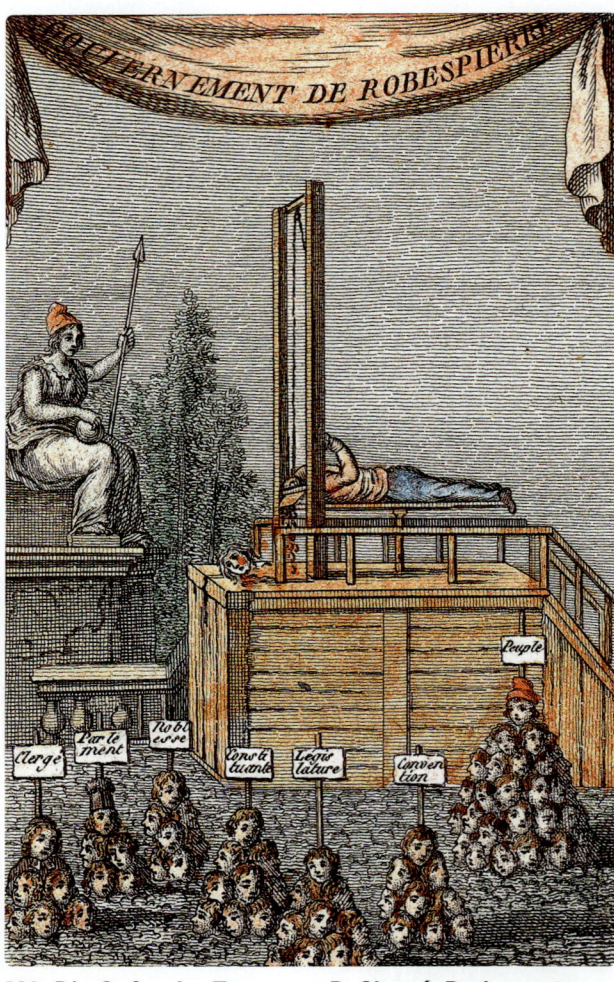

M3 Die Opfer der Terreur, z. B. Clergé, Parlement, Noblesse und Peuple. Stich von 1794.

Terreur	La Terreur
Gewaltherrschaft während der Französischen Revolution. Verbreitung von Angst und Schrecken durch Ausübung von Gewalt mit dem Ziel, Menschen gefügig zu machen.	Gouvernement tyrannique pendant la Révolution française. Peur collective qu'on fait régner dans une population pour briser sa résistance.

1. Erklärt, wieso es zur Schreckensherrschaft der Jakobiner kam und wer ihr zum Opfer fallen konnte?
2. Stellt in einer Tabelle die verschiedenen Meinungen zur Revolution und zur Terreur zusammen (Befürworter, Gegner).
3. „Die Revolution frisst ihre Kinder." Nehmt Stellung zu dieser Aussage.

M4 Angeklagter vor dem Revolutionsausschuss. Zeitgenössischer Stich.

M6 Sansculotten. Zeitgenössische Zeichnung. Sansculotte heißt übersetzt „ohne Kniebundhose".

M5 Das könnte eine Sansculottin über den Alltag in der Revolutionszeit erzählt haben (zusammengestellt nach geschichtlichen Quellen):
Wir Sansculotten tragen einfache Kleider und auf dem Kopf eine rotweiße Haube mit dem Abzeichen der Revolution. Wir leben mit unserer Familie im fünften Stock eines Pariser Mietshauses. Anders als die reichen Nichtstuer wissen wir, wie man einen Acker pflügt, wie man schmiedet, sägt, feilt, ein Dach deckt, Schuhe macht und wie man bis zum letzten Tropfen sein Blut für das Wohl der Republik vergießt. Für mich sind alle Menschen gleich. Warum sollte ich andere mit „Sie" anreden? Wir duzen die Leute, nennen sie „Bürger" und nicht „Herr". Oft gehen wir schon früh am Morgen zum Platz der Revolution, um zu sehen, wie die Verräter an der Menschheit auf einem Karren vorgefahren werden und unter dem Fallbeil ihren Kopf verlieren. Die Jakobiner sagen: „Wir werden Frankreich eher in einen Leichenacker verwandeln, als die Ziele der Revolution aufzugeben." Recht haben sie. So wie es vor der Revolution war mit der absoluten Herrschaft des Königs, den Vorrechten des Adels und der Kirche und all den Ungerechtigkeiten – so darf es nie wieder werden!

M7 In einem zeitgenössischen Bericht über das Revolutionsgericht heißt es:
Verhöre und Verteidigungen gibt es nicht mehr. Zeugen werden keine vernommen. Wer im Gefängnis sitzt, ist bereits zum Tode verurteilt … Es gibt Verhandlungen, wo 100 oder 150 Angeklagte schon vor der Verhandlung als schuldig in die Listen eingetragen werden.

Martin Goehring (Hg.): Die Geschichte der Großen Revolution, Bd. 2, Tübingen 1950, S. 382.

Das Ende der Schreckensherrschaft
Nachdem die französische Revolutionsarmee die äußeren Feinde besiegt hatte, konnten die Jakobiner ihre Terrormaßnahmen nicht länger aufrechterhalten. Am 27. Juli 1794 wurde Robespierre verhaftet und am Tag darauf hingerichtet. Damit war die Schreckensherrschaft zu Ende. Die Regierung wurde einem fünfköpfigen Direktorium übertragen.

4. Vergleicht das Revolutionsgericht (M4, M7) mit einem modernen Gerichtsprozess. Welche Unterschiede fallen euch auf? Beschreibt die Gefühle eines Angeklagten.
5. Lest noch einmal den Text der Erklärung der Menschenrechte von 1789. Stellt diese Prinzipien den Ereignissen der „Terreur" gegenüber.
6. Listet auf, wodurch sich ein Sansculotte von einem reichen Bürger unterscheidet. Welche durch die Revolution hervorgerufenen Veränderungen werden genannt?

Das Zeitalter Napoleons ◆ L'époque napoléonienne
Vom Soldat zum Kaiser ◆ Un soldat devenu empereur

M1 Napoleons Aufstieg und Sturz. Deutsche Karikatur, 1814.

M2 Lebenslauf von Napoleon Bonaparte
- **1769** Geburt auf Korsika; Kind einer armen adligen Familie
- **1784** Offiziersausbildung an einer Pariser Militärschule; Außenseiter in der feinen französischen Gesellschaft
- **1789** Rang eines Oberleutnants
- **1793** Eroberung von Toulon, das von englischen Truppen besetzt war, und Beförderung zum General
- **1795** Niederschlagung eines Aufstandes gegen die Regierung
- **1796** – Heirat mit Josephine
  – Oberbefehl für die Kriege in Oberitalien.
- **1799** – Auflösung des Parlaments mithilfe der Truppen
  – Staatsoberhaupt: „Erster Konsul"
  – Erlass einer Verfassung, die Napoleon alle Macht sichert; eine Volksvertretung wird zum Schein beibehalten
- **1804** Kaiserkrönung
- **1805** – Niederlage gegen England in der Seeschlacht bei Trafalgar
  – Sieg über Österreich und Russland in der Schlacht von Austerlitz
- **1806** Sieg in der Schlacht bei Jena und Auerstedt gegen Preußen
- **1808** Spanische Aufstände gegen die napoleonische Herrschaft
- **1812** Niederlage im Russlandfeldzug
- **1813** Niederlage in der „Völkerschlacht" bei Leipzig
- **1814** Thronverzicht und Verbannung nach Elba
- **1815** – Rückkehr für 100 Tage
  – Endgültige Niederlage in der Schlacht bei Waterloo
  – Verbannung nach St. Helena
- **1821** Tod auf St. Helena
- **1840** Überführung des Sarges in den Invalidendom, Paris

> Soldaten! Ihr seid nackt, schlecht genährt; die Regierung ist euch viel schuldig, aber sie kann euch nichts geben. Bewunderungswürdig ist eure Geduld und der Mut, den ihr bewiesen habt. Ich will euch in die fruchtbarsten Ebenen der Welt führen. Reiche Provinzen, große Städte werden in eure Hände fallen; dort werdet ihr Ehre, Ruhm und Reichtümer finden!

M3 General Bonaparte auf dem Italienfeldzug. Gemälde, 1796.

1. Lest den Lebenslauf M2. Wie erklärt ihr euch den raschen Aufstieg Napoleons?
2. Vergleicht die auf der Karikatur M1 dargestellten Lebensabschnitte mit der Biografie M2 und tragt sie in eine Tabelle ein.

Lebensabschnitt	Jahr
Korsischer Knabe	…
Militärschüler	…

3. Bewertet die Karikatur: Welche Einstellung zu Napoleon hatte der Karikaturist vermutlich?

Napoleon

Am 9. November 1799 vertrieb der junge General Napoleon Bonaparte (1769–1821) mithilfe seiner Soldaten die Regierung und ließ sich zum Konsul ernennen. Er war im Volk beliebt, denn er hatte 1795 einen Aufstand gegen die Revolution niedergeschlagen und in vielen Schlachten gegen die verbündeten ausländischen Fürstenheere gesiegt. Nach den Unruhen sehnten sich die Menschen nach einem neuen „starken Mann". Im Jahr 1804 krönte sich Napoleon in der Kathedrale von Notre Dame zu Paris selbst zum Kaiser. Frankreich war wieder eine Monarchie. War jetzt nun alles so wie vor der Revolution?

Retter oder Zerstörer der Revolution?

Napoleon erklärte die Revolution für beendet. Die Staatsmacht stand unter seiner Kontrolle. Dabei konnte sich Napoleon vor allem auf die ihm treu ergebene Armee stützen. Die Teilung der Gewalten in gesetzgebende, ausführende und richterliche Gewalt wurde aufgehoben. Freie Wahlen und Pressefreiheit gab es nicht mehr. Aber die Freiheit der Person, die Gleichheit vor dem Gesetz und das Recht auf Eigentum blieben bestehen. Frankreich wurde in etwa gleich große Verwaltungsbezirke (Départements) mit einer zentral gelegenen Verwaltungshauptstadt und einem Präfekten an der Spitze eingeteilt. Innerhalb dieser Departements gab es Unterbezirke und Gemeinden. Über die Besetzung der hohen Ämter in der Verwaltung, Polizei und Armee entschied Napoleon selbst. 1804 erschien eine Gesetzessammlung, der „Code Napoléon", worin die Rechte der einzelnen Personen und Fragen des Eigentums geregelt waren.

M4 Napoleon. Gemälde von François Gérard, 1805.

4. Überlegt, wodurch sich Napoleon bei der französischen Bevölkerung Sympathien schuf (M3).
5. Vergleicht M4 mit dem Gemälde, das König Ludwig XIV. zeigt (vgl. Arbeitstechnik „Bilder lesen"), und mit einer Darstellung des heutigen Großherzogs von Luxemburg.
6. Beantwortet zum Thema „Napoleon – Retter oder Zerstörer der Revolution" folgende Fragen: Was blieb von der Revolution? Was wurde abgeschafft? Was wurde neu eingeführt?

Das Zeitalter Napoleons ◆ L'époque napoléonienne
Herrscher Europas ◆ Napoléon domine l'Europe

M1 Über seine Ziele sagte Napoleon in einem Gespräch:

… Europa wird nicht zur Ruhe kommen, bevor es nicht unter einem einzigen Oberhaupt steht, unter einem Kaiser, der Könige als seine Beamten hat und der seinen Generälen Königreiche gibt. Wir brauchen ein europäisches Gesetz, einen europäischen Gerichtshof, eine einheitliche Münze, die gleichen Gewichte und Maße. Aus allen Völkern Europas muss ich ein Volk machen und aus Paris die Hauptstadt der Welt.

Zit. nach: F. H. Kircheisen (Hrsg.): Gespräche Napoleons, Bd. 2, Stuttgart 1912, S. 63.

Europa unter der Herrschaft Napoleons

Mit seinen Truppen eroberte Napoleon weite Teile Europas. Um seine Macht zu sichern, setzte er seine Brüder oder enge Vertraute zu Herrschern in den von Frankreich abhängigen Ländern ein.

Im Jahr 1812 holte Napoleon zu einem Schlag gegen Russland aus. Alle Länder unter Napoleons Herrschaft mussten nun Soldaten stellen, insgesamt mehr als 600 000. Im Sommer überschritt er mit seinen Truppen die Grenze. Die russischen Truppen wichen zurück und hinterließen überall nur verwüstetes Land und brennende Städte.

M2 Napoleons Armee in Russland. Illustration.

Das Ende Napoleons

Die Grande Armée kam bis nach Moskau, musste aber aus Mangel an Vorräten den Rückzug antreten. Die Russen gingen nun zum Angriff über und dezimierten die von Hunger und Kälte geschwächten Soldaten. Schließlich kehrten nur etwa 30 000 Soldaten in ihre Heimat zurück. Endgültig wurden die französischen Truppen in der Schlacht von Waterloo (1815) besiegt. Napoleon musste in die Verbannung gehen.

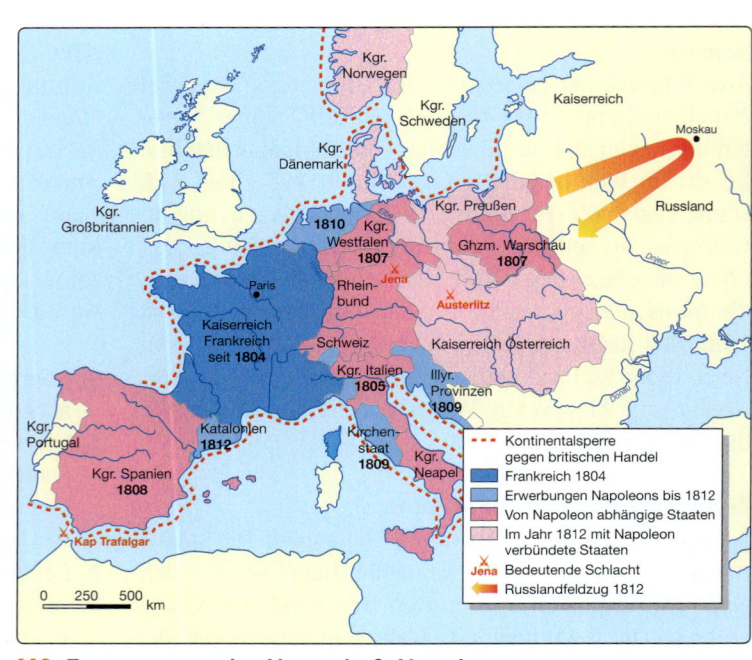

1. Erläutert die Ziele Napoleons mit eigenen Worten (M1). Was ist daran heute noch modern?
2. Wertet die Karte M3 aus: Welche Staaten waren von Napoleon abhängig? Mit welchen Staaten war er verbündet?

M3 Europa unter der Herrschaft Napoleons.

M4 Luxemburg vor der Französischen Revolution:

Seit dem 16. Jh: Das Herzogtum Luxemburg untersteht den spanischen Königen.

1659: Südliche Gebiete des Herzogtums (Thionville, Montmédy, Marville, Damvillers) fallen an Frankreich.

1684: Die Soldaten Ludwigs XIV. erobern nach längerer Belagerung die Hauptstadt Luxemburg. Der Baumeister Vauban vergrößert die Festungsanlagen.

1698: Luxemburg wird wieder spanisch.

1714: Das Herzogtum wird österreichisch.

1795: Französische Revolutionstruppen erobern nach einer Belagerung von sechs Monaten die Festung Luxemburg. Luxemburg wird Teil des „Département des Forêts".

Luxemburg unter französischer Herrschaft

Der Bedarf Frankreichs an Soldaten nahm unter Napoleon und seinen zahlreichen Eroberungszügen weiter zu. Als Département des Forêts war das Luxemburger Gebiet ein Teil Frankreichs und musste um die 14 000 Soldaten stellen. Etwa die Hälfte der jungen Luxemburger, die in die napoleonische Armee einberufen wurde, kam nicht mehr zurück.

Die Luxemburger Bevölkerung lehnte die französische Herrschaft größtenteils ab. Vor allem der obligatorische Militärdienst stieß beim Volk auf große Abneigung. Im Ösling kam es sogar zu Aufständen, dem sogenannten „Klëppelkrich". Dieser wurde von der französischen Armee blutig niedergeschlagen.

M5 Jean Kayser aus Esch war einer der Soldaten Napoleons. Er schrieb am 9. Oktober 1811 aus Bayonne:

… Ich hab gedruncken aus dem mehr; das ist wunderlich gross und ungestimmich wasser und ist gesaltz; kann kein Zup dar von essen … es wird gut mit einem und schlecht mit den andern gehen … das es so warm macht in dem land … dass mir schon die grosse Berg gesehen in spangen zweimal so gross wie der johannesberg.

M6 Das Département des Forêts.

- Frankreich 1789
- Eroberungen bis 1801
- Das Wälderdepartement
- Staatsgrenze
- Grenze der Departements

M7 Der „Klëppelkrich". Gegen 1844 zeichnete Jakob Klein aus Arsdorf (1774–1848), der in seiner Jugend am Aufstand teilgenommen hatte, Bilder der „Klëppelmänner".

3. Erklärt die Bezeichnung „Département des Forêts", die die Franzosen unserem Gebiet gaben.

4. Überlegt, welche wichtigen Errungenschaften der Französischen Revolution nach Luxemburg kamen.

5. Um den „Klëppelkrich" bildeten sich 50 Jahre später mit dem Erwachen des Luxemburger Nationalgefühls verschiedene Legenden. Versucht zu erklären, warum dieses Ereignis in der Geschichte Luxemburgs besondere Aufmerksamkeit verdient.

Das Zeitalter Napoleons ◆ L'époque napoléonienne
Neuordnung Europas ◆ La réorganisation de l'Europe

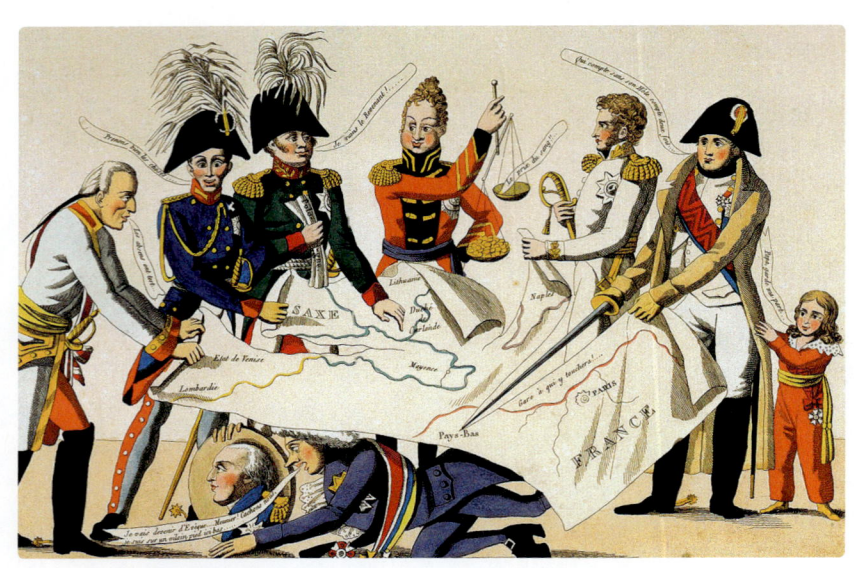

M1 „Der Kuchen der Könige." Französische Karikatur, 1815.

Der Wiener Kongress (1814–1815)

Napoleons Herrschaft in Europa war zerschlagen. Nun stellte sich die Frage, wie es weitergehen sollte. Um dieses Problem zu lösen, trafen sich die Herrscher und Gesandten von fast 200 Staaten zu einem Kongress in Wien. Die Großmächte waren sich einig, dass die Macht der Fürsten gestärkt werden musste, um zukünftige Revolutionen zu vermeiden.

Monatelange Verhandlungen bewirkten die Schaffung neuer Staaten und die Veränderung aller Grenzen. Der Wunsch der europäischen Völker nach Freiheit, politischem Mitspracherecht und nationaler Einheit fand dabei keine Berücksichtigung.

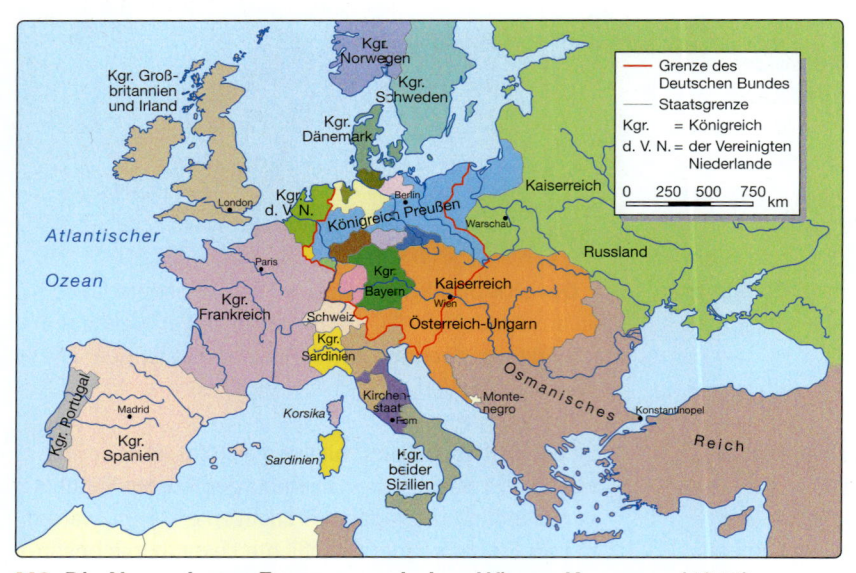

Der Deutsche Bund

Die Herrscher Europas wollten kein mächtiges, vereintes Deutschland. Deshalb schufen sie den Deutschen Bund, ein lockeres Staatenbündnis mit 39 Einzelstaaten. An ihrer Spitze standen Könige und Fürsten, deren Macht unumschränkt war.

1. Beschreibt M1 und erklärt den Titel der Karikatur.
2. Vergleicht M2 mit einer Karte des heutigen Europa. Welche Staaten gab es 1815 noch nicht?

M2 Die Neuordnung Europas nach dem Wiener Kongress (1815).

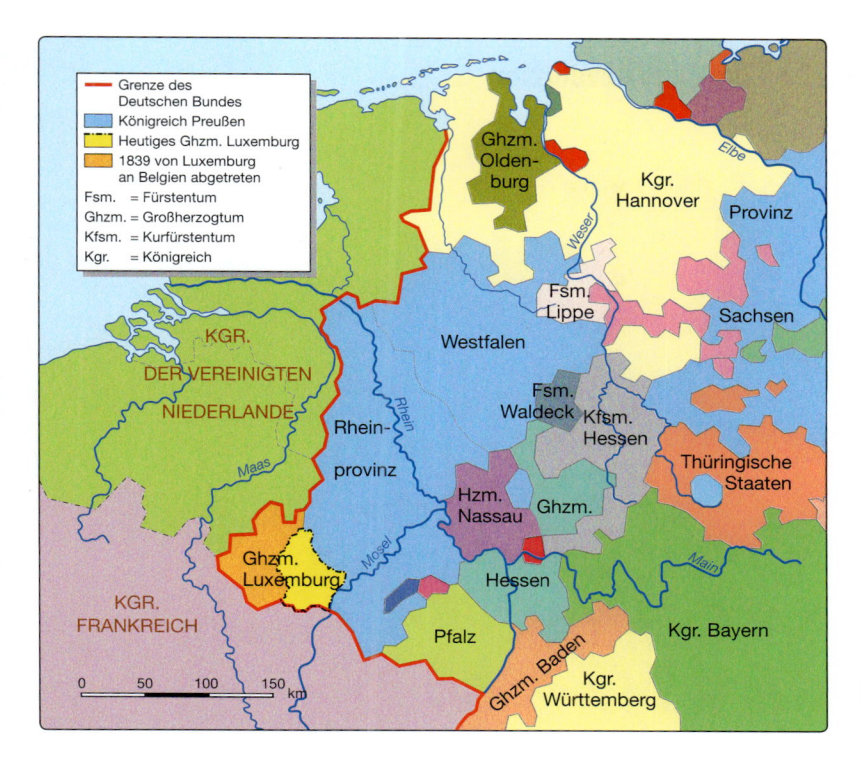

M3 Luxemburg nach dem Wiener Kongress.

Luxemburg nach dem Wiener Kongress

Die Entstehung des Staates Luxemburg ergab sich aus den Verhandlungen zwischen den Fürsten auf dem Wiener Kongress und ist nicht auf das Drängen der einheimischen Bevölkerung zurückzuführen. Ein luxemburgisches Nationalgefühl gab es 1815 noch nicht.
Die Bestimmungen des Wiener Kongresses für Luxemburg waren:
- Luxemburg wird zum Großherzogtum erhoben und gehört dem König der Niederlande, Wilhelm I., als persönliches Eigentum.
- Die Mosel, die Sauer und die Our bilden die Ostgrenze. Alle Gebiete östlich dieser Grenze, außer Vianden, fallen an Preußen.
- Luxemburg gehört zum Deutschen Bund, die Hauptstadt wird Bundesfestung mit einer preußischen Garnison.

M4 Fort Thüngen („Dräi Eechelen"). Das Fort beherbergt das Musée de la Forteresse.

Die Bundesfestung Luxemburg (1815–1867)

Seit dem Wiener Kongress war das Großherzogtum Mitglied des Deutschen Bundes. Die Hauptstadt war wegen ihrer Grenzlage und ihrer militärischen Bedeutung zur Bundesfestung (◆ la forteresse fédérale) erklärt worden. 4000 preußische Soldaten befanden sich in der Stadt, die 1821 nur 10 000 Einwohner zählte. 1867 wurde auf dem Londoner Kongress entschieden, dass Luxemburg neutral sein sollte: Die Festungsanlagen mussten abgerissen werden und Preußen zog seine Soldaten ab. Dies war ein wichtiger Schritt zur endgültigen Unabhängigkeit Luxemburgs.

3. Listet die Veränderungen auf, die der Wiener Kongress für Luxemburg brachte.
4. Erklärt mithilfe von M3 die Entwicklung des Großherzogtums bis 1839.

Die Französische Revolution ◆ La Révolution française
Das Erbe der Revolution ◆ L'héritage de la Révolution

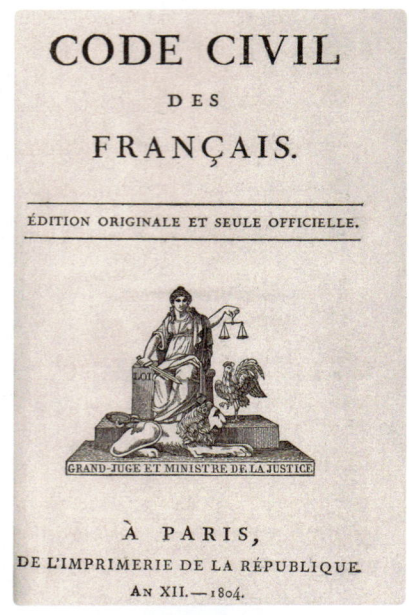

M1 Der französische Code civil, auch Code Napoléon genannt. Buchdruck 1804.

M2 Die Gliederung Luxemburgs in Distrikte, Kantone und Gemeinden (◆ le district, le canton, la commune) stammt aus französischer Zeit.

Veränderungen auch in Luxemburg

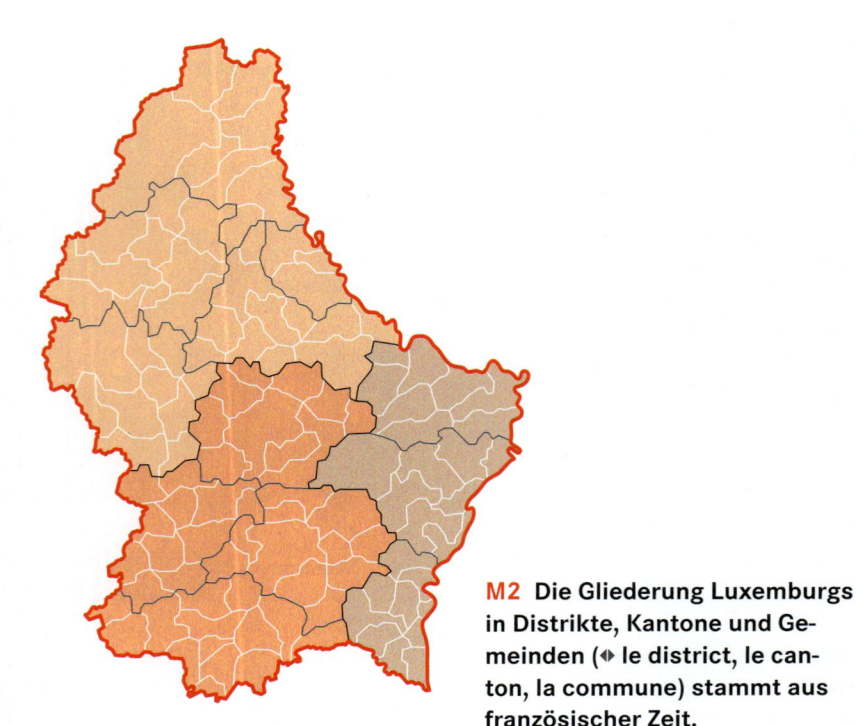

Von 1798 bis zum Ende der napoleonischen Herrschaft war Luxemburg Teil des Département des Forêts. Alle französischen Gesetze, auch der sogenannte Code Napoléon, galten hier. Das Gesetzbuch versprach unter anderem:
- Jeder darf seinen Wohnsitz frei wählen.
- Jeder gilt vor dem Gesetz gleich viel, egal ob Bauer oder Adliger.
- Jeder darf Land erwerben.
- Jede Ehe muss vor dem Staat geschlossen werden (Zivilehe).
- Jede Ehe kann geschieden werden.

Wenn auch die Menschen keine politische Mitbestimmung hatten, so waren sie doch erstmals persönlich frei. Die Leibeigenschaft wurde abgeschafft. Auch vor dem Gesetz waren nun alle gleich. Französisch wurde offizielle Amtssprache. In napoleonischer Zeit wurden auch Hausnummern eingeführt. Der Handel wurde erleichtert, weil einheitliche Maße und Gewichte vorgeschrieben wurden.

M3 1791 beschloss die verfassunggebende Versammlung in Paris die Einführung einer universellen Längeneinheit. Der Meter löste nach und nach die alten Maßeinheiten (Fuß, Elle, Spanne usw.) ab. In Paris wurden an öffentlichen Plätzen Meter aufgestellt.

1. Stellt Vermutungen an über Sinn und Zweck der von Napoleon befohlenen Maßnahmen (z. B. die Nummerierung der Häuser).
2. Überlegt, ob der Code civil von der ganzen Bevölkerung als Verbesserung angenommen wurde. Was könnte Anlass für Kritik gewesen sein?
3. Beschreibt die Buchillustration von M1. Erklärt die Bedeutung der dargestellten Symbole.

Zusammenfassung ◆ Résumé

Freiheit, Gleichheit, Brüderlichkeit: die Französische Revolution

Ludwig XVI. von Frankreich war 1788 nicht mehr in der Lage, seine enormen Ausgaben zu decken. Er berief die Vertreter der drei Stände ein, um sich höhere Steuern bewilligen zu lassen, obwohl das Volk bereits unter der hohen Abgabenlast litt. Die Vertreter des dritten Standes erklärten sich zur Nationalversammlung, da sie mehr als 95 Prozent der Bevölkerung repräsentierten. Sie forderten mehr Freiheiten und Gleichheit für alle Bürger. Im August 1789 wurden die Menschenrechte verkündet. Im Januar 1793 wurde der König hingerichtet, Frankreich war Republik.

Die Revolution schien von vielen Seiten bedroht. Um ihre Ziele zu verwirklichen, gingen die Revolutionäre deshalb immer radikaler vor, es folgte die Zeit der Schreckensherrschaft. Schließlich weckte die allgemeine Unsicherheit bei vielen Franzosen den Wunsch nach einem starken Mann. Diese Chance nutzte Napoleon, der 1799 die Macht an sich riss und sich im Jahr 1804 zum Kaiser ausrufen ließ.

Es gelang ihm, fast ganz Europa zu erobern. Auch Luxemburg wurde besetzt und umgestaltet. Napoleon konnte lediglich England und Russland militärisch nicht besiegen. Aber es regte sich zunehmender Widerstand gegen die Herrschaft Napoleons. Nach der Niederlage im Russlandfeldzug schlossen sich Napoleons Gegner zusammen und konnten ihn 1813 in der Völkerschlacht bei Leipzig entscheidend besiegen. Nach seiner endgültigen Niederlage in der Schlacht bei Waterloo wurde Napoleon auf die Insel St. Helena verbannt.

Auf dem Wiener Kongress beschlossen die europäischen Fürsten 1815 die Neuordnung des Kontinents.

Liberté, égalité, fraternité: la Révolution française

En 1788, Louis XVI, roi de France, n'est plus capable de faire face à ses énormes dépenses. Il convoque les représentants des trois ordres, pour qu'ils votent l'augmentation des impôts, bien que le peuple souffre sous le poids des taxes. Les députés du tiers état se constituent en assemblée nationale puisqu'ils représentent 95 pourcent de la population. Ils réclament plus de libertés et l'égalité pour tous les citoyens. En août 1789, la Déclaration des droits de l'homme est publiée. En janvier 1793, le roi est exécuté: la France devient une république.

La Révolution semble cependant menacée de tous les côtés. Les révolutionnaires décident alors d'employer des méthodes toujours plus radicales, c'est la Terreur. L'insécurité générale réveille chez beaucoup de Français le souhait de voir arriver un homme fort à la tête du pays. Napoléon saisit cette chance, prend le pouvoir en 1799 et se fait proclamer empereur en 1804.

Il réussit à conquérir presque toute l'Europe. Le Luxembourg est occupé et réorganisé. Seules l'Angleterre et la Russie ne sont pas vaincues par les armées napoléoniennes. Mais la résistance contre Napoléon s'organise. Après la défaite de Napoléon en Russie, ses adversaires se réunissent et remportent la victoire décisive dans la bataille des Nations à Leipzig en 1813. Après sa défaite finale à Waterloo, Napoléon est exilé dans l'île de Ste Hélène.

Lors du congrès de Vienne en 1815, les princes européens décident la réorganisation du continent.

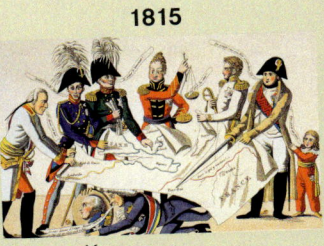

14. Juli 1789 — Sturm auf die Bastille

1793 — Hinrichtung Ludwigs XVI.

1804 — Kaiserkrönung Napoleons I.

1815 — Wiener Kongress

Standard-Check ◆ Bilan

Das solltet ihr wissen ◆ Vérifiez vos connaissances

Arbeitsbegriffe

- ✓ Staatshaushalt ◆ le budget de l'État
- ✓ Dritter Stand ◆ le tiers état
- ✓ Nationalversammlung ◆ l'Assemblée nationale
- ✓ Sturm auf die Bastille ◆ la prise de la Bastille
- ✓ Konstitutionelle Monarchie ◆ la monarchie constitutionnelle
- ✓ Republik ◆ la république
- ✓ Schreckensherrschaft ◆ la Terreur
- ✓ Menschen- und Bürgerrechte ◆ Droits de l'homme et du citoyen

Was wisst ihr noch?

1. Fasst die Missstände, die im 18. Jahrhundert in Frankreich herrschten, stichwortartig zusammen.
2. Warum berief Ludwig XVI. im Jahr 1789 die Generalstände ein?
3. Welche Bedeutung hat der 14. Juli 1789 für die Franzosen?
4. Übersetzt und erklärt die Begriffe „liberté", „égalité" und „fraternité".
5. Wer übernahm nach der Hinrichtung Ludwigs XVI. die Macht in Frankreich?

Tipps zum Weiterlesen

Karla Schneider: Die abenteuerliche Geschichte der Filomena Findeisen. Beltz, Weinheim 2008

Klas Ewert Everwyn: Für fremde Kaiser und kein Vaterland. Bücken & Sulzer, Overath 2005

Hans-Ulrich Thamer, Michael Welply: Die Französische Revolution: Freiheit, Gleichheit, Brüderlichkeit. Gerstenberg, Hildesheim 2007

François Pernot: De Bonaparte à Napoléon, Coll. Voir l'Histoire. Editions Fleurus, Paris 2004

Bertrand Solet: La Révolution française, Coll. La vie des enfants. Éditions de La Martinière jeunesse, Paris 2008

Rätselhafte Revolution

A Ludwig XVI.	**B** Bastille	**C** Ballhaus	**D** Olympe de Gouges	**E** Stände
a Geistliche, Adlige, Bürger und Bauern	**b** Radikaler Führer der Jakobiner, 1794 hingerichtet	**c** Kaiser von Frankreich (1804–1815)	**d** Staatsgefängnis, am 14. Juli 1789 gestürmt	**e** Lied der Revolution, heute franz. Nationalhymne
F Guillotine	**G** Robespierre	**H** Marseillaise	**I** Sansculotten	**J** Napoleon
f Radikale Kleinbürger von Paris („ohne Hosen")	**g** König von Frankreich (1774–1793)	**h** Hinrichtungsinstrument der Revolution	**i** Tagungsort der Nationalversammlung	**j** Frauenrechtlerin, hingerichtet 1794

Jetzt könnt ihr zeigen, was ihr behalten habt: Sucht zu den Namen und Begriffen (Großbuchstaben) die jeweiligen Erklärungen (Kleinbuchstaben) und Bilder (Ziffern) und legt eine Tabelle an.

Name/Begriff	Erklärung	Bildnummer
…	…	…

Anhang Arbeitstechniken ◆ Annexe: Méthodes de travail
Besser geht's mit Arbeitstechnik ◆ Travailler avec méthode

Die Arbeit vorbereiten
Zur Vorbereitung der Arbeiten ist es wichtig, Fragen zu stellen und das Thema aufzugliedern.
Wer seine Materialien übersichtlich und ordentlich hält, hat es nachher bei der Arbeit leichter.

Die Arbeit vorbereiten
In Projekten lernen	70
Apprendre par des projets	195
Eine Mindmap erstellen	196
Réaliser une carte des idées	196

Informationen beschaffen
Zu jedem Thema gehört zunächst mal die Informationsbeschaffung. Hier sind einige Vorschläge, die euch sicher weiterhelfen.

Informationen beschaffen
Informationen beschaffen: in der Bibliothek	197
Se documenter à la bibliothèque	197
Informationen beschaffen: im Internet	198
Se documenter à l'aide d'Internet	198
Eine Exkursion durchführen	199
Organiser une excursion	199

Unterschiedliche Materialien auswerten
Nicht alle Informationen sind leicht zu verstehen, verschiedene Materialien müssen auf unterschiedliche Weise untersucht werden. Hier findet ihr Arbeitstechniken, die zu den verschiedenen Materialien passen, die in Fach Geschichte vorkommen.

Unterschiedliche Materialien auswerten
Sachquellen auswerten	200
Analyser des objets	200
Bilder lesen	Umschlagklappe, 32, 96, 148
Lire des images	201
Die Arbeit mit einer Geschichtskarte	Umschlagklappe, 108
Étudier une carte historique	202
Mit einem Schema arbeiten	203
Analyser un schéma	203
Textquellen entschlüsseln	Umschlagklappe, 96
Exploiter des sources écrites	204
Diagramme lesen und erstellen	Umschlagklappe, 138
Lire et dessiner des graphiques	205
Spielfilme untersuchen	124
Analyser des films	206
Karikaturen deuten	174
Analyser des caricatures	207
Bauwerke erkunden	66
Étudier un monument historique	208

Anhang Arbeitstechniken ◆ Annexe: Méthodes de travail

Besser geht's mit Arbeitstechnik ◆ Travailler avec méthode

Arbeitsergebnisse präsentieren

Bei manchen Vorhaben steht das gewünschte Produkt von vornherein fest. Dann ist eigentlich alles klar, es kommt nur darauf an, die erforderlichen Schritte dahin zu finden. — Andere Themen sind an sich interessant, man weiß aber anfangs nicht so recht, was bei der Arbeit daran herauskommen soll. Dazu findet ihr hier eine Reihe von Vorschlägen, die bei verschiedenen Themen weiterhelfen. Und — aufgepasst! — sie sind auch dort nützlich, wo das Produkt am Ende vorgestellt und erklärt werden soll ...

Arbeitsergebnisse präsentieren

Herstellung einer Zeitleiste	209
Construire un axe du temps	209
Eine Wandzeitung gestalten	210
Faire un journal mural	210
Ein Rollenspiel durchführen	211
Faire un jeu de rôle	211
Mündliches Präsentieren	212
Présentation orale	212

Anhang Arbeitstechniken ◆ Annexe: Méthodes de travail

Besser geht's mit Arbeitstechnik ◆ Travailler avec méthode

Um was es geht

Ganz egal, womit ihr euch beschäftigt – eure Arbeit hat immer zwei Seiten: Zunächst wollt ihr wissen, worum es bei einem Thema geht. Ob das Thema nun „Stadt im Mittelalter" oder „Luxemburg während der Zeit Napoleons" lautet – immer gibt es eine Menge herauszufinden und zu wissen. Zu den Themen, die im Geschichtsunterricht der 8. Klasse behandelt werden, könnt ihr die wichtigsten Informationen in den vorangegangenen Kapiteln finden. Außerdem bekommt ihr auf den Standard-Check-Seiten Hinweise, wo ihr zusätzliches Material beschaffen könnt.

Und wie es geht

Aber das „Was" ist nur die eine Seite des Lernens. Mindestens ebenso wichtig ist das „Wie".
Wenn es reichen würde, im Schulbuch über ein Thema etwas nachzulesen, wäre das Lernen eine leichte Sache. Man könnte sich schnell den Kopf mit Wissen vollstopfen und hätte bald für jede Frage die richtige Antwort. Im Arbeitsleben ist es noch wichtiger: Es genügt nicht zu wissen, was man braucht, um ein gutes Produkt herzustellen. Nur wer weiß, wo er die erforderlichen Materialien und Werkzeuge findet, kann überhaupt mit der Arbeit anfangen. Und nur wer gelernt hat, wie er die Dinge anfassen muss, kommt auch zu einem vernünftigen Ergebnis.

Arbeitstechniken kennenlernen und einüben

Auch im Fach Geschichte sollt ihr Arbeitstechniken kennenlernen und einüben. Darin müsst ihr fit sein, um die Inhalte des Schulunterrichts zu verstehen und zu behalten.
In den vorangegangenen Kapiteln dieses Buches gab es deshalb Seiten, auf denen Arbeitstechniken ausführlich vorgestellt wurden. Das sind aber längst nicht alle Methoden, die man brauchen kann.
In diesem Anhang findet ihr die wichtigsten Techniken aus den Kapiteln in französischer Übersetzung wieder. Meist ist ein anderes Material als vorne abgebildet, an dem ihr diese Technik erproben könnt. Zusätzlich sind weitere aufgeführt, die ihr im letzten Jahr kennengelernt habt. Wenn ihr bei bestimmten Problemen nicht weiterwisst, könnt ihr in der Übersicht auf Seite 192/193 nachschauen, ob ihr nicht weiter hinten Hilfe findet.

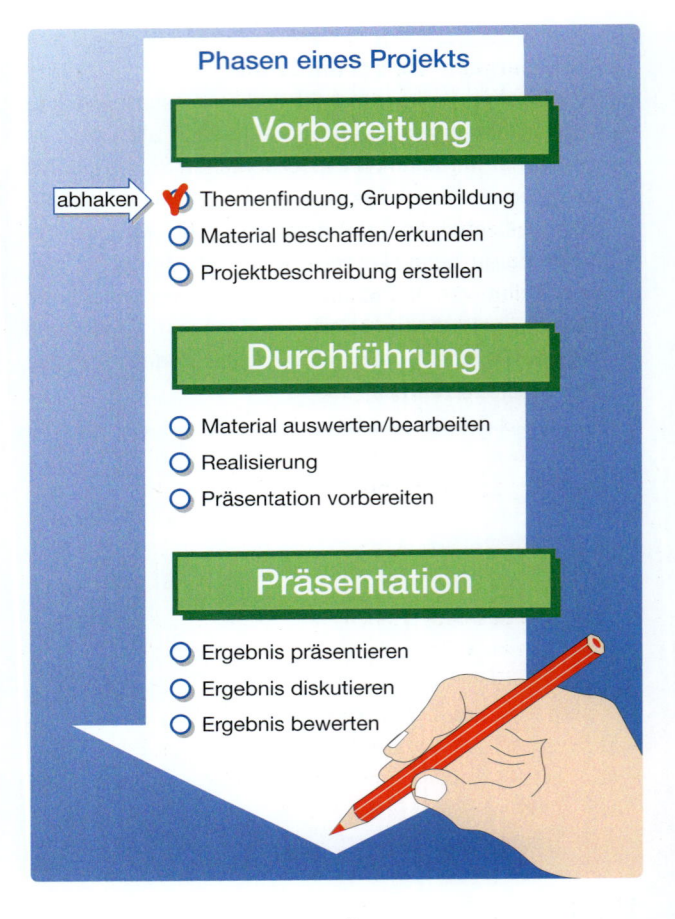

Von der Arbeitstechnik zum Projekt

Die Arbeitstechniken sind hier außerdem in einer Reihenfolge sortiert, wie sie beim normalen Arbeitsablauf vorkommen, wenn man sich mit einem Thema beschäftigt. Es gibt Techniken zur Vorbereitung, zur Informationsbeschaffung, Hilfen bei der Durchführung und Vorschläge für die abschließende Präsentation. Diese Schritte solltet ihr bei jedem Vorhaben beachten. Ihr findet diese Vorgehensweise auch noch einmal oben in der Grafik abgebildet.
So kann aus der Beschäftigung mit jedem Thema ein richtiges Projekt werden.

Phasen eines Projekts

Vorbereitung
- Themenfindung, Gruppenbildung (abhaken ✓)
- Material beschaffen/erkunden
- Projektbeschreibung erstellen

Durchführung
- Material auswerten/bearbeiten
- Realisierung
- Präsentation vorbereiten

Präsentation
- Ergebnis präsentieren
- Ergebnis diskutieren
- Ergebnis bewerten

Annexe: Méthodes de travail
Apprendre par des projets

Projet signifie « entreprise » ou « plan » à réaliser: une personne ou un groupe traite un sujet ou un problème donné et présente ensuite les résultats. Les étapes suivantes vous montrent comment procéder:

1re étape: Choisir le sujet et répartir le travail
- Comment pourrait-on subdiviser le sujet?
- Comment répartissez-vous le travail?
- Qui s'occupe de quelles parties?
- Qui collabore avec qui?

2e étape: Se documenter
- Où trouver la documentation?
- Quels livres utiles peut-on trouver à la bibliothèque?
- Quelles pages Internet procurent des informations fiables?
- Quels ouvrages (encyclopédie, dictionnaire …) sont à votre disposition?

Conseil: N'imprimez pas tout de suite ce que vous trouvez sur Internet. Tout n'est pas forcément utile!

3e étape: Exploiter des informations
- Quels sont les documents qu'on peut retenir/écarter?
- Quelle est la qualité des illustrations?
- Les photos, diagrammes, cartes correspondent-ils au sujet? Sont-ils assez pertinents et compréhensibles?

4e étape: Présenter les résultats
- De quelle façon voulez-vous présenter les résultats? (journal mural, rétroprojecteur, ordinateur)

Conseil: Ne lisez pas simplement votre texte préparé, mais essayez de parler librement. Vous pouvez évidemment consulter vos notes.

Propositions de sujets sur la Révolution française:
- Inventer un discours politique contre l'absolutisme
- Les symboles de la Révolution française
- Réaliser une affiche avec des slogans et messages des révolutionnaires
- Les droits de l'homme aujourd'hui
- Les femmes dans la Révolution française
- …

Anhang Arbeitstechniken ◆ Annexe: Méthodes de travail

Eine Mindmap erstellen ◆ Réaliser une carte des idées

Mindmaps (engl. für „Gedächtniskarte") sind eine bildhafte Darstellung von Gedanken.
Um eine Mindmap zu erstellen, könnt ihr folgendermaßen vorgehen:

1. Schritt: Thema notieren
- Nehmt ein großes Blatt Papier (DIN A4 oder A3) ohne Linien im Querformat.
- Notiert das zentrale Thema in der Mitte.

Une carte des idées (angl. mindmap) est un schéma qui représente les connexions entre les idées. Pour réaliser une carte des idées, vous pouvez procéder de la façon suivante:

1re étape: Noter le sujet
- Prenez une grande feuille de papier (DIN A4 ou A3) non-lignée (format paysage).
- Notez le sujet principal au milieu.

[Stadt]

2. Schritt: Mindmap erstellen
- Sammelt Schlüsselwörter, die mit dem Thema zu tun haben.
- Zeichnet vom Mittelpunkt Äste für jedes Unterthema.
- Ordnet nun die Schlüsselwörter den richtigen Ästen zu.

Tipp: Schreibt keine ganzen Sätze, sondern Schlüsselwörter leserlich oder in Druckbuchstaben.

2e étape: Réaliser la carte des idées
- Cherchez des idées qui se rapportent au sujet principal. Trouvez pour chaque idée un mot-clé.
- À partir du milieu tracez une branche pour chaque mot-clé.
- Classez les mots-clés sur les branches correspondantes.

Conseil: N'écrivez pas de phrases complètes mais des mots-clés, écrivez de façon lisible, p. ex. en majuscules.

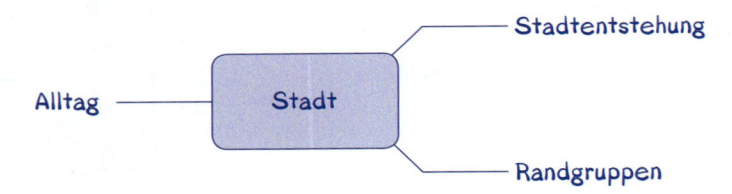

Alltag — [Stadt] — Stadtentstehung / Randgruppen

3. Schritt: Mindmap erweitern
- Den Oberbegriffen könnt ihr nun Unterbegriffe zuordnen.

3e étape: Compléter la carte des idées
- Ajoutez maintenant d'autres idées qui sont en relation avec les mots-clés.

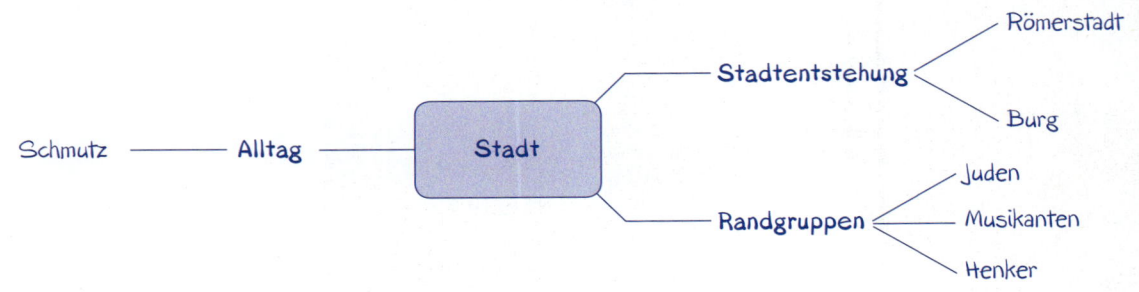

Schmutz — Alltag — [Stadt] — Stadtentstehung (Römerstadt, Burg) / Randgruppen (Juden, Musikanten, Henker)

Anhang Arbeitstechniken ◆ Annexe: Méthodes de travail

Informationen beschaffen: in der Bibliothek ◆ Se documenter à la bibliothèque

Wenn euch eine Frage besonders interessiert und ihr weitere Informationen sucht, stehen euch vor allem zwei Möglichkeiten offen: die Suche in der Bibliothek oder im Internet.

Hier einige Tipps für die Informationsbeschaffung in der Bibliothek:

1. Schritt:
- Notiert stichpunktartig, worüber ihr etwas erfahren wollt. Je eindeutiger die Stichworte sind, desto leichter fällt das Suchen und Finden von Informationen.

2. Schritt:
- Im Katalog (meist über Computer) die Stichworte eingeben.
- Die empfohlenen Bücher heraussuchen und überprüfen, ob dieses Werk auch wirklich weiterhelfen kann: Sind die Erklärungen verständlich und nicht zu kompliziert?

3. Schritt:
- Mithilfe des Inhaltsverzeichnisses oder des Registers die gewünschte Buchstelle finden.
- Den Text aufmerksam durchlesen und wesentliche Informationen notieren.
- Nicht vergessen, Autor und Titel des Buches aufzuschreiben.

Beispiel: Stuart Murray, Der Wilde Westen. Mythos und Wirklichkeit. Gerstenberg, Hildesheim 2002

Si un sujet vous intéresse particulièrement et que vous voulez trouver davantage de renseignements, vous avez deux possibilités: la recherche dans une bibliothèque ou sur Internet.

Voici quelques conseils pour la recherche d'informations dans une bibliothèque:

1re étape:
- Notez sous forme de mots-clés ce que vous voulez savoir. Plus les mots-clés sont précis, plus la recherche sera facile.

2e étape:
- Saisissez les mots-clés au catalogue (le plus souvent par ordinateur).
- Sélectionnez les livres recommandés et vérifiez s'ils peuvent vous être utiles: les explications sont-elles compréhensibles, pas trop difficiles?

3e étape:
- À l'aide de la table des matières ou de l'index, trouvez les bonnes pages.
- Lisez le texte attentivement et notez les renseignements importants.
- N'oubliez pas de noter le nom de l'auteur et le titre de l'ouvrage.

Exemple: Patricia Latour, De l'esclavage à la liberté, Le temps des Cerises, Paris 2000

M1 Schüler arbeiten in einer Bibliothek.

Anhang Arbeitstechniken ◆ Annexe: Méthodes de travail
Informationen beschaffen: im Internet ◆ Se documenter à l'aide d'Internet

Einige Tipps für die Informationsbeschaffung im Internet:

1. Schritt: Schlagwort finden
- Notiert stichpunktartig, worüber ihr etwas erfahren wollt. Je eindeutiger die Stichworte sind, desto leichter fällt das Suchen und Finden von Informationen.

2. Schritt: Suchmaschine benutzen
- Wählt eine Suchmaschine aus; es gibt spezielle Suchmaschinen für Kinder und Jugendliche.
- Gebt euer Stichwort ein; achtet dabei auf die Rechtschreibung.
- Wenn die Trefferliste zu lang ist, so ist euer Stichwort zu allgemein. Versucht ein neues, genaueres Stichwort zu finden oder macht eine kombinierte Suche, wobei ihr nach zwei Stichwörtern gleichzeitig suchen lasst (z. B. Mittelalter + Turnier).

3. Schritt: aus dem Angebot auswählen
- Wählt aus der Trefferliste die zum Thema passenden Seiten aus. Dabei helfen euch häufig schon die Angaben, die in der Trefferliste angegeben sind.
- Überprüft, ob die Seiten auch verständlich und hilfreich sind. Achtet auch darauf, wer der Anbieter eurer Information ist. Ein Museum oder eine öffentliche Institution bieten meist zuverlässige Informationen.
- Den Text aufmerksam durchlesen und wesentliche Informationen notieren oder abspeichern.
  Tipp: Nicht gleich alles ausdrucken.
- Nicht vergessen: Die genauen Adressen der benutzten Seiten mit Datumsangabe aufschreiben.
  Beispiel: www.lcto.lu/html_de/history/index.html vom 29.06.2008

Aufgepasst: Falls ihr im Internet recherchiert, müsst ihr euch bewusst sein, dass diese Methode zeitaufwendiger und komplizierter ist, als viele glauben. Im Internet findet ihr Unmengen von Informationen und Daten, und es ist oft schwierig, genau das zu finden, was man sucht, denn die Trefferlisten beinhalten oft falsche, ungenaue und irreführende Informationen.

Voici quelques conseils en vue de la recherche d'informations sur Internet:

1re étape: Trouver le mot-clé
- Notez sous forme de mots-clés ce que vous voulez savoir. Plus les mots-clés sont précis, plus la recherche d'informations sera facile.

2e étape: Utiliser le moteur de recherche
- Sélectionnez un moteur de recherche; certains sont destinés aux enfants et aux adolescents.
- Entrez le mot-clé; faites attention à l'orthographe.
- Si la liste des résultats est trop longue, votre mot-clé est trop général. Essayez de trouver un mot-clé plus précis ou faites une recherche combinée en saisissant deux mots à la fois. (p. ex. Moyen Âge + tournoi).

3e étape: Choisir parmi l'offre
- Choisissez dans la liste des résultats les pages correspondant au sujet. Les données indiquées dans la liste des résultats vont vous aider.
- Vérifiez si les pages sont compréhensibles et utiles. Faites attention à l'origine de votre information. Un musée ou une institution publique offrent généralement des informations fiables.
- Lisez le texte attentivement et notez ou enregistrez les informations importantes.
  Conseil: N'imprimez pas tout de suite ce que vous trouvez.
- N'oubliez pas de noter les adresses exactes des pages utilisées avec indication de dates.
- Exemple: www.lcto.lu/html_de/history/index.html du 29.06.2008

Attention: La recherche sur Internet prend souvent plus de temps que certains ne le croient. L'internet propose une masse d'informations et de données. Il est souvent difficile de trouver exactement ce que l'on recherche car les listes des résultats contiennent souvent des informations fausses, imprécises et pouvant induire en erreur.

Anhang Arbeitstechniken ◆ Annexe: Méthodes de travail
Eine Exkursion durchführen ◆ Organiser une excursion

Auch auf einer Exkursion könnt ihr Informationen zu wichtigen Fragen gewinnen. Zum Beispiel könnt ihr euch eine Stadt ansehen und dort nach Spuren aus geschichtlichen Epochen – wie etwa dem Mittelalter – suchen. Damit ein solcher Ausflug zugleich spannend und lehrreich wird, müsst ihr ihn gut vorbereiten.
Und so könnt ihr eure Fahrt planen:

1. Schritt: Informationen beschaffen
Die Adresse des Fremdenverkehrsbüros eures Exkursionsziels findet ihr im Internet.

2. Schritt: Die Fahrt organisieren
Legt Termin, Verkehrsmittel und Zeiten fest und erkundigt euch nach den Kosten.

3. Schritt: Informationsmaterial studieren
Sichtet das Material, das ihr beschafft habt, z.B. im Hinblick auf mittelalterliche Spuren:
- Welche typischen Elemente einer mittelalterlichen Stadt sind erhalten (Kirchen, Stadtmauer, Rathaus, Handwerkerviertel)?
- Werden Führungen zur Stadt oder zu einzelnen Gebäuden angeboten (Kosten erfragen und anmelden)?
- Gibt es ein Stadtmuseum, das über die Geschichte im Mittelalter informiert? Vereinbart in diesem Fall frühzeitig einen Führungstermin.

4. Schritt: Aufgaben verteilen
Wenn ihr für euren Rundgang durch die Stadt keinen Führer habt, bildet kleine Gruppen, die es übernehmen, sich über einzelne Sehenswürdigkeiten zu informieren und sie an Ort und Stelle möglichst interessant und anschaulich darzustellen.

5. Schritt: Ergebnisse dokumentieren
Fertigt nach der Exkursion z. B. eine Wandzeitung, einen Bericht für die Schülerzeitung oder einen Podcast an.

6. Schritt: Erfahrungen auswerten
Überlegt, was gut war und ob ihr bei der nächsten Exkursion etwas besser machen könnt.

Vous pouvez également obtenir des informations importantes en faisant une excursion. Ainsi vous pouvez visiter une ville et y chercher des traces d'époques historiques – comme par exemple du Moyen Âge. Pour qu'une telle excursion soit aussi passionnante qu'instructive, il faut bien la préparer.
Voici comment faire:

1re étape: S'informer
Vous trouverez l'adresse de l'office du tourisme de votre destination sur Internet.

2e étape: Organiser le voyage
Fixez la date, le moyen de transport et l'horaire et informez-vous sur les prix.

3e étape: Étudier les documents d'information
Consultez les documents que vous vous êtes procurés, par exemple à la recherche de traces du Moyen Âge:
- Quels éléments typiques d'une ville médiévale sont conservés (églises, murs d'enceinte, hôtel de ville, quartier des artisans)?
- Peut-on faire des visites guidées de la ville ou de certains bâtiments (demander les prix et réserver)?
- Existe-t-il un musée de la ville qui informe sur l'histoire médiévale? Si oui, fixez à temps un rendez-vous pour une visite guidée.

4e étape: Répartir les tâches
Si vous n'avez pas de guide pour votre visite de la ville, formez de petits groupes qui se chargeront de préparer des présentations sur les principales curiosités. Vous serez donc vous-mêmes les guides touristiques.

5e étape: Documenter les résultats
Présentez votre excursion sous forme de journal mural, de reportage pour le journal scolaire ou de reportage audio.

6e étape: Faire le bilan
Relevez les points positifs de votre excursion. Qu'est-qu'on pourrait faire mieux la prochaine fois?

Anhang Arbeitstechniken ◆ Annexe: Méthodes de travail
Sachquellen auswerten ◆ Analyser des objets

Aus früheren Zeiten sind Überreste aller Art erhalten: Bauwerke, Grabsteine, Werkzeuge, Hausgeräte, Geld, Manuskripte, Schmuck und manches mehr. Alte Sachen können zu wichtigen Erkenntnisquellen über das Leben in früheren Zeiten werden. Die folgenden Arbeitsschritte können euch helfen, Sachquellen besser auszuwerten:

1. Schritt: Gegenstand betrachten
Was könnt ihr sehen? (Größe, Form, Farbe, Qualität, Material ...)

2. Schritt: Fragen an den Gegenstand stellen
Was könnt ihr erschließen oder fragen?
(Alter, Herkunft, Herstellungsort, Herstellungstechniken, Fundort und Fundzeit, Transportwege und -mittel, verwendete Werkzeuge und Hilfsmittel, Auftraggeber, Benutzer, Einflüsse ...)

3. Schritt: Gegenstand deuten
Welche Erkenntnisse könnt ihr gewinnen?
Stand der Technik: von Spezialisten gemacht – selbst hergestellt, von anderswo eingeführt?
Verbreitung: einmaliger oder seltener Gegenstand/Fund, viele ähnliche Gegenstände/Funde hier/oder anderswo?
Sitten und Gebräuche: Wann, von wem, bei welcher Gelegenheit benutzt? Mit welchen anderen Dingen zusammen verwendet? Welche Rückschlüsse auf das Alltagsleben sind möglich?
Handelsbeziehungen: Produkt hier hergestellt und anderswo gefunden oder umgekehrt? Rohmaterial einheimisch oder von weit her? ...

Des vestiges de toutes sortes provenant du passé ont été conservés.:bâtiments, tombeaux, des outils, de l'argent, des manuscrits, des bijoux ... Ces vieux objets peuvent servir de source précieuse de connaissances et apporter des informations sur le passé. Les étapes suivantes peuvent vous aider à mieux analyser les objets:

1ʳᵉ étape: Observer l'objet
Qu'est-ce que vous voyez? (taille, forme, couleur, qualité, matériel ...)

2ᵉ étape: Décrire l'objet
Quelles informations pouvez vous trouver? (âge, provenance, lieu de production, mode de production, lieu et date de trouvaille, moyens et de voies transport, outils employés, donneur d'ordre, utilisateur, producteur, influences ...)

3ᵉ étape: Interpréter l'objet
Que pouvez-vous en déduire?
Niveau technique: fait par des spécialistes, fait main, importé de loin?
Diffusion: objet/trouvaille unique ou rare, objets/trouvailles semblables trouvés ici ou ailleurs?
Traditions et coutumes: où, par qui, à quelle occasion l'objet a-t-il été utilisé? Quelles conclusions peut-on en tirer pour l'histoire de la vie quotidienne?
Relations commerciales: produit fabriqué ici et découvert ailleurs ou vice versa? Matière première locale ou importée? ...

M 1 Buchdeckel des Evangeliars von Echternach. Die Handschrift wurde mit Goldtinte geschrieben, daher der lateinische Name Codex aureus Epternacensis (= Goldenes Buch von Echternach). Die Handschrift ist zwischen 1030 und 1050 in der Benediktinerabtei von Echternach geschaffen worden. Der Deckel ist um 985/990 in Trier entstanden. Heute wird das Evangelienbuch im Germanischen Nationalmuseum in Nürnberg aufbewahrt.

Annexe: Méthodes de travail
Lire des images

Les conseils et questions suivants vont vous aider à tirer des informations importantes d'une image.

1re étape: Observer l'image
- Quelle est ma première impression?
- Quels sont les détails que je remarque?

2e étape: Décrire l'image
- Qu'est-ce que je vois sur l'image: personnes, vêtements, activités …?
- Comment sont disposés les personnes et les objets? La représentation est-elle réaliste? Quelles couleurs sont mises en évidence?
- Quel élément se trouve au centre de l'image? Peut-on détecter un avant-plan et un arrière-plan?
- Présentez le document: le nom de l'artiste, le titre du tableau, la date de création …

3e étape: Interpréter l'image
- Pourquoi l'artiste a-t-il choisi cette forme de représentation?
- Dans quel but l'image a-t-elle été créée?
- Qu'est-ce que je ne comprends pas?
- Quelles questions sont laissées en suspens?
- Où puis-je trouver d'autres informations?

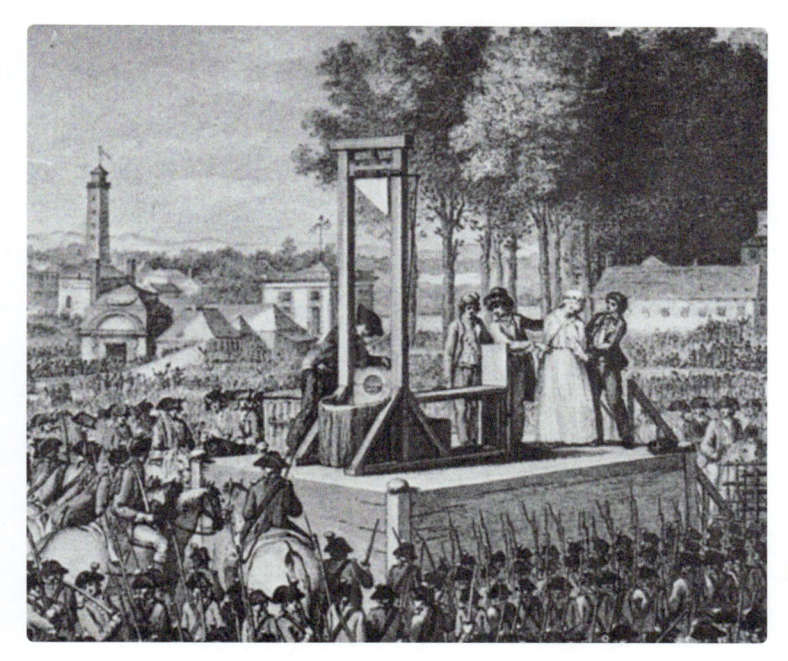

M1 **La Place de la Révolution à Paris.** Marie Antoinette guillotinée le 16 octobre 1793, gravure 1795/96.

Annexe: Méthodes de travail

Étudier une carte historique

L'historien utilise des cartes spécifiques. Elles montrent les résultats de recherches et donnent des informations sur le déroulement de certains événements. Elles indiquent l'évolution dans certains domaines, à un moment donné ou pour des périodes précises. Pour lire et comprendre les cartes historiques, les étapes suivantes vous seront utiles:

1re étape: Déterminer le sujet
– Désigner l'espace représenté.
– Reconnaître la période historique.
– Identifier l'événement ou le thème.

2e étape: Interpréter la légende de la carte
– Expliquer l'emploi des couleurs et des dégradés.
– Déchiffrer les symboles.
– Déterminer l'échelle et les distances.

3e étape: Commenter la carte
– Commenter différents aspects de la carte.
– Formuler des conclusions.
– Noter les questions restées ouvertes.

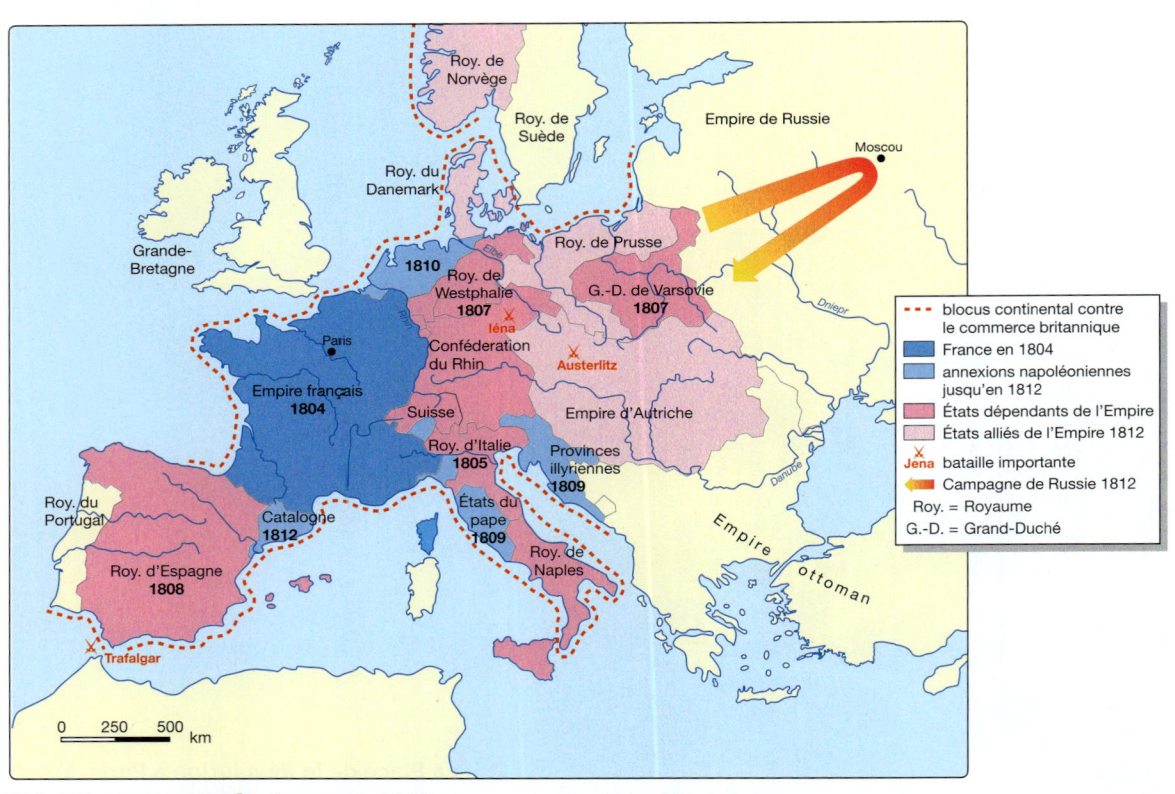

M1 L'Europe napoléonienne en 1812.

Anhang Arbeitstechniken ◆ Annexe: Méthodes de travail

Mit einem Schema arbeiten ◆ Analyser un schéma

1. Schritt: Aufbau erkennen
- Wie lautet der Titel des Schaubildes?
- Mit welchem Thema befasst es sich?
- Aus welchen Teilen besteht die Abbildung und wie sind sie angeordnet?
- Welche Farben werden verwendet?
- Sind einzelne Teile des Schemas miteinander verbunden?

2. Schritt: Inhalt erklären
- Was stellen die einzelnen Teile dar, weshalb sind sie in einer bestimmten Reihenfolge angeordnet?
- Welche Bedeutung haben die einzelnen Farben?
- Welche Bedeutung haben die verschiedenen Verbindungen?

3. Schritt: Schema auswerten
- Welche Informationen liefert uns dieses Schema?
- Aus welchem Grund hat man wohl diese bestimmte Anordnung für das Schema gewählt?
- Welche Schlussfolgerungen lassen sich ziehen (z. B. Verteilung der Macht, Bedeutung einzelner Personen und Organe usw.)

1re étape: Reconnaître la structure
- Quel est le titre du schéma?
- Quel en est le sujet?
- De quelles parties est constitué le schéma et comment sont-elles organisées?
- Quelles couleurs ont été utilisées?
- Les parties du schéma sont-elles reliées par des flèches?

2e étape: Expliquer le contenu
- Que représentent les différentes parties ou niveaux, pourquoi se suivent-ils dans un certain ordre?
- Quelle est la signification des couleurs utilisées?
- Quelle est la signification des liens entre les différentes parties?

3e étape: Interpréter le schéma
- Quelles informations le schéma nous donne-t-il?
- Pour quelle raison cette structure particulière a-t-elle été choisie?
- Quelles informations le schéma nous donne-t-il?
- Quelles conclusions peuvent être tirées? (répartition du pouvoir, rôle des différents personnages et organismes etc.)

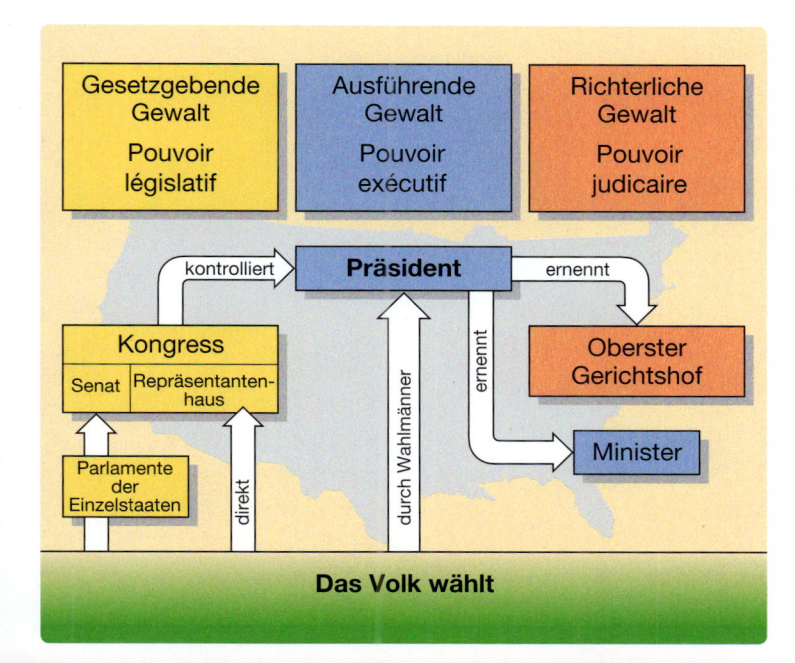

M 1 Die Verfassung der USA, 1787.

Annexe: Méthodes de travail

Exploiter des sources écrites

Pour l'historien, les textes du passé constituent une source importante. Il y trouve des détails qui manquent souvent dans d'autres sources. Cependant, l'historien doit d'abord contrôler la fiabilité de toute source écrite. Les spécialistes procèdent par étapes:

1re étape: Questions au sujet de l'auteur
- Que savons-nous sur cette personne (dates de naissance et de mort, origine, profession/statut)?
- S'agit-il d'un témoin d'époque ou d'un rapport de „seconde main?"

2e étape: Questions au sujet du texte
- Quels sont les termes inconnus qui exigent une explication?
- De quoi s'agit-il? (qui? quand? où? quoi? comment? pourquoi?)
- Quelle est la nature du texte? (lettre, document, roman, poème, journal intime, rapport, biographie, article de journal ...)
- À qui le texte s'adresse-t-il?
- Quelle est la structure du texte?

3e étape: Interprétation et évaluation
- Quel est le contexte du document?
- Existe-t-il encore d'autres sources concernant le même événement (en vue d'une comparaison)?
- L'attitude de l'auteur est-elle favorable/défavorable/neutre?
- Est-ce que certains faits ont éventuellement été exagérés ou passés sous silence?
- Quelles conclusions pouvons-nous dégager du texte?

M1 **Le dernier mot écrit par Marie Antoinette, reine de France, guillotinée le 16 octobre 1793:**

le 16 octobre à 4h½ du matin

Mon dieu! Ayez pitié de moi! Mes yeux n'ont plus de larmes pour pleurer pour vous mes pauvres enfants; adieu, adieu!

Marie Antoinette

Annexe: Méthodes de travail

Lire et dessiner des graphiques

Lire un graphique
Un graphique ou diagramme est une représentation „dessinée" de données numériques. Les formes les plus utilisées sont: le graphique en bâtons, le graphique en courbe et le graphique circulaire. Les étapes suivantes vous aideront à lire et à dessiner un graphique.

1re étape: Déterminer les caractéristiques externes
De quel de type de diagramme s'agit-il? Quel en est le sujet (titre)?

2e étape: Expliquer le contenu
Qu'est-ce qui est représenté précisément par le graphique? Pour quel espace géographique vaut-il? Pour quelle époque? Quels chiffres sont donnés (absolus ou pourcentages)? De quelle unité de mesure s'agit-il? Quelles informations peut-on tirer de ce graphique?

3e étape: Interpréter
Quelles conclusions peut-on tirer? Quelles explications peut-on donner à propos des informations représentées? Y a-t-il un rapport avec d'autres informations?

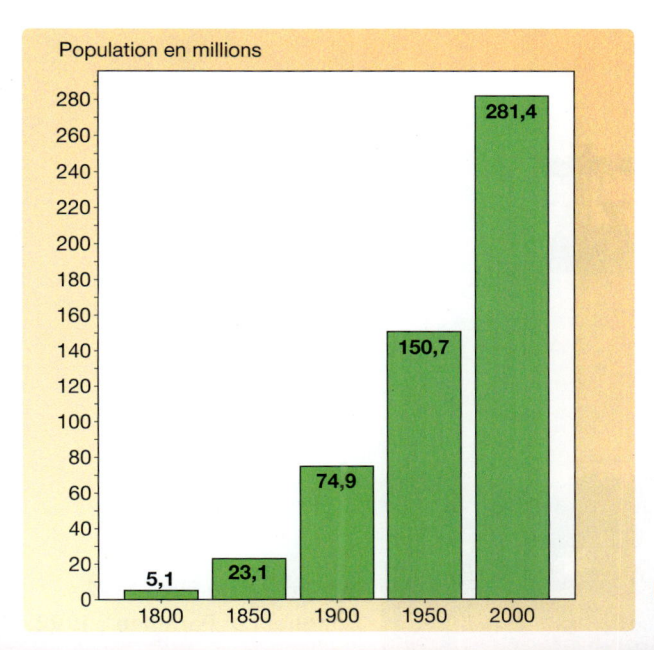

Dessiner un graphique

1re étape: Déterminer les caractéristiques externes
Choisissez une forme de diagramme appropriée: en bâtons ou en courbe.

2e étape: Tracer les axes
Tracez un axe horizontal et un axe vertical.

3e étape: Graduer les axes
Graduez les axes pour que vous puissiez y placer toutes les valeurs. Choisissez des écarts d'1 cm, 5 mm ou d'un carreau, faciles à manier.

4e étape: Annoter les axes
Annotez les axes (nom, valeur, unité de mesure).

5e étape: Dessiner les bâtons resp. la courbe
– pour le graphique en bâtons: dessinez au crayon des bâtons correspondant aux valeurs. Les bâtons doivent être de largeur égale.
– pour le graphique en courbe: reliez les points par une courbe.

M1 L'évolution de la population des États-Unis 1800–2000.

Annexe: Méthodes de travail
Analyser des films

Souvent les films n'ont que peu de points communs avec la réalité historique; ils sont plutôt des produits de l'imagination des réalisateurs pour qui il s'agit de créer une oeuvre captivante, pleine d'action, d'aventures et d'amour.

Les questions suivantes devraient vous aider à regarder de près les films historiques et à les analyser de façon critique.

1re étape: Trouver des informations, résumer le contenu
– Où et quand le film a-t-il été produit?
– Où et quand se passe l'action?
– S'agit-il d'événements historiques ou l'action est-elle complètement inventée?
– De quel type de film s'agit-il: film d'aventures, d'amour, de guerre etc.?
– Quels sont les personnages principaux? Que se passe-t-il?

2e étape: Analyser la mise en scène
Composition de l'image: couleur ou noir et blanc? Images lentes ou nerveuses? Plans rapprochés ou panoramiques? Changements de perspectives (champ/contre-champ)?
Réalisation: choix des acteurs? Moyens mis en oeuvre (nombre de figurants, décors, costumes historiques ...)?
Langue et musique: Comment caractériser la langue parlée dans le film: simple, compliquée, crédible, bête, ennuyeuse, ...? Comment parlent les différents personnages? Est-ce que la musique annonce l'apparition d'un personnage et le changement d'atmosphère? Comment la musique arrive-t-elle à souligner l'action? Peut-on dire que la musique est douce, captivante, drôle, triste? Comment les images et la musique fonctionnent-elles ensemble?

3e étape: Faire le bilan, évaluer
– Quelles informations sur le sujet historique peut-on tirer du film?
– Ces informations sont-elles crédibles? Est-ce qu'elles sont confirmées par d'autres sources?
– Ces informations sont-elles au centre du film ou sont-elles secondaires?
– Dans laquelle des catégories suivantes peut-on classer le film: « à voir absolument », « à voir » ou « à éviter »? A quelles catégories d'âge le film est-il destiné? Est-ce que le film est basé sur des connaissances historiques ou est-ce qu'il véhicule des idées fausses?

M1 Scène du film „1492 – Conquest of Paradise", 1992.

Annexe: Méthodes de travail

Analyser des caricatures

Les caricatures représentent des personnes, des événements et des situations d'une façon exagérée, déformée qui est souvent (mais pas toujours) drôle et qui fait rire celui qui les regarde. Il s'agit pour le dessinateur de représenter son opinion sur un fait. Une caricature n'est pas un simple dessin, c'est un jugement. Pour se faire comprendre, les caricaturistes se servent de certains moyens stylistiques. Parmi ces moyens, on trouve l'exagération, p. ex. des caractéristiques physiques de certaines personnes (oreilles géantes, nez long, etc.). Souvent on utilise des personnages historiques (p. ex. des rois), des figures de contes ou légendes (p. ex. le petit Poucet) ou des animaux symboliques (p. ex. le lion rouge ou le coq gaulois) pour représenter visuellement une idée.
Les étapes de travail suivantes peuvent vous aider à interpréter une caricature. Appliquez-les à M1.

1re étape: Décrire
- Notez tout ce qui vous frappe quand vous regardez la caricature. Notez aussi ce que vous ne comprenez pas et formulez des questions.
- Décrivez exactement ce que vous voyez: personnes, animaux, objets … Comment sont-ils représentés: exagérément grands/petits, gros/maigres, agressifs, dangereux, …?
- La caricature est-elle accompagnée d'un texte?

2e étape: Dégager le message
- Établissez des hypothèses: que pourraient signifier les personnages et objets représentés? Faites un tableau !

3e étape: Déterminer le contexte et les intentions du caricaturiste
- À quel événement, à quelle situation se rapporte la caricature?
- Peut-on reconnaître des personnes célèbres?
- Qu'est-ce que le caricaturiste veut montrer?
- Quelle est son opinion sur l'événement/la situation en question?

4e étape: Évaluer
- Comment jugez-vous l'événement/la situation représenté/e?
- Comment jugez-vous la représentation de l'événement/de la situation?
- Êtes-vous du même avis que le caricaturiste?

M1 Demaskierung. Karikatur von William Thackeray, um 1830. Der Zeichner schrieb zu der Karikatur: „Man sieht sofort, dass die Majestät aus der Perücke gemacht ist, den hochhackigen Schuhen und dem Mantel … So stellen Barbiere und Flickschuster die Götter her, die wir anbeten."

Annexe: Méthodes de travail
Étudier un monument historique

Les questions suivantes peuvent vous aider à découvrir une église dans votre ville, village ou aux alentours. Cette méthode peut également servir à découvrir d'autres monuments historiques.

1re étape: Décrire les premières impressions
- Fixez les premières impressions dans un rapport écrit, par des dessins ou des photos (site, volume extérieur/ intérieur, vitraux, ameublement (autels, sculptures, peintures, chaises etc.).

2e étape: Chercher des informations
- Informez-vous précisément sur l'histoire du bâtiment (auprès du curé, dans une bibliothèque): Quand a-t-on commencé la construction? Dans quel style? Qui a payé/paye la construction et l'entretien? Y a-t-il eu des dégâts dus à la guerre? etc.

3e étape: Expliquer tout l'édifice et ses différentes parties
- Expliquez les parties de l'édifice, les sculptures et les symboles!
- Quelle est leur signification?
- À quoi servent-ils?
- Que voulaient exprimer les maîtres d'oeuvre et les artistes?

4e étape: Exprimer sa propre opinion
- Qu'est-ce qui vous plaît particulièrement?
- Qu'est-ce qui vous paraît moins beau?
- Qu'est-ce que vous ne comprenez pas? Avez-vous besoin d'informations supplémentaires?

M1 Kapelle in Oberglabach. Foto.

Arbeitstechnik ◆ Méthode de travail

Herstellung einer Zeitleiste ◆ Construire un axe du temps

Die Zeitleiste

Mit einer Zeitleiste kann man Veränderungen oder Entwicklungen zeitlich geordnet darstellen.

Und so geht's ...

1. Schritt: Fotos sammeln
- Sucht im Internet oder in Büchern Bilder, die das Thema illustrieren.

2. Schritt: Material ordnen
- Sortiert ähnliche Bilder aus und macht Fotokopien von den ausgewählten Bildern.
- Schreibt zu jedem Bild auf, aus welchem Jahr es stammt.

3. Schritt: Zeitleiste anlegen
- Nehmt eine Tapetenbahn und zeichnet darauf den Zeitstrahl.
- Unterteilt den Zeitstrahl auf der Tapetenbahn in mindestens zehn gleiche Abschnitte.
- Markiert dann die Jahreszahl des jetzigen Jahres.

4. Schritt: Zeitleiste gestalten
- Legt euer Bildmaterial auf und probiert verschiedene Gestaltungsmöglichkeiten aus.
- Klebt die Bilder auf und beschriftet sie.

L'axe du temps

Un axe du temps permet d'illustrer les changements dans le temps.

Comment procéder ...

1re étape: Collectionner des images
- Choisissez, à la maison, sur Internet ou dans des livres, des images qui illustrent le sujet.

2e étape: Classer le matériel
- Triez les images appartenant à la même catégorie, faites-en des photocopies ou imprimez-les.
- Notez la date de parution de chaque image.

3e étape: Dessiner l'axe
- Prenez une bande de papier peint et tracez-y l'axe du temps.
- Subdivisez l'axe en au moins dix parties égales.
- Notez les années sous les repérages (p. ex. 2000, 1990, 1980 ...).
- Marquez ensuite l'année en cours.

4e étape: Illustrer l'axe
- Disposez les images choisies en essayant différentes possibilités.
- Collez les images et annotez-les.

Arbeitstechnik ◆ Méthode de travail

Eine Wandzeitung gestalten ◆ Réaliser un journal mural

Wenn ihr eine Wandzeitung gestalten wollt, müsst ihr folgende Punkte berücksichtigen: Die Texte müssen kurz und leicht verständlich sein, die Illustrationen sollen groß genug und gleichmäßig auf der Wandzeitung verteilt sein.
Folgende Schritte sollen euch dabei helfen:

1. Schritt: Informationen auswählen
- Was ist wichtig, was kann weggelassen werden?
- Was soll als Text, was im Bild, im Schaubild oder in einer Tabelle dargestellt werden?

2. Schritt: Gestaltung überlegen
- Wie soll die Schrift aussehen (Druck- oder Schreibschrift, Größe, Farbe)?
- Welche Bilder sind geeignet und wie werden sie angeordnet?
- Welche Zeichnungen, Tabellen oder Schaubilder sollen angefertigt werden und an welchen Platz sollen sie kommen?

3. Schritt: Material bereitstellen
- Welches Material wird benötigt (Tapete, Pappe, Transparentpapier, Stifte, Kleber, Heftzwecken, Stecknadeln, Scheren, Lineal usw.)?
- Wer besorgt es?

4. Schritt: Arbeit verteilen und durchführen
- Wer möchte Texte schreiben, Bilder ausschneiden und beschriften, Zeichnungen, Tabellen anfertigen usw.?
- Sprecht euch untereinander ab. Wichtiger Hinweis: Bilder, Texte usw. nicht sofort aufkleben, sondern erst alles lose auflegen!

5. Schritt: Wandzeitung präsentieren
- Schließlich könnt ihr die Wandzeitung an einem geeigneten Platz aufhängen und den anderen Gruppen vorstellen.

Lorsque vous réalisez un journal mural, vous devez faire attention aux points suivants: vos textes doivent être courts et clairs, les illustrations doivent être assez grandes et disposées de façon régulière sur l'ensemble.
Les étapes suivantes vous aideront:

1ʳᵉ étape: Choisir les informations
- Qu'est-ce qui est important, que peut-on laisser de côté?
- Quelles informations vont être présentées sous forme de texte, d'illustration ou de schéma?

2ᵉ étape: Faire une mise en page
- Quelle écriture/typographie va-t-on choisir (style, couleur, taille)?
- Quelles sont les images choisies?
- Quels dessins, schémas ou illustrations doivent encore être réalisés? Comment les disposer?

3ᵉ étape: Préparer le matériel
- Quel sera le matériel dont on aura besoin? (Papier peint, carton, stylos, colle, punaises, ciseaux, règle, etc.)?
- Qui apporte quoi?

4ᵉ étape: Répartir et accomplir les tâches
- Qui veut écrire les textes, découper les images et y mettre les inscriptions, faire les dessins et schémas etc.?
- Concertez-vous. Petit conseil: disposez d'abord toutes les illustrations et textes sur le support avant de les coller.

5ᵉ étape: Présenter le journal mural
- Enfin, vous pouvez accrocher le journal mural et le présenter aux autres groupes de travail.

Anhang Arbeitstechniken ◆ Annexe: Méthodes de travail

Ein Rollenspiel durchführen ◆ Faire un jeu de rôle

Ein Rollenspiel soll helfen, sich in Menschen und Situationen einzufühlen. Wenn ihr euch an die nachstehenden Schritte haltet, kommt ihr schnell zu einem interessanten Rollenspiel:

1. Schritt: Ausgangslage klären
– Auf einer Situationskarte wird kurz beschrieben, worum es geht.

2. Schritt: Rollen verteilen
– Die Rollen können frei ausgestaltet werden, müssen aber mit der Rollenkarte übereinstimmen.
– Rollen werden immer freiwillig übernommen.
– Jede Person kann von Jungen oder Mädchen dargestellt werden.

3. Schritt: Spiel vorbereiten
– Die Spieler machen sich mit der Rolle vertraut; eventuell kurze Besprechung untereinander.
– Die Spieler stellen sich zu Beginn vor oder heften sich eine Karte mit ihrer Rollenkennzeichnung an.

4. Schritt: Spielen und Spiel beobachten
– Am besten zwei Spielbeobachter pro Rolle einsetzen.
– Welche Argumente wurden im Spiel genannt?
– Wie verhielten sich die einzelnen Spieler in ihrer Rolle?

5. Schritt: Auswertung und Besprechung
– Was konnte man sehen?
– Wie entwickelte sich die Handlung? Wurde alles verstanden? Wie haben sich die Spieler gefühlt?
– Was gefiel besonders gut? (Loben, nicht meckern!)
– Welche Fragen sind entstanden?

Un jeu de rôle permet d'aider à se mettre à la place des autres et de comprendre des situations. Si vous respectez les étapes suivantes, vous arriverez rapidement à vous mettre en situation:

1re étape: Clarifier la situation de départ
– Vous notez brièvement sur un carton de quoi il s'agit.

2e étape: Distribuer les rôles
– Ceux qui jouent doivent respecter les indications marquées sur leurs cartons, mais ils peuvent aussi ajouter quelques idées.
– Les rôles sont toujours acceptés librement.
– Chaque personne peut être représentée par un garçon ou une fille.

3e étape: Préparer le jeu
– Les acteurs se familiarisent avec leur rôle, ils peuvent se concerter rapidement.
– Les acteurs commencent par se présenter ou portent un badge avec les caractéristiques de leur rôle.

4e étape: Observer le jeu
– On détermine 2 observateurs par rôle.
– Quels arguments ont été cités au cours du jeu?
– Comment les différents acteurs se sont-ils comportés dans leur rôle?

5e étape: Analyse et discussion
– Qu'a-t-on pu voir?
– Comment l'action s'est-elle déroulée? Est-ce que tout a été compris? Comment les acteurs se sont- ils sentis?
– Qu'est-ce qui a plu le plus? (louer et non blâmer)
– Quelles questions ont surgi?

Situationskarte
Der Raubritter Hans von Ehrenstein soll sich vor Gericht verantworten, weil er Dörfer (Bauern) und Handelszüge (Kaufleute) überfallen hat. Es hat sogar Tote gegeben.

Rollenkarte 1
Hans v. Ehrenstein, 36 Jahre, Ritter, der in den letzten Jahren „auf den Hund gekommen ist".
- **Einstellung:** Ich kann von den paar Abgaben der Bauern nicht leben; was mir fehlt, muss ich mir mit Gewalt holen! Die Kaufleute sind eh alle Betrüger, da kann ich mir ruhig etwas abzweigen.
- **Ziel:** Will nicht verurteilt werden.

Rollenkarte 2
Richter Landgraf Georg v. Wildeck, ...
- **Einstellung:** _____

- **Ziel:** _____

Anhang Arbeitstechniken ◆ Annexe: Méthodes de travail

Mündliches Präsentieren ◆ Présentation orale

Häufig werdet ihr dazu aufgefordert, eure Ergebnisse mündlich zu präsentieren. Folgende „10 Goldene Tipps" helfen euch, ein gutes Referat zu halten:

1. Kein Vortrag ohne einen Einstieg!
2. Sage oder zeige den Zuhörern, was auf sie zukommt!
3. Lass dein Publikum nicht nur hören, sondern auch sehen!
4. Nur gut lesbare Plakate und Folien erhöhen das Interesse!
5. Weniger ist häufig mehr auf einem Plakat oder auf einer Folie!
6. Probe die Präsentation vor bekanntem Publikum!
7. Schau dein Publikum während der Präsentation an!
8. Sprich deutlich, laut genug und nicht zu schnell!
9. Drück dich verständlich aus, erkläre Fremdwörter!
10. Runde deinen Vortrag ab. Die Schlussfolgerung ist wichtig!

Vous devez souvent présenter oralement des résultats. En respectant les 10 „règles d'or" suivantes, vous présenterez un bon exposé:

1. Pas d'exposé sans introduction!
2. Annonce la structure de ton exposé!
3. Ne propose pas seulement à ton public d'écouter mais aussi de voir!
4. Des affiches et des transparents clairs et lisibles attirent l'attention!
5. Sur une affiche ou sur un transparent, moins c'est plus!
6. Présente d'abord ton exposé devant un public connu!
7. Regarde ton public en face pendant la présentation!
8. Parle distinctement, assez fort et pas trop vite!
9. Exprime-toi de façon claire et explique les mots inconnus!
10. Équilibre ton exposé. Ta conclusion est très importante!

M 1 Tipps zum Einsatz verschiedener Medien.

Plakat/Wandzeitung
- Überschrift/Thema
- Klare Gliederung und Aufbau
- keine Sätze, nur Schlagworte
- deutliche und große Schrift
- Bilder und Zeichnungen, Farben gezielt einsetzen
- beim Vortrag nicht verdecken!
- nicht zum Plakat sprechen!

Overhead-Projektor
- Schriftgröße mindestens 16 pt
- keine langen Sätze > Stichworte
- große Bilder und Abbildungen
- keine Abbildungen mit niedriger Auflösung
- Folien sortiert einheften
- mit Folie arbeiten (z. B. teilweise abdecken, mit Stift zeigen/markieren/eintragen …)

Für jedes Präsentationsmedium gilt:
- weniger ist oft mehr
- Medium muss bei der Präsentation noch aus der letzten Reihe gut zu sehen sein!

Präsentationsmedien

PowerPoint-Präsentation
- große Schrift (mind. 24 pt)
- klare Gliederung
- Farben vorsichtig einsetzen (z. B. kein greller Hintergrund)
- wenige, dafür sinnvolle Effekte (Folienübergang …)
- unbedingt vorher proben und mit der Technik vertraut machen!

Video-Dokumentation
- sinnvoll schneiden, klarer Ablauf
- passende Vertonung (Kommentare, O-Ton, Musik …)
- Einblendungen (Text, Bilder …)
- angemessene Länge
- Zusammenspiel von Video-Beamer und Video-Recorder vorher testen

Anhang
Lexikon

Absolutismus ◆ absolutisme
Regierungsform, bei der der Monarch (König, Fürst) die alleinige Staatsgewalt besitzt.

Amerika ◆ Amérique
Kontinent, benannt nach dem italienischen Erforscher Amerigo Vespucci.

ausführende Gewalt ◆ pouvoir exécutif
Die ausführende Gewalt (Exekutive, Regierung und Verwaltung) setzt die Gesetze um.

Azteken ◆ Aztèques
Mittelamerikanische Kultur, die zwischen dem 14. und dem 16. Jahrhundert im heutigen Mexiko existierte. Hauptstadt des Aztekenreichs war Tenochtitlan, das heutige Mexiko-Stadt. Zwischen 1519 und 1521 wurden die Azteken von den Spaniern unterworfen.

Barock ◆ baroque
Schmuck- und figurenreicher Kunststil (1600–1750).

Bürger ◆ bourgeois/citoyen
Latein: burgus = Burg, befestigte Siedlung.
1. Im Mittelalter werden die freien Bewohner einer Stadt als Bürger bezeichnet.
2. Seit der Französischen Revolution: Bezeichnung für die, die sich durch Besitz und Bildung von Adel, Klerus, Bauern und Unterschicht unterscheiden. ◆ bourgeois
3. Heute: Bezeichnung für alle Einwohner eines Staates oder einer Gemeinde, ungeachtet ihrer sozialen Stellung. ◆ citoyen

Dreieckshandel ◆ commerce triangulaire
Bezeichnung für den über den Atlantik betriebenen Warenhandel zwischen Europa, Afrika und Amerika in der Frühen Neuzeit.

Dreifelderwirtschaft ◆ assolement triennal
Landwirtschaftliche Anbauform, bei der das Ackerland eines Dorfes dreigeteilt wird. Auf einem wird Wintergetreide und auf einem anderen Sommergetreide angebaut; der dritte Teil bleibt unbenutzt (Brache). Auf jedem Feld wechseln diese Anbauformen; es kann sich also in jedem Jahr erholen.

dritter Stand ◆ tiers état
→ Ständegesellschaft

Entdeckungen (Zeit der E.) ◆ découvertes (les grandes d.)
Zeitraum vom 15. bis zum 18. Jahrhundert, geprägt von Seefahrten, Entdeckungen und Erfindungen.

Etikette ◆ étiquette
Vornehme Verhaltensregeln und Umgangsformen, welche die Rangordnung am Hofe berücksichtigen.

Generalstände ◆ États généraux
Die Versammlung der Vertreter der drei Stände. Sie hatte vor allem das Recht der Steuerbewilligung.

gesetzgebende Gewalt ◆ pouvoir législatif
Die gesetzgebende Gewalt (Legislative, Parlament) macht die Gesetze eines Staates.

Gewaltenteilung ◆ séparation des pouvoirs
Trennung in gesetzgebende, ausführende und richterliche Gewalt. In einer Demokratie sind diese drei Gewalten getrennt; in einer absoluten Monarchie oder in einer Diktatur sind diese drei Gewalten in einer Person vereint.

Ghetto ◆ ghetto
1. Viertel, in dem die Juden leben mussten.
2. Ort, wo eine Gruppe getrennt vom Rest der Bevölkerung lebt, z. B. die Ghettos der Schwarzen in amerikanischen Städten.

Gotik ◆ art gothique
Mittelalterlicher Baustil ab dem 13. Jh. Gekennzeichnet u. a. durch Spitzbögen.

Gottesgnadentum ◆ Royauté de droit divin
Vorstellung, dass ein Monarch die königliche Macht von Gott erhält.

Grundherrschaft ◆ seigneurie
Der Grundherr herrscht über sein Land und die Menschen, die darauf wohnen. Die Bauern erhalten Land vom Grundherrn, müssen aber Abgaben und Frondienste leisten.

Grundrechte ◆ droits fondamentaux
Meist von der Verfassung garantierte Freiheitsrechte, wie z. B. Gleichheit vor dem Gesetz, Meinungsfreiheit, Religionsfreiheit usw.

Handschrift ◆ manuscrit
Latein: manu scriptus = handgeschrieben. Im Mittelalter wurde auf Pergament geschrieben, das aus Tierhaut hergestellt wurde.

höfisches Benehmen ◆ courtoisie
Entspricht der Lebensart, die am Hofe eines Adligen üblich war. Dazu gehörten gute Manieren und ritterliche Tugenden.

Anhang
Lexikon

Inquisition ◆ Inquisition
Latein: inquisitio = gerichtliche Untersuchung. Verfolgung von Menschen, die der Lehre des Papstes widersprechen.

Islam ◆ islam
Monotheistische Religion, entstanden im 7. Jh. n. Chr. Sie wurde von Mohammed gegründet. Die Gläubigen nennt man Muslime.

Judentum ◆ judaïsme
Die erste monotheistische Weltreligion, entstanden vor über 5000 Jahren im alten Israel. Die Juden glauben an nur einen Gott, genannt Jahwe.

Kathedrale ◆ cathédrale
Latein: cathedra = Bischofssitz. Hauptkirche eines Bistums.

Kloster ◆ monastère
Latein: claustrum = abgeschlossener Raum. Ein „abgesperrter" Ort, in dem Mönche und Nonnen leben. Die Leitung eines Klosters liegt in der Hand eines Abtes oder einer Äbtissin.

Kolonisation ◆ colonisation
Inbesitznahme überseeischer Gebiete und Unterwerfung ihrer Völker durch Europäer.

konstitutionelle Monarchie ◆ monarchie constitutionnelle
Staatsform, in der die Macht des Monarchen (z. B. König/Königin) durch eine Verfassung eingeschränkt wird. Beispiele: Luxemburg, Großbritannien, Niederlande.

Kreuzzug ◆ croisades
Mittelalterlicher Kriegszug und Pilgerzug zur Befreiung heiliger Stätten (z. B. Jerusalem) von islamischer Herrschaft. Der Papst hatte im Jahre 1095 dazu aufgerufen. Die Zeit der Kreuzzüge war zwischen 1096 und 1270.

Lehen ◆ fief
Landgut, Amt oder Recht, das der Lehnsherr an seinen Lehnsmann (Vasall) verleiht, um ihn für geleistete Dienste zu entlohnen.

Lucilinburhuc ◆ Lucilinburhuc
Althochdeutsch: kleine Burg. Davon leitet sich der heutige Name Luxemburg ab.

Manufaktur ◆ manufacture
Industrieller Betrieb, in dem Waren größtenteils noch von Hand produziert werden.

Migration ◆ migration
Aus- oder Einwanderung von Menschen aus wirtschaftlichen, politischen oder religiösen Ursachen.

Mittelalter ◆ Moyen Âge
Bezeichnung für die Zeit zwischen dem Ende des Römischen Reiches und dem Beginn der Neuzeit (ca. 500–1500 n. Chr.).

Merkantilismus ◆ mercantilisme
Wirtschaftstheorie, derzufolge sich der Reichtum eines Landes an dem Besitz von Edelmetallen bemisst. Deshalb muss jeder Staat möglichst viele Edelmetalle ins Land bringen, indem er viele Fertigwaren ausführt und möglichst wenige Waren einführt.

Monarchie ◆ monarchie
Staatsform, in der der Herrscher sein Amt durch Erbschaft erhält (z. B. Königreich, Großherzogtum …).

monotheistische Religion ◆ monothéisme
Religion, die nur einen Gott anerkennt (Eingottglaube).

Nationalversammlung ◆ assemblée nationale
Versammlung von gewählten Abgeordneten, die die ganze Nation vertritt.

Native Americans ◆ Amérindiens
In den USA gebräuchliche Bezeichnung für die amerikanischen Ureinwohner und deren Nachkommen. Auch: American Indians oder First Nations (in Kanada).

Neuengland ◆ Nouvelle-Angleterre
Gebiet im Nordosten der USA; hier begann die Besiedlung Nordamerikas durch englische Kolonisten.

Neuzeit ◆ Temps modernes
Epoche nach dem Mittelalter. Ihr Anfang ist geprägt von neuem Denken in Wissenschaft, Religion und Kunst.

Parlament ◆ parlement
Gewählte Volksvertretung, die an den politischen Entscheidungen teilnimmt.

Patrizier ◆ patriciens
Reiche und einflussreiche Bürger einer Stadt.

Pogrom ◆ pogrome
Ausschreitungen gegen Juden, verbunden mit Misshandlungen und Mord.

Präsident ◆ président
Staatsoberhaupt einer Republik, z. B. der US-Präsident, der Präsident der Französischen Republik.

Anhang
Lexikon

Rassismus ◆ racisme
Vorstellung, dass Menschen in Rassen eingeteilt wären, regelmäßig verbunden mit dem Glauben an die Überlegenheit der eigenen Rasse. Rassistische Vorstellungen steigern sich oft zum Hass, der sich in Gewalt und Mord entladen kann.

Reformation ◆ Réforme
Latein: reformatio = Umgestaltung, Erneuerung. Erneuerungsbewegung, die durch Luthers Kritik an der Kirche hervorgerufen wurde. Sie führte zur Spaltung der Christen in Katholiken und Protestanten.

Renaissance ◆ Renaissance
Französisch „Wiedergeburt". Bezeichnung für die Wiederentdeckung der Antike gegen Ende des Mittelalters. Beginn einer neuen Epoche in Kunst und Kultur.

Republik ◆ république
Staat ohne Monarch. Das Volk oder ein Teil des Volkes wählt die Regierung und das Staatsoberhaupt. Beispiele: Frankreich, Deutschland.

Reservat, Reservation ◆ réserve
Bezeichnung für Gebiete in den Kolonien oder in den USA, die die Europäer der ansässigen Bevölkerung als Lebensraum zubilligten. Dabei handelte es sich zumeist um Gegenden, die aus europäischer Sicht vollkommen wertlos waren.

Residenz ◆ résidence
Wohn- und Amtssitz eines Staatsoberhauptes.

Revolution ◆ révolution
Umwälzung einer bestehenden sozialen und politischen Ordnung.

richterliche Gewalt ◆ pouvoir judiciaire
Die richterliche Gewalt (Justiz, Gerichte) spricht Recht, d. h. urteilt auf Grundlage der bestehenden Gesetze.

Ritter ◆ chevaliers
Ritter waren Reiterkrieger und gehörten zum Adel. Ihre Ideale waren: Kriegsdienst und Treue gegenüber dem Herrn, Schutz der Kirche und der Armen sowie „höfische Manieren".

Romanik ◆ art roman
Mittelalterlicher Baustil vom 11. bis 13. Jh. Gekennzeichnet u. a. durch Rundbögen.

Sansculotte ◆ sans-culotte
Eigentlich: ohne Kniebundhose. Revolutionär aus Paris, der, im Gegensatz zu den Kniebundhosen des Adels, lange Hosen trägt.

Schreckensherrschaft ◆ Terreur
Verbreitung von Angst und Schrecken durch Ausübung von Gewalt, mit dem Ziel, Menschen gefügig zu machen. Gewaltherrschaft während der Französischen Revolution.

Sklaverei, Sklave ◆ esclavage, esclave
Unfreier Mensch, der Eigentum eines anderen ist, der ihn gekauft oder geerbt hat. Millionen Afrikaner wurden als Sklaven nach Nordamerika verschleppt, um vor allem in den Südstaaten auf den Plantagen zu arbeiten.

Staatshaushalt ◆ budget de l'État
Gesamtheit aller Einnahmen und Ausgaben eines Staates.

Stand ◆ ordre
Gesellschaftliche Gruppe. Im Mittelalter entschied vor allem die Herkunft, zu welchem Stand man gehörte.

Ständegesellschaft ◆ société d'ordres
Gesellschaft, die zwischen drei Ständen (Gruppen) unterscheidet, wobei jeder Stand seine eigenen Rechte und Pflichten hat. Es gibt den Klerus (Geistlichkeit), den Adel und den dritten Stand. Klerus und Adel genießen bestimmte Vorrechte (Privilegien).

Verfassung ◆ constitution
Grundgesetz, in dem die Staatsform (Republik, konstitutionelle Monarchie) sowie die Rechte und Pflichten der Bürger festgeschrieben sind.

Vorrechte ◆ privilèges
Besondere Rechte (Privilegien), z. B. Steuerfreiheit.

Zoll ◆ droits de douane
Abgabe für Waren, die in ein Land importiert werden.

Zunft ◆ corporation
Vereinigung von Handwerkern eines Berufszweiges in den Städten des Mittelalters. Die Zünfte überprüften das Können der Handwerker, die Menge, die Qualität und den Preis der Waren. Sie regelten auch die Ausbildung der Lehrlinge.

Anhang
Lexique

absolutisme ◆ Absolutismus
Forme de gouvernement où le pouvoir du monarque (roi, prince) est absolu, n'est soumis à aucun contrôle.

Amérindiens ◆ Native Americans
Le terme Amérindiens ou Indiens d'Amérique désigne les premiers occupants du continent américain et leurs descendants. On parle aussi de Premières Nations (au Canada).

Amérique ◆ Amerika
Un continent dont le nom est dérivé du prénom d'Amerigo Vespucci, explorateur italien.

art gothique ◆ Gotik
Style architectural (à partir du 13e siècle) caractérisé par la voûte en ogive.

art roman ◆ Romanik
Style architectural (11e – 13e siècle) caractérisé par la voûte en plein cintre.

assemblée nationale ◆ Nationalversammlung
Assemblée constituée de députés élus qui représentent le peuple.

assolement triennal ◆ Dreifelderwirtschaft
Méthode agricole consistant à partager un ensemble de champs en surfaces régulières ou soles, pour y faire succéder les cultures dans un ordre déterminé.

Aztèques ◆ Azteken
Civilisation d'Amérique centrale (14e–16e siècle) sur le territoire du Mexique actuel. La capitale en était Tenochtitlan, aujourd'hui Mexico-City. Les Aztèques sont soumis par les Espagnols entre 1519 et 1521.

baroque ◆ Barock
Style artistique qui s'est développé du 17e au 18e siècle, caractérisé par la richesse des ornements.

bourgeois ◆ Bürger
Latin: burgus = bourg, château, ville fortifiée.
1. Au Moyen Âge: habitants d'un bourg, ou d'une ville.
2. Depuis la Révolution française: ceux qui, par la propriété et l'éducation se différencient des nobles, du clergé, des paysans et des classes inférieures.

budget de l'État ◆ Staatshaushalt
Ensemble des recettes et des dépenses de l'État.

cathédrale ◆ Kathedrale
Latin: cathedra = siège de l'évêque. Église principale d'un évêché.

chevaliers ◆ Ritter
Guerriers nobles à cheval vivant selon les idéaux suivants: service militaire, fidélité envers leur seigneur, courtoisie, protection de l'Église et des pauvres.

citoyen ◆ Bürger
Aujourd'hui tous les habitants d'un État ou d'une commune, indépendamment de leur situation sociale.

Colonisation ◆ Kolonisation
Prise de possession de territoires d'outre-mer et asservissement de leurs populations par les Européens.

commerce triangulaire ◆ Dreieckshandel
Commerce transatlantique entre l'Europe, l'Afrique et l'Amérique au début des temps modernes.

constitution ◆ Verfassung
Loi fondamentale, qui détermine la forme du gouvernement d'un État (république, monarchie constitutionnelle) ainsi que les droits et les devoirs des citoyens.

corporation ◆ Zunft
Association ou corps d'artisans exerçant un même métier dans les villes du Moyen Âge. Les corporations vérifient la qualité, la quantité et le prix des produits. Par une réglementation stricte ils surveillent la formation des apprentis et le savoir-faire de leurs membres.

courtoisie ◆ höfisches Benehmen
La manière de se comporter à la cour d'un seigneur. Il fallait avoir de bonnes manières et pratiquer les vertus chevaleresques.

croisades ◆ Kreuzzug
Pèlerinage en armes ayant pour but de libérer les villes saintes (p.ex. Jérusalem) de la domination musulmane. Le pape y avait appelé en 1095. L'époque des croisades se situe entre 1096 et 1270.

Découvertes (les grandes d.) ◆ Entdeckungen (Zeit der E.)
Époque entre le 16e et le 18e siècle marquée par la navigation maritime, les découvertes et les inventions.

droits de douane ◆ Zoll
Somme qu'on doit payer pour pouvoir importer une marchandise dans un pays.

Anhang
Lexique

Droits fondamentaux ◆ Grundrechte
Droits et libertés garantis par la constitution, comme p. ex. l'égalité devant la loi, liberté d'expression, liberté de conscience etc.

esclavage, esclave ◆ Sklaverei, Sklave
Personne non libre, considérée comme un objet pouvant être vendu ou acheté. Des millions d'Africains ont été déportés comme esclaves en Amérique du Nord pour travailler sur les plantations des États du Sud.

États généraux ◆ Generalstände
Assemblée des représentants des trois ordres. Elle avait notamment le droit d'accorder de nouveaux impôts.

étiquette ◆ Etikette
Règles et bonnes manières qu'il faut respecter à la cour; cérémonial en usage à la cour d'un chef d'État.

fief ◆ Lehen
Terres, charge ou droit qu'un suzerain donne à son vassal pour le récompenser des services qu'il lui a rendus.

ghetto ◆ Ghetto
1. Quartier où les Juifs étaient forcés d'habiter.
2. Lieu où une communauté vit, séparée du reste de la population, p.ex. les ghettos noirs des villes américaines.

Inquisition ◆ Inquisition
Latin: inquisitio = enquête; persécution des personnes qui s'opposent à la doctrine du pape.

islam ◆ Islam
Religion monothéiste fondée au 7e siècle apr. J.-C. par Mahomet. Les croyants s'appellent les musulmans.

judaïsme ◆ Judentum
Première grande religion monothéiste née en Israël il y a 5000 ans. Les juifs croient en un seul dieu: Jahvé.

Lucilinburhuc ◆ Lucilinburhuc
Ancien haut allemand: petit château fort. C'est de ce nom que vient le nom actuel Luxembourg.

manufacture ◆ Manufaktur
Établissement industriel où la fabrication est en grande partie manuelle.

manuscrit ◆ Handschrift
Latin: manu scriptus = écrit à la main. Au Moyen Âge on écrivait sur du parchemin, fabriqué à partir de peaux d'animaux.

mercantilisme ◆ Merkantilismus
Doctrine économique selon laquelle la richesse d'un pays consiste à posséder des métaux précieux. Par conséquent, chaque État doit s'efforcer de faire entrer dans ses frontières un maximum de métaux précieux, et ce en augmentant les exportations de produits finis et en limitant les importations.

migration ◆ Migration
Déplacement de populations qui – pour des causes économiques, politiques ou religieuses – passent d'un pays dans un autre pour s'y établir.

monarchie ◆ Monarchie
Forme d'État. Dans une monarchie le chef d'État est un souverain héréditaire (p. ex. royaume, grand-duché ...)

monarchie constitutionnelle ◆ konstitutionelle Monarchie
Forme de gouvernement dans lequel le pouvoir du monarque (p. ex. du roi/de la reine) est limité par la constitution. Exemples: Luxembourg, Grande-Bretagne, Pays-Bas.

monastère ◆ Kloster
Lieu fermé, clos où vit une communauté de moines ou de moniales placée sous l'autorité d'un abbé ou d'une abbesse.

monothéisme ◆ Monotheistische Religion
Religion qui admet l'existence d'un seul dieu.

Moyen Âge ◆ Mittelalter
C'est ainsi qu'on appelle la période comprise entre la fin de l'Empire romain et le début des Temps modernes (env. 500–1500 apr. J.-C.).

Nouvelle-Angleterre ◆ Neuengland
Région au Nord-Est des États-Unis, c'est là que débuta la colonisation de l'Amérique du Nord par les Anglais.

ordre ◆ Stand
Une partie de la société. Au Moyen Âge c'était surtout l'origine d'une personne qui déterminait son appartenance à tel ou tel ordre.

parlement ◆ Parlament
Assemblée représentative élue. Elle participe aux décisions politiques.

patriciens ◆ Patrizier
Habitants riches et influents d'une ville.

Anhang
Lexique

pogrome ◆ Pogrom
Agression violente et meurtrière contre les juifs.

pouvoir exécutif ◆ ausführende Gewalt
Le pouvoir chargé de l'application des lois (le gouvernement et l'administration).

pouvoir judiciaire ◆ richterliche Gewalt
Le pouvoir chargé de la fonction de juger (les tribunaux).

pouvoir législatif ◆ gesetzgebende Gewalt
Le pouvoir chargé d'élaborer les lois (le parlement).

président ◆ Präsident
Le chef d'État dans une république, p.ex. le président des États-Unis, le président de la République Française.

privilèges ◆ Vorrechte
Droits, avantages particuliers, p. ex. exemption d'impôt.

racisme ◆ Rassismus
Idéologie fondée sur la croyance qu'il existe une hiérarchie entre les groupes humains, les «races». Cette idéologie va souvent de paire avec une croyance à la supériorité d'une race sur les autres. Le racisme peut se traduire par une attitude d'hostilité (haine, violence, meurtre) à l'égard d'une catégorie déterminée de personnes.

Réforme ◆ Reformation
Latin: reformatio = renouvellement. Mouvement de renouvellement provoqué par les critiques de Luther contre l'Église. Elle a entraîné la séparation des chrétiens en catholiques et protestants.

Renaissance ◆ Renaissance
Période à la fin du Moyen Âge pendant laquelle renaissent l'art et la culture de l'Antiquité grecque et romaine. Nouvelle époque artistique et culturelle.

république ◆ Republik
État sans monarque. Le peuple ou une partie du peuple élit le gouvernement et le chef de l'État. Exemples: France, Allemagne.

réserve ◆ Reservat, Reservation
Désigne les régions des colonies ou des États-Unis que les Européens acceptaient de céder aux indigènes. Il s'agissait souvent de terres qui, pour les Européens, n'avaient aucune valeur.

Résidence ◆ Residenz
Lieu où habite et travaille un chef d'État.

révolution ◆ Revolution
Changement brusque et important de l'ordre social ou politique.

Royauté de droit divin ◆ Gottesgnadentum
Conception selon laquelle le monarque tient son autorité souveraine de Dieu.

sans-culotte ◆ Sansculotte
Révolutionnaire parisien, qui porte un pantalon long par opposition à la culotte des nobles, qui s'arrête aux genoux.

seigneurie ◆ Grundherrschaft
Pouvoir, droits du seigneur sur les terres et les hommes qui y habitent. Le seigneur met des terres à la disposition des paysans. En échange, ils lui doivent des redevances et des corvées.

séparation des pouvoirs ◆ Gewaltenteilung
Séparation des pouvoirs législatif, exécutif et judiciaire. Dans une démocratie, ces trois pouvoirs sont séparés; dans une monarchie absolue ou une dictature, ces trois pouvoirs appartiennent à une seule personne.

société d'ordres ◆ Ständegesellschaft
Société qui distingue trois ordres (groupes) caractérisés par des droits et des devoirs spécifiques. Il s'agit du clergé, de la noblesse et du tiers état. Le clergé et la noblesse qui bénéficient de certains privilèges.

Temps modernes ◆ Neuzeit
Période historique qui commence après le Moyen Âge. Son début est marqué par une nouvelle façon de penser, dans les sciences, la religion, les arts.

tiers état ◆ dritter Stand
→ société d'ordres

Terreur ◆ Schreckensherrschaft
Peur collective qu'on fait régner dans une population pour briser sa résistance. Gouvernement tyrannique pendant la Révolution française.

Anhang
Register

4. Juli 128
14. Juli 172
13 Kolonien 119, 126, 128

A

Aberglaube 88
Abgaben 18 f., 43, 159, 169, 173
Ablass 86 f.
Absolutismus 146 f., 150 ff., 161, 163, 168
Adel 16 f., 24 ff., 42 f., 54, 150 f., 159, 168 ff., 175, 181
Afrika 92 f., 107, 110, 113
Afroamerikaner 118
Alexander VI., Papst 111
Allah 36
Allmende 18
Allongeperücke 148
Altertum 14
Amerika 15, 95, 107, 110, 113, 116 ff., 141
Ämter 30
Ämterkauf 159, 173
Antike 79, 82, 113
Arabien 36 ff.
Asien 92 f., 110
Astrolabium 90
Aufklärung 169
Auschwitz 61
ausführende Gewalt 129, 183
Auswanderer, Auswanderung 134 ff.
Azteken 79, 98 ff., 113

B

Ballhausschwur 171
Bar-Mizwa 58
Barock 160 f.
Bastille 166 f., 172, 189
Bat-Mizwa 58
Bauern 15 ff., 43, 168, 173, 175
Baumwollplantage 133
Belagerung 25
Belehnung 30
Benedikt von Nursia 34
Bergfried 24
Berufsarmee 178
Bettler 159
Bevölkerungsentwicklung 23, 48, 50, 60, 72, 107, 118, 130, 138

Bibel 85
Bildergeschichte 131
Bilderschrift 101
Bockfelsen 31
Boston Tea Party 127, 141
Bourscheid 24
Brache 18
Brecht, Bertolt 81
Brotmaß 62
Brüderlichkeit 176, 189
Bry, Theodor de 96
Buchdruck 79, 84 f.
Büffel 122, 130
Büffeljäger 130
Buhurt 29
Bundesfestung 187
Bundesstaaten 118
Burg 24 ff., 43
Bürger, Bürgertum 50 ff., 173
Bürgerkrieg 119, 133
Bürgerrechte 51, 54 f., 73, 167, 173, 176 f., 188 f.
Bürgerrechtsbewegung 133
Burgherrin 27

C

Cabot, John 78
Cabral, Pedro Àlvares 77 f.
Cheyenne 130
Christen, Christentum 40 f., 80
Chronometer 91
Clervaux 66
Code Napoléon/Code civil 183, 188
Colbert, Jean-Baptiste 154, 161
Cordoba 38
Cortez, Hernando 98 ff., 104 ff.

D

Davidstern 41
Defizit 154
Denkmalsturz 128
Departement 183
Département des Forêts 185
Desmoulins, Camille 180
Deutscher Bund 186
Diaz, Bartolomeu 78 f., 93
Diekirch 42, 48, 157
Direktorium 181
Dorf 18

Dreieckshandel 107, 113
Dreifelderwirtschaft 15, 23, 43
Dreschflegel 22
dritter Stand 168, 170, 189
Dschihad 38

E

Echolot 91
Echternach 34, 42, 157, 200
Edelsteinschleifer 103
Einwanderer 120, 137
Ellis Island 135
Entdeckungsfahrten 78, 93, 113
Erfindungen 82 f., 85, 90 f., 113
Erklärung der Rechte der Frau und der Bürgerin 177
Ermesinde 49
Etikette 150
evangelisch 87

F

Fallgitter 24
Federkrone 103
Fegefeuer 16
Felsendom 40 f.
Fernhandel 63, 92, 107, 126
Fertigwaren 126, 154 f.
Festung 157
Flachs 27
Florenz 82
Flugschrift 85
Folter 69, 88 f.
Fort Thüngen 187
Franklin, Benjamin 128
Französische Revolution 147, 164 ff., 189, 191
Frauen 27, 71, 73, 88, 129, 177
Freiburg 51, 62
Freiheit 54, 169, 176, 189
Freiheitsstatue 116 f.
Frondienst 18 f., 43, 173
Funkuhr 91

G

Galilei, Galileo 81
Gama, Vasco da 77 ff., 93
Geistliche 16 f., 34 f., 151, 168, 170, 176
Geldverleih 59

219

Anhang
Register

Generalstände 170 f.
George III., König 128
geozentrisch 80
Gernsback, Hugo 137
gesetzgebende Gewalt 129, 183
Gewaltenteilung 129, 141, 183
Gewerkschaften 56
Gewichte 155, 188
Gewürzhandel 92
Ghetto 58
Gibraltar des Nordens 157
Gleichberechtigung 177
Gleichheit 54, 169, 176, 189
Globus 90
Goldschmiedekunst 103
Gotik 66 f.
Götter, aztekische 102
Gouges, Olympe de 177
Grabeskirche 40
Grande Armée 184
Großbetriebe 155
Großmächte 186
Grundbesitz 168
Grundherr, Grundherrschaft 18 f., 51, 173
Guanahani 95
Guillotine 165, 177, 179 ff.
Gutenberg, Johannes 84 f., 113

H
Halbmond 41
Handelswege 63, 92
Händler 52 ff.
Handwerker 52 ff., 73
Harnisch 28
Heiliges Land 39
Heinrich der Seefahrer 77, 79, 93
heliozentrisch 80
Herrschaftszeichen 16
Hexenhammer 88 f.
Hexenverfolgung 88 f.
Hinrichtung 164 f., 179
Hispanics 118
Hochkultur 10, 98
höfisches Benehmen 27 f.
Hofstaat 150
Hofzeremoniell 150
Holocaust 61

hörig 19 f., 51
Huitzilpochtli 102
Hunger 20, 106, 159
Hygiene 64, 93

I
Imam 36
Indianer 106 f., 111 ff., 118 ff., 129 f., 141
Indianerreservat 130, 141
Indien 79, 93
Inka 79, 98
Inquisition 88 f.
Isidor von Sevilla 108
Islam 36 ff., 43
Italienfeldzug 183

J
Jakobiner 180 f.
Jakobsstab 90
Jefferson, Thomas 128
Jerusalem 39 ff.
Johann der Blinde 49, 63
Juden 40 f., 54 f., 58 ff., 73
Judenstern 61
Judentum 40 f., 58
Judenverfolgung 58 ff.

K
„Klëppelkriech" 185
Kaaba 36
Kaiser 16, 111
Kalifornien 140
Kanada 118
Karavelle 77, 93
Karikaturen 174
Karl Eugen von Württemberg, Herzog 158
Karl IV. 31
Karl V. 111
Karten 90 f., 108 f.
Kartografen 108
Kathedrale 52, 67
katholisch 87
Kemenate 27
Ketzer 86
King, Martin Luther 133
Kirche 16 f., 34, 80 f., 86 f., 95, 111

Kirchengesetze 87
Klagemauer 40 f.
Kleiderordnung 54, 60
Klerus 16 f., 34 f., 168
Kloster 19, 34 f., 43, 85
Köln 48, 52, 59, 64
Kolonialherrschaft 111
Kolonien 78, 110 f., 113, 118 f., 126 ff., 139, 141
Kolonisation 106
Kolumbus, Christoph 78 f., 94 ff., 113
Kompass 90 f.
König 30
Konquistadoren 104
Konstantinopel 39, 93
konstitutionelle Monarchie 174
Kopernikus, Nikolaus 80
Koran 38, 40
Korsett 160
Kreuz 41
Kreuzfahrer 37, 39, 60
Kreuzzüge 15, 39, 43, 60
Kriegsdienst 18 f.
Kronvasallen 30
Ku-Klux-Klan 133
Kummet 22

L
Landbesitz 168
Landgüter 30
Landwirtschaft 18, 22 f.
Längeneinheit 188
Las Casas, Bartolomé de 106 f.
Lehen, Lehnswesen 30 f.
Lehnsherr 30
Lehnspyramide 30 f.
Leibeigener, Leibeigenschaft 51, 173
Leinen 27
Lincoln, Abraham 119, 133
Liselotte von der Pfalz 151
Log mit Knoten 90
Londoner Kongress 187
Lopez, Jennifer 140
Lot 90 f.
Louvre 166
Lucilinburhuc 31
Ludwig XIV. 147 ff., 160 f.

Anhang
Register

Ludwig XVI. 147, 164, 167 f., 170, 177, 179, 189
Luther, Martin 86 f., 113
Luxemburg 14 f., 31, 34 f., 42, 48 ff., 57 f., 61, 63, 66 f., 73, 135 ff., 147, 149, 156 f., 167, 178, 185, 187 ff.
Luxus 146
Luxuswaren 92

M
Machu Picchu 98
Magellan, Ferdinand 77 ff.
Mahlzwang 22
Manessische Liederhandschrift 32 f.
Manufaktur 155
Manuskript 32
Maria Theresia 149
Marie Antoinette 160, 179
Markt 46 f., 52 f., 62, 73
Marktordnung 57, 62
Marseillaise 178
Massaker 119, 130 f.
Maße 155, 188
Mätresse 150
May, Karl 124
Maya 79, 98
Mayflower 120
Medina 36
Medizin im Mittelalter 68
Megastädte 70
Mekka 36
Melting Pot 140
Menora 58
Menschenopfer 102
Menschenrechte 129 f., 167, 176 f., 189
Merkantilismus 154 f., 161
Messe 63
Mexico-City 112
Mexiko 99, 107, 112, 140
Migration 135
Minderheit 60
Minne 32
Missernte 159, 168
Missionare 107, 111
Mittelalter 14 ff., 48 ff.
Moctezuma 100, 103 ff.
Mohammed 36 ff.

Mona Lisa 82
Mönch 34 f., 81, 107, 111
monotheistische Religion 41, 58
Montesquieu, Charles de 129, 169
Moschee 36 f.
Moskau 184
Münzen 155
Muslime 36 ff.

N
„neue Welt" 108, 113
Napoleon Bonaparte 165, 167, 182 ff., 189
Nationalfeiertag 172
Nationalgarde 178
Nationalhymne 178
Nationalsozialismus 58, 61
Nationalversammlung 166, 170 f., 173, 178, 189
Native Americans 118
Navigationshandy 91
Neuengland 126 f.
Neuzeit 14 f., 80
New York 70, 120, 138
Nonne 34 f.
Nürnberg 48

O
Oberglabach 208
Ordensleute 34
Ordo 16
Ortelius, Abraham 109

P
Page 29
Palas 24
Palästina 58
Papst 16, 39, 111
Paris 70, 166
Parlament 126, 129
Patentlog 91
Patrizier 54 f., 73
Pechnase 24
Penn, William 120
Perücke 160
Pest 15, 49, 60, 68
Pflichtabgabe 36
Pflug 22

Philadelphia 128
Philosophen 129, 169
Pilger 40
Pilgerväter 120
Pisan, Christine de 27
Pogrom 60 f.
Portugal 77
Prärieindianer 122
Prophet 38
protestantisch 87
Protestschriften 168

Q
Quadrant 90
Quarzuhr 91
Quetzalcoatl 102 ff.
Quetzalvogel 103

R
Ramadan 36
Rammbock 25
Rassentrennung 133, 141, 143
Rassisten 133
Rathaus 52
Rechtsdenken 69
Red Cloud 123
Reformation 86 f.
Reisplantage 133
Reliquien 86
Renaissance 82, 113
Republik 167, 178, 189
Residenz 146
Revolution 166
Revolutionsausschuss 180
Revolutionsgericht 181
richterliche Gewalt 129, 183
Rindschleiden 66
Ringmauer 24
Ritter 15, 28 f., 43
Ritterrüstung 28
Robespierre, Maximilien de 180 f.
Rohstoffe 126, 154 f.
Roland, Rolandstatuen 62
Rom 86
Romanik 66
Rousseau, Jean-Jacques 129, 169
Russland 146, 148
Russlandfeldzug 184

221

Anhang
Register

S
Sagres 93
San Salvador 95 f.
Sanduhr 90
Sansculotte 181
Santa Maria 95
Satellitenvermessung 91
Saudi-Arabien 36
Schadenszauber 89
Schießscharten 24 f.
Schifffahrtsinstrumente 90 f., 113
Schiiten 41
Schlacht von Waterloo 167, 182, 189
Schreckensherrschaft 167, 180 f., 189
Schueberfouer 63
Schwarzenegger, Arnold 140
Schwarzer Tod 60
Schwertleite 29
Seekarten 90
Sense 22
Sextant 91
Shoa 61
Siedler 120, 126, 130
Sieyès, Emmanuel Joseph 170
Sigfrid 49
Sioux 130
Sklaven, Sklaverei 100, 107, 113, 118 f., 129, 132 f., 141, 143
Sklavenjäger 132
Sklavenversteigerung 132
Skorbut 93
Soldaten 158
Sommergetreide 18
Sonar 91
Sonnenkönig 152
Sonnenuhr 90
Sons and daughters of liberty 127
Spielfilme 124
Spitäler 68
Sprachen 110
Springprozession zu Echternach 42
St. Gallen 35
St. Petersburg 146
Staatenbündnis 186
Staatsbankrott 170
Staatshaushalt 154, 161, 168 ff.
Staatskrise 169
Stadt 15, 48 ff., 62, 64 f., 72 f.

Städtegründungen 48, 50 f.
Stadtherr 51, 55, 57 f., 73
Stadtluft macht frei 51
Stadtmauer 50, 52, 57
Stadttor 51 f., 58, 62
Stand 16 f., 43, 52, 72, 161, 168 ff., 189
Ständegesellschaft 16 f., 54 f., 153, 168 ff., 174 f.
Ständepyramide 55
Stars and Stripes 128
stehendes Heer 153
Steichen, Edward 137
Steuereintreiber 159
Steuern 17, 57, 101, 127, 134, 153 f., 159, 168 ff., 173, 189
Strafen 69
Sturm auf die Bastille 172 f.
Südstaaten 130
Sumlog 91
Sunniten 31
Symbol 166
Synagoge 58, 61

T
Tagelöhner 53 f., 168, 176
Tempel 102
Tempelberg 40
Tenochtitlan 98 ff.
Terreur 167, 180
Thorarolle 41, 58
Tjost 29
Tlaxcala 104
Todesstrafe 69, 101, 179
Töpferei 103
Toscanelli, Paolo 94
Treblinka 61
Tribok 25
Trier 46 ff., 62
Turnier 29

U
Unabhängigkeitserklärung 119, 128, 141
Unabhängigkeitskrieg 119, 128 f., 141
unehrliche Leute 54 f.
Ungerechtigkeit 159
Unterschicht 54 f., 73

Untervasallen 30
Urban II., Papst 39

V
Vasall 30
Vauban, Sébastien 157
Veracruz 106
Verfassung 69, 119, 129, 141, 171, 176, 179, 182
verfassunggebende Versammlung 166, 171, 188
Vernichtungslager 61
Versailles 144 ff., 151, 153, 161, 170, 177
Verschwendung 168
Vespucci, Amerigo 95
Vianden 42, 67
Vinci, Leonardo da 82 f.
Vogt 49
Völkerschlacht bei Leipzig 182, 189
Vorrechte 153, 168

W
Wahlrecht 57, 129 f., 133, 177
Washington, George 119, 129
Wassermühle 22
Wasserprobe 89
Waterloo, Schlacht von 184
Weber 57
Wehrturm 24
Weltkarte 90
Wiener Kongress 167, 186, 189
Wikinger 121
Willibrord 34
Wintergetreide 18
Wirtschaftssystem 154
Wounded Knee 119, 130 f.

Z
Zahlensystem 101
Zauberer 88
Zeitalter der Entdeckungen 90 f.
Zoll 62, 154
Zugbrücke 24
Zünfte 56 f., 73, 103
Zunftwappen 56
Zunftzeichen 56
Zweifelderwirtschaft 23

Anhang
Bildquellen

Umschlag: Office National du Tourisme, Luxembourg (ONT)

Umschlagklappe vorne, innen: Marcel Schroeder (li.); akg-images/Bildarchiv Monheim (re.).

S. 12/13: Bruno Barbey/Magnum Photos (Wdh. S. 4/5); Einklinker: © Guédelon (li.); picture-alliance/akg-images (re.) S. 15: picture-alliance/KPA/HIP/Ann Ronan Picture Library (1); Interfoto/Hermann (2); picture-alliance/KPA/HIP/The National Archives (3); Bildarchiv Foto Marburg (4); picture-alliance/akg-images/British Library (u. li.) S. 16: bpk – Die Bildagentur für Kunst, Kultur und Geschichte, Berlin (bpk) (M2); akg-images (M3) S. 17: Archiv für Kunst und Geschichte (akg-images) (M4) S. 21: Österreichische Nationalbibliothek Wien S. 23: picture-alliance/dpa (M2) S. 25: British Library London (M5) S. 26: akg-images (M2) S. 27: akg-images (M4); Droemersche Verlagsanstalt Th. Knaur Nachf. München/Zürich (M6) S. 28: Deutsches Historisches Museum Berlin (DHM) (M2); Pierpont Morgan Library New York (M3) S. 29: Universitätsbibliothek Ruprecht-Karls-Universität Heidelberg (M5, M6) S. 30: akg-images (M2) S. 31: Archiv Luxemburger Wort (M4) S. 32: Universitätsbibliothek Ruprecht-Karls-Universität Heidelberg S. 33: Universitätsbibliothek Ruprecht-Karls-Universität Heidelberg (M4); bpk (M5); akg-images (M6) S. 34: laif, Köln S. 35: picture-alliance/dpa (M5); Marcel Schroeder (M6), Bibliotheque Municipale, Dijon (M7) S. 36: laif, Köln (M1); picture-alliance/dpa (M3) S. 37: Picture Library, Robert Harding (M7); picture-alliance/maxppp (M8) S. 38: Bavaria Bildagentur, Gauting S. 39: akg-images S. 40: picture-alliance/dpa (M1, M4) S. 41: AP Associated Press, Frankfurt (M7); KNA Bonn (M8, M9); Focus Hamburg (M19) S. 42: Getty Images (M2), picture-alliance/dpa (M3); laif, Köln (M4); Archiv Luxemburger Wort (M5); Marc Schoentgen, Diekirch (M7) S. 43: John Zimmer (1); British Library, London (2); Marcel Schroeder (3, Wdh.); Picture Library, Robert Harding (4, Wdh.) S. 45: picture-alliance/dpa S. 46/47: Dieter Jacobs, Trier (Wdh. S. 4/5) S. 48: picture-alliance/akg-images (M3) S. 49: picture-alliance/maxppp (1); picture-alliance/Uwe Gerig (3); Michel Margue (5); akg-images (6) S. 50: Musée d'Histoire de la Ville de Luxembourg (Nico Herber) S. 52: picture-alliance/akg-images (M1) S. 54: Giraudon, Paris (M1-M3) S. 55: Getty Images (M5, links); Giraudon, Paris (M5, rechts, Ausschnitt, Wdh.) S. 56: akg-images (M1); Historia Photo, Hamburg (M4) S. 57: bpk (M6) S. 58: S. Marelli, Consistoire israélite de Luxembourg (M2); Getty Images (M3), KNA Bonn (M4) S. 59: akg-images (M5); Hessische Landesbibliothek Darmstadt (M7) S. 60: Stadtarchiv Würzburg (M1), DHM, Berlin (M3) S. 61: Stadtarchiv Nürnberg (M5); Stadtbildstelle Essen (M6); Archives Nationales Luxembourg (M7) S. 62: Architektur – Bilderservice Kandula (M2); picture-alliance/dpa (M3) S. 63: Archiv Luxemburger Wort (M8) S. 65: Müller, Jörg, Biel (M5) S. 66: Klaus Becker, Oberursel (M2); Stadtarchiv Worms (M4); Schnütgen Museum, Köln (M5) S. 67: Klaus Becker, Oberursel (M6, M9); Archiv Luxemburger Wort (M8) S. 68: akg-images (M1, M3); bpk (M2) S. 69: akg-images S. 71: akg-images (li. o.); Peter Herlitze (re. o.); Österreichische Nationalbibliothek Wien (re. u.) S. 72: Peter Herlitze (M1), mauritius images (M2/Goodshoot, M3/Steve Vidler, M4/Image Source); picture-allianve/ZB (M5) S. 73: Dieter Jacobs, Trier (1, Wdh.); picture-alliance/dpa (2); akg-images (3. Wdh.) S. 74: Archiv Luxemburger Wort (o.); akg-images (u.) S. 75: Hessische Landesbibliothek Darmstadt (o.); ullsteinbild (u. li.); picture-alliance/maxppp (u. re.) S. 76/77: picture-alliance/OKAPIA KG (© Werber Otto/OKAPIA), (Wdh. S. 6/7) S. 78: akg-images (M2) S. 79: akg-images (1, 2), Deutsches Museum München (3) S. 80: akg-images S. 81: akg-images (M4) S. 82: akg-images (M1, M3); picture-alliance/akg-images/Erich Lessing (M2); picture-alliance/dpa (M4) S. 83: picture-alliance/maxppp (M5); ExtraLot.com AG (M6); bpk/Museo del Risorgimento e Raccolte Storice, Mailand/Scala (M7); mauritius images/Photo Researchers (M9 oben); picture-alliance/OKAPIA KG © Friedrich Saurer/OKAPIA (M9) S. 85: Interfoto/Mary Evans (M5) S. 86: picture-alliance/dpa (M1); Nationalmuseum Stockholm (M3) S. 87: Hänsel, Ingrid, Wien (M5) S. 88: Bildarchiv Hansmann, Stockdorf (M2) S. 89: bpk (M3); Herzog August Bibliothek Wolfenbüttel (M4); picture-alliance/akg-images (M6) S. 90/91: Edition Helga Lengenfelder, München (88: l. Sp. 3; 89: l. Sp. 2); Verlagsarchiv (89: l. Sp. 6, 89 r. Sp.6) S. 92: mauritius images (M3: 1, U. Kerth); Verlagsarchiv (M3: 2, 3 u. 4); akg-images (M3: 6, Erich Lessing) S. 93: DK Images, London (M5) S. 96: akg-images S. 98: mauritius images S. 99: picture-alliance/akg-images S. 102: bpk (M3) S. 103: The British Museum (M1, M3), Getty Images/Kenneth, Lilly (M5) S. 105: bpk (M5, M6) S. 106: © bpk S. 108: picture-alliance (M1); akg-images (M2) S. 109: picture-alliance/KPA/HIP/The British Library S. 111: mauritius-images/UpperCut (M3); bpk (M4, M5) S. 112: picture-alliance/dpa (M1, M4); laif (M3) S. 113: bpk (1); DK Images, London (2, Wdh.) S. 114: picture-alliance/akg-images/Erich Lessing (oben, Mitte) S. 116/117: Getty Images (Wdh. S. 6/7) S. 119: Burstein Collection/COR-

Anhang
Bildquellen

BIS (1); picture-alliance/KPA/HIP/Ann Ronan Library (2); akg-images (4) S. 120: Burstein Collection/CORBIS (M2); akg-images (M3); ullstein – Granger Collection (M4) S. 122: Corel Library (M1, M3); Gondrom-Verlag, Bindlach 1994 (M4) S. 123: Foto: Pietrucha, Karl-May-Museum Radebeul (M7) S. 124: CINETEXT: Bild- und Textarchiv (M1-3) S. 125: defd (M4-M6) S. 127: akg-images (M3, oben) S. 128: akg-images (M2) S. 129: akg-images (o., M8); bpk (M7) S. 131: Library of Congress, Washington D.C. (M4); Lakol Wokiksuye, Foto: G. Trager (M6) S. 132: akg-images (M2); bpk (M3) S. 133: Bettmann/CORBIS (M5, M8); © by M.P. Rice, Washington D.C. S. 134: bpk S. 135: ullsteinbild/Roger Viollet (M4) S. 136: Archiv Luxemburger Wort (M1, M2) S. 137: Archiv Luxemburger Wort (M6 o.) S. 140: dpa (M1, li.); picture-alliance/©dpa-Report, Nicolas Khayat (M1, re.); picture-alliance/dpa (M2); AP Associated Press (M3) S. 141: Verlagsarchiv (1); bpk (2); picture-alliance/dpa (3) S. 143: Corel Library (M1); Focus, Hamburg, Foto: Alex Webb/Magnus Photo (M2); picture-alliance/Sander (M3) S. 144/145: Bridgeman/Giraudon, Paris/Berlin (Wdh. S. 8/9); Einklinker: akg-images (142 u., 143 Mitte, Erich Lessing) S. 146: picture-alliance/Russian Picture Service (M1); picture-alliance/Helga Lade Fotoagentur (M3); Stadtarchiv Karlsruhe (M4) S. 147: Getty Images (1); akg-images (2); Luxembourg City Tourist Office/Christof Weber (3); Getty Images/Jean Baptiste II Lemoyne (4); Getty Images/Attributed to Charles Cressent (5) S. 148: akg-images S. 149: akg-images/Nimatallah S. 150: akg-images S. 151: akg-images Bildarchiv Monheim (M5) S. 152: akg-images (M1); INTERFOTO/NG Collection (M4) S. 153: akg-images S. 155: Germanisches Nationalmuseum Nürnberg (M3); akg-images (M4) S. 157: Archiv Luxemburger Wort (M5); MDI Sàrl, Luxembourg, www.mdi-geoline.lu (M6) S. 158: bpk S. 159: akg-images/Erich Lessing S. 160: defd S. 161: akg-images (1), Bridgeman/Giraudon, Paris/Berlin (2), Archiv Luxemburger Wort (3), akg-images/Erich Lessing (4) S. 162: akg-images S. 164/165: akg-images (Wdh. S. 8/9); Einklinker: Giraudon S. 166: picture-alliance/maxppp (M2, M4); mauritius images/imagebroker (M3) S. 167: bpk (1); Giraudon (2); akg-images (5); picture-alliance/akg-images (6, 7) S. 168: bpk S. 169: Cliché Bibliotheque nationale de France, Paris S. 170: Giraudon (M1); picture-alliance/akg-images (M2) S. 171: bpk (M3); Cliché Bibliotheque nationale de France, Paris (M4) S. 172: bpk S. 174: Mairie de Paris S. 175: Mairie de Paris (M2); Bridgeman/Giraudon, Paris/Berlin (M3, M4); Cliché Bibliothèque nationale de France, Paris (M5) S. 176: Librairie Hachette, Paris S. 177: Giraudon (M2); The British Museum London (M4) S. 178: akg-images S. 180: Roger-Viollet, Paris (M1); picture-alliance/akg-images (M2); S. 181: akg-images S. 182: Bridgeman/Giraudon, Paris/Berlin S. 183: Artothek, Weilheim (M3); picture-alliance/akg-images (M4) S. 186: Mairie de Paris S. 187: mauritius images/imagebroker S. 188: picture-alliance/akg-images S. 189: bpk (1), akg-images (2), Giraudon (3), Mairie de Paris (4) S. 190: Artothek, Weilheim (Nr. 15637) o.r.; laif (u.r.) S. 191: bpk (1, 2, 10); akg-images (3, 4, 5, 7, 9); picture-alliance/akg-images (8); The British Museum (11) S. 197: laif, Köln, S. 200: Germanisches Nationalmuseum, Nürnberg S. 206: defd S. 207: British Library London S. 208: Simone Kayser, Oberglabach

Übernahmen:

S. 48 (M4): Paul Spang, Bertels Abbas delineavit 1544–1607. Die Zeichnungen von Abt Bertels

S. 123 (M6): Susan Edmonds, Native Peoples of North America. Cambridge Univ. Press, Cambridge 1999

S. 136 (M4): De l'Etat à la Nation 1839-1989. 150 Joër onofhängeg. Katalog zur Ausstellung „Vom Staat zur Nation", Luxemburg 1989

S. 147 (6): F.G. Zehnder/W. Schärfke, Der Riss im Himmel – Clemens August und seine Epoche, Dumont, Köln 2000

S. 185 (M7): aus: De l'Etat à la Nation 1839-1989. 150 Joër onofhängeg. Katalog zur Ausstellung „Vom Staat zur Nation", Luxemburg 1989

Zeichnungen, Karten, Grafiken:
Binder, Thomas, Magdeburg
Galas, Elisabeth, Bad Neuenahr

Nicht in allen Fällen war es uns möglich, die Rechteinhaber der Abbildungen ausfindig zu machen. Berechtigte Ansprüche werden selbstverständlich im Rahmen der üblichen Vereinbarungen abgegolten.